LA BRUME EN AOÛT

Robert Domes

LA BRUME EN AOÛT

L'histoire vraie d'Ernst Lossa

Traduit de l'allemand par
Édith Noublanche

Éditions Anne Carrière

La belle colère
Un label créé et dirigé par Dominique Bordes
et Stephen Carrière

ISBN : 978-2-8433-7868-3

Titre original : NEBEL IM AUGUST

Avec une préface du Dr Michael von Cranach.

www.anne-carriere.fr

Préambule
du Dr Michael von Cranach
ancien directeur de l'hôpital local de Kaufbeuren

Ernst Lossa m'accompagne depuis vingt-sept ans. J'ignore si je peux dire qu'il est mon ami ; j'en aurais très envie, cependant je peux tout à fait imaginer qu'au vu de ses expériences personnelles, il refuse radicalement l'amitié d'un psychiatre. Je serais bien obligé de l'accepter. Les circonstances de notre « rencontre » ont une longue histoire.

À l'époque nazie, de 1939 à 1945, sur l'injonction personnelle d'Hitler, des médecins et leurs collaborateurs ont tué environ 200 000 personnes atteintes de maladies mentales. Ils les ont déclarées « indignes de vivre », les ont avilies, torturées et assassinées. Les coupables n'étaient pas quelques rares médecins, mais la majorité, l'élite de la psychiatrie allemande.

À la fin de la guerre, les Alliés ont très minutieusement examiné ces faits, en particulier les Américains qui rassemblaient les documents pour le procès des médecins**[1] de Nuremberg. En effet, en 1947, à Nuremberg, deux des principaux responsables de ces actes d'euthanasie furent condamnés à mort et pendus. Pourtant, par la suite, on ne montra pas autant d'intérêt pour plus d'éclaircissements.

1. Les mots ou expressions suivis d'un astérisque font l'objet d'une note succincte en fin d'ouvrage. Ceux suivis d'un double astérisque ont été ajoutés par la traductrice.

La plupart des acteurs et suiveurs ne furent jamais inquiétés et continuèrent d'exercer la médecine. Il n'y eut aucune rupture, aucun nouveau départ, le terrible passé fut réprimé et nié.

Pourtant l'expérience de la guerre avait modifié l'image que notre société avait de ce qui est humain : on accorda une grande importance au bien-être, aux droits et à la responsabilité de l'individu ; la liberté individuelle et les droits de l'homme devinrent les valeurs fondamentales de la nouvelle démocratie. Toutefois, ces idées mirent du temps à atteindre les grands établissements délaissés, fermés ou condamnés, dans lesquels on avait jadis traité les patients atteints de maladies mentales. Ce n'est qu'en 1975 que le Bundestag s'est préoccupé des « réalités brutales et exemptes de tout respect pour la vie humaine » en vigueur dans les hôpitaux psychiatriques ; on décida alors d'entamer une réforme de la psychiatrie avec pour objectif la disparition des grands hôpitaux, et le transfert du traitement et des aides dans l'environnement des personnes concernées. À l'époque, ce souffle nouveau a donné des ailes à beaucoup d'entre nous, jeunes médecins, pour exercer dans ces établissements et mettre en œuvre la réforme.

Quand, investi de cette mission, je pris en 1980 la direction d'un tel hôpital à Kaufbeuren, il me fallut quelques semaines pour comprendre que le changement ne peut se faire avec succès que si nous regardons le passé en face, si nous observons tout ce qui s'est produit, si nous faisons se dissiper ces brumes de silence et de paralysie. Nous avons donc consulté des comptes rendus administratifs, des procès-verbaux de jugements, les dossiers médicaux encore disponibles de ceux qui avaient été tués, et nous avons parlé avec des témoins de l'époque. Et chaque fois nous revenions à Ernst Lossa. Il en avait apparemment été de même pour les officiers américains qui avaient enquêté les premiers dans l'hôpital en 1945. En entendant les médecins et le personnel de l'hôpital, ils se retrouvèrent face à une chose tellement inconcevable qu'ils eurent besoin, pour mieux comprendre les événements, de les faire s'incarner dans un destin individuel. C'est ainsi qu'apparurent de nombreux témoignages à propos d'Ernst. Ils sont, avec les récits des sœurs d'Ernst, Amalie et Anna, toujours en vie, et avec le résultat des recherches d'envergure menées par Robert Domes, ce qui a nourri ce livre.

Des millions de gens ont été victimes de l'Holocauste, des centaines de milliers furent victimes de la guerre menée contre les patients atteints de maladies mentales ; ces chiffres nous empêchent de voir les cas particuliers. La première fois que j'ai eu en main le dossier médical d'Ernst, la photo qui y était épinglée m'a profondément bouleversé, et elle ne m'a plus jamais quitté. Depuis, intérieurement, j'ai de longues conversations avec lui. En cas de décisions professionnelles délicates, j'ai souvent tenté de considérer le problème à résoudre du point de vue d'Ernst. Je savais alors quelle devait être ma décision. Sur la photo, à la fois enfant et adulte, Ernst nous regarde d'un air de défiance empreint d'une infinie tristesse. Tous ceux qui voient cette photo sont invités à se mettre à sa place, à imaginer ce qu'a été la vie d'un enfant dans des conditions aussi terribles, et comment il a pu faire face.

Tous les faits se sont déroulés comme Robert Domes le raconte. Pour dépeindre ce qu'Ernst pouvait ressentir, Robert Domes a eu recours, avec empathie, à la technique romanesque. Au lecteur de se mettre dans la peau d'Ernst, et de développer sa propre version de ce qu'il a vécu.

Quand je regarde Ernst aujourd'hui, j'aimerais pardessus tout faire que rien ne soit arrivé, mais c'est impossible, nous le savons. Même le dédommagement (quel terme malheureux, quel euphémisme avons-nous choisi à l'époque dans le cadre de l'indemnisation des victimes de l'Holocauste !) ne fonctionne pas.

Pourtant, les livres comme celui-ci redonnent à Ernst et à toutes les victimes la dignité qu'on leur a si atrocement arrachée.

Eggenthal, novembre 2007

Né en 1941, Michael von Cranach, docteur en médecine, est spécialiste en psychiatrie et en psychothérapie. Après avoir exercé à Munich et à Londres, il a pris en 1980 la direction de l'hôpital local de Kaufbeuren, où il a exercé jusqu'à sa retraite en 2006. Dans une perspective strictement sociologique, il s'est engagé cliniquement et dans des instances internationales (OMS et UE) afin de mettre un terme à l'enfermement des malades mentaux. Dans ce cadre, il s'est également beaucoup investi dans la recherche sur la psychiatrie à l'époque du national-socialisme. Il a aujourd'hui un cabinet de consultation à Munich et poursuit ses efforts pour mettre un terme à la stigmatisation de la psychiatrie.

Prologue

La porte qui donne sur le vestibule est légèrement entrebâillée ; une ampoule y est allumée, mais sa lumière blafarde peine à atteindre l'infirmerie. Ernst écoute les autres respirer. Deux d'entre eux dorment à poings fermés. Seul *Heinz*[1] est éveillé ; de la main droite il tient fermement le lobe de son oreille et de la gauche il aplatit inlassablement la couverture, qu'il roule en boule avant de l'aplatir de nouveau, d'une caresse. Il n'y a pas grand-chose à tirer de Heinz. Son regard est planté dans le vide à longueur de journée, il parle à des gens que personne ne voit, dans une langue que personne ne comprend. Les deux autres, Ernst ne les connaît pas. L'un s'est enroulé serré dans sa couverture en dépit de la chaleur. L'autre ronfle doucement. Quand il inspire, il émet un grognement et, en expirant, il fait des bulles comme s'il était sous l'eau.

Ses trois camarades de chambre sont bien plus jeunes que lui, ils ont six ou sept ans tout au plus. Dans trois mois, lui aura quinze ans, en fait il est déjà trop vieux pour

1. Les personnages de ce texte apparaissent, chaque fois que c'est possible, sous leur vrai nom. À l'exception de ceux que la protection de la vie privée interdit de nommer et de ceux qui, historiquement, n'étaient pas clairement répertoriés. Leurs noms ont été modifiés et leur première occurrence apparaît en italique.

l'hôpital pour enfants. Devoir dormir là aujourd'hui l'énerve. Il aurait préféré rester de l'autre côté, chez les hommes.

La plupart du temps, ils le mettent à l'infirmerie quand il a fait des siennes, parce qu'alors ils peuvent mieux le surveiller. Pourtant cette fois, il n'a rien fait. Heichele a dit qu'il pourrait avoir le typhus. Le typhus, c'est sérieux. Ces dernières semaines, apparemment déjà dix patients en sont morts. Mais tous avaient le teint gris-vert, étaient faibles, se tordaient en deux à cause du mal de ventre et chiaient plein les lits. À l'inverse, voilà longtemps qu'Ernst ne s'est pas senti dans une telle forme. Peut-être que cette histoire de typhus n'est qu'un truc d'Heichele pour arriver à ce qu'il prenne enfin ses cachets.

Il ferme les yeux et tente de calmer le rythme de son cœur qui s'emballe. La voix de sa mère lui parvient d'une époque lointaine. Une fois le soleil couché vient l'heure des anges, disait-elle toujours. Il imagine un ange en train de traverser le service, il passe devant les infirmes et les idiots, les paralysés et les aveugles, ceux qui crient et que l'on a attachés au lit, et ceux qui se taisent en se contentant de regarder dans le vague. L'ange passe et chacun s'apaise totalement. Il finit par s'approcher d'Ernst, lui frôle l'épaule de son aile et lui fait un clin d'œil.

Il se redresse et s'assied dans son lit, mais il n'y a rien. À part le bruit de pas lourds qui viennent du corridor et se rapprochent. *Clac-fff-clac*, Heichele fait sa ronde avec sa patte folle. L'infirmier ouvre le vestibule qui sépare la chambre du couloir. Au moment où son ombre volumineuse emplit l'encadrement de la porte, Ernst ferme vite les yeux. Il faut qu'Heichele le croie endormi, sinon il va recommencer avec ses cachets. Pendant quelques respirations, rien ne se passe, puis l'infirmier pousse un soupir de soulagement. Ernst entend Heichele refermer la porte à clé. Le *clac-fff-clac* s'éloigne.

Deux étages plus bas, Georg Frick est assis dans son bureau. Le directeur administratif de l'asile psychiatrique** tambourine nerveusement sur le plateau massif du bureau, déplace ses papiers d'un coin à l'autre sans parvenir à se concentrer sur son travail. Il allume une cigarette. C'est alors qu'on frappe à la porte.

« Entrez ! » crie Frick. Il attendait justement cette visite tardive.

L'infirmière en chef a l'air grincheux. Frick lui désigne une chaise et lui tend son paquet de cigarettes.

Elle en prend une et demande, intriguée : « Pourquoi avez-vous besoin de moi pour ça ? D'habitude Heichele ne fait pas autant de manières. »

Frick hausse les épaules. « Il a dit au chef qu'il ne pouvait pas. »

Elle éclate de rire : « Monsieur l'infirmier ne peut pas, du coup ces messieurs ont besoin de l'infirmière Pauline.

— C'est peut-être mieux si ce n'est pas une personne seule qui s'y colle, dit Frick. Il ne faut pas sous-estimer le bougre.

— Je croyais qu'il avait quatorze ans ?

— Presque quinze. »

Pauline recrache la fumée. « Et c'est pour ça que vous faites tout ce cirque ?

— Tu ne le connais pas. Il est capable de tout. »

L'infirmière en chef secoue la tête. Alors tous deux attendent, fument et attendent encore. Pauline arpente la pièce de long en large, Frick range les montagnes de papiers sur son bureau. Enfin le téléphone sonne.

Frick décroche, écoute un bref instant, acquiesce et raccroche. « Il dort », dit-il.

Elle écrase la cigarette dans le cendrier. « Au travail ! Tu viens ? »

Frick hoche la tête : « Oui, c'est mieux, je crois. »

Ernst attend que le calme soit revenu dans le couloir et que la porte de la salle de garde se soit refermée. Puis il se lève, mais, même près de la fenêtre entrebâillée, il ne passe aucun air frais. Par l'interstice près du carton qui sert à obscurcir la pièce, il lorgne dehors, où les restes d'une lourde journée d'août disparaissent dans une nuit sans lune. Les épais murs du couvent sont saturés par la chaleur des jours derniers. Ernst espère voir quelques étoiles, mais le ciel s'est couvert. L'orage est imminent.

Nerveux, il se jette sur le lit, hésite entre veille et sommeil, comme s'il courait sur une crête étroite, avec d'un côté la clarté et de l'autre l'obscurité. Des images du passé resurgissent, des voix venues du pays des brumes, des sons, le vent sur son visage. Été 1933, le dernier voyage en compagnie de ses parents. C'était il y a onze ans.

Ernst voit papa et maman dans leur vieille roulotte, des champs verts, des coquelicots rouges. La grand-mère à Buchau, en train de faire des crêpes à la confiture. Un policier municipal en sueur qui parle d'embarquer les Tziganes. Des soirées autour du feu de camp, maman chante, papa joue de l'harmoneya* et les étoiles scintillent. L'appartement qui sent le moisi à Augsbourg. Maman debout à la porte d'entrée qui fait signe et disparaît dans la fumée. Grand-mère Babett toujours plus transparente dans les brumes hivernales. Il voit ses sœurs Malchen et Nanna flotter en chemise de nuit dans un couloir noir. Il voit son père en costume miteux, le visage émacié, assis dans le jardin de la maison de correction**. Le voyage en train pour l'Allgäu, avec à l'horizon des montagnes scintillantes. L'établissement avec ses gens perdus et ses enfants oubliés. Il sent un baiser sur sa joue, voit une fille aux cheveux roux et aux yeux verts. Des champs d'avoine avec des coquelicots.

Des pas résonnent dans le couloir. Les images se mêlent et s'estompent. Ernst veut les retenir. Ça a commencé où ? Des champs vert-rouge, la famille dans la roulotte, le rythme heurté de la route. Les pas se rapprochent.

LIVRE I

Des yeux qui brillent

1

Un doux balancement, presque comme dans un berceau. Dans les oreilles d'Ernst, le chant des roues et le rythme que frappent les sabots. Une lumière claire dans l'air, qu'on dirait laiteuse. Les champs d'avoine sentent bon la force et la volonté de grandir. Ernst peut les entendre pousser, ils crépitent et murmurent en s'étirant, et quand on met les grains encore verts dans la bouche – maman dit que c'est interdit, parce que sinon on peut tomber malade, mais il lui arrive de le faire quand même –, ils ont un goût de pâte onctueuse, de chaleur et de pluie.

Les épis d'avoine sont gardés par des coquelicots ; ceinture rouge qui enserre le champ, ils veillent à ce que personne ne vienne en troubler la croissance. Ernst regarde en arrière par la bâche à demi levée. Le champ sautille et danse sous ses yeux ; il peut entendre les gravillons, ils retiennent l'air et gémissent quand les roues dures de la roulotte leur passent dessus, puis, une fois que tout est fini, ils soupirent doucement.

Malchen et Nanna dorment ; elles sont encore petites et ont besoin de beaucoup de sommeil, parce que gambader et crier, ça fatigue. Maman dort aussi. Elle ne va pas bien. Son ventre est gonflé et elle semble malade. Pourtant elle ne se plaint pas, maman ne s'est encore jamais plainte.

Ernst est déjà grand, pas autant que papa – assis à l'avant et si fort qu'il peut tenir le cheval d'une seule main –, mais bien plus que Malchen et Nanna. Ernst aura bientôt quatre ans.

Anna est la plus petite, elle vient d'avoir un an. Elle s'appelle comme maman et a déjà les mêmes cheveux, pas encore aussi longs, mais aussi foncés et aussi épais. Et elle a les mêmes grands yeux noirs avec lesquels, en permanence, elle explore tout avec curiosité. Tout le monde l'appelle Nanna, car c'est comme ça qu'elle-même se nomme. Le plus souvent, elle se déplace à quatre pattes et mange absolument tout ce qu'elle trouve par terre, et Ernst doit le lui faire recracher.

Amalie a deux ans et passe la plupart de son temps à parler toute seule. On l'appelle Malchen, parce que ça sonne mieux qu'Amalie. Elle a hérité des cheveux blonds de papa et du petit nez de maman. Quand elle marche, une de ses gambettes est plus lente que l'autre, quelque chose est de travers, elle se dandine en dodelinant de la tête. « Les hanches, dit maman. Ça se corrige. » Malgré cela, Malchen est la plus drôle de tous. Quand elle rit, personne ne peut rester fâché.

Le plus souvent, Ernst parvient tout juste à esquisser un sourire, et encore pas toujours. « Il tient ça de son grand-père, dit maman. La mélancolie. » Il a donc aussi hérité du nom de son grand-père, Ernst. Ils ne parlent pas souvent de lui, car il a laissé la grand-mère en plan avec neuf enfants et est parti avec une autre femme. En voyant le garçon, oncles et tantes disent tous : « Le vieux Lossa tout craché. Le même nez épaté et ces grandes oreilles d'éléphant. » Ernst n'a vu le grand-père qu'en photo et trouve qu'il ne lui ressemble pas pour deux sous. Le vieux y a l'air sévère et grognon. En plein sous le nez, il a une toute petite moustache, ce qui est à la mode en ce moment, parce que le Führer*, qu'on voit sur toutes les affiches, en porte une.

Le père d'Ernst la trouve horrible, il n'aime pas le Führer et c'est pourquoi il se rase toujours de près.

Ernst se fait du souci à cause de ses oreilles. Chaque jour, il vérifie si elles ont ou non grandi. « Si elles continuent de pousser, je finirai vraiment un jour par ressembler à un éléphant et on me montrera dans un cirque. » Et par-dessus le marché, son père tire dessus quand il a fait des siennes. Il aimerait avoir des oreilles aussi petites que celles de Nanna et Malchen, ou des cheveux longs pour les couvrir. Sauf que ses cheveux doivent toujours être très courts, à cause des poux. D'une manière générale, il préférerait parfois être une fille. Toutes les deux ont toujours le droit de s'asseoir sur les genoux de papa. Et il leur passe tout, alors que ça barde pour lui en cas de bêtise. Oui, mais c'est lui le grand, dit toujours maman avant de sourire comme elle seule sait sourire, elle fait ça rien qu'avec les yeux, deux boutons qui brillent d'un brun intense, et c'est presque aussi bon que des caresses. Ernst est le grand, il surveille les deux petites afin qu'elles ne se sauvent pas, ne portent rien à la bouche, ne passent pas sous les chevaux ou ne mettent pas les mains dans le feu. Parfois, il a même le droit de monter devant, sur le siège, et de tenir les rênes.

Maman dit qu'Ernst est un cadeau, car il est venu au monde une semaine après son anniversaire à elle. Elle a fêté ses vingt ans, et lui était en quelque sorte son cadeau d'anniversaire en retard. Il y a de cela quatre ans, en 1929. Une mauvaise année, une année de misère, pendant laquelle les affaires du couple de jeunes mariés furent plus que minables. « La seule bonne chose, ça a été toi, Ernstl, raconte toujours maman. Un signe de Dieu, une bonne étoile. » Parce que le jour même de son anniversaire, ce fut le Vendredi noir* aux États-Unis et que tous prirent peur. « C'est alors que tu es arrivé, sourit maman, et nous n'avons plus pensé à la peur, nous nous sommes dit que tu étais un signe, que dès lors ça allait repartir. »

De l'Amérique, Ernst sait juste qu'elle est très loin et qu'on y trouve des Indiens. Il n'a aucune idée de ce qu'est un vendredi noir, peut-être que ce jour-là en Amérique il a plu du charbon ou que le soleil ne s'est pas levé. Ernst est né le 1er novembre, le jour de la Toussaint, quand partout on allume des bougies pour les saints et les morts. « Tu as une grande âme, dit maman quand elle parle de sa naissance.

— C'est quoi une âme ? » demanda Ernst un jour.

Elle lui posa la main sur la poitrine et dit : « Ton âme est là-dedans, et elle veille à ce que tu sois courageux et gai, fort et sage. Et quand tu as peur, que tu es triste ou qu'autour de toi il fait tout noir, il te suffit de poser ta main là pour sentir la lumière qui est en toi et ne s'éteint jamais.

— Et quand je serai mort ?

— Ce sera pareil, dit maman, alors ton âme s'envolera dans le ciel. »

Depuis, Ernst imagine que son âme est un grand ballon blanc qui emplit toute sa poitrine et brille et réchauffe comme un feu de camp.

Après la fonte de la dernière neige, la famille a quitté Augsbourg. Christian Lossa décida qu'il était temps de se remettre en route. Il prit la grande valise et les sacs, les remplit d'étoffes et de rubans, de boutons et de bretelles, de fil solide, de lacets de chaussures, et de beaucoup de choses encore. Voyant cela, sa femme commença elle aussi à faire les valises. Christian n'était guère enthousiaste. « Est-ce une chose à faire, dans ton état ?

— Je ne tiens plus à Augsbourg, j'ai besoin de quitter cet endroit puant, de m'en aller loin des usines et des arrière-cours boueuses, dit-elle, sans cesse interrompue par la toux.

— Et qu'est-ce qui va se passer avec les enfants ? Tu sais à quel point ça peut être fatigant sur les routes. »

L'agitation provoqua une quinte de toux à Anna Lossa et son mari dut attendre la réponse un moment.

« Christian », commença-t-elle. Chaque fois qu'elle l'appelle Christian, il sait que ce qu'elle dit est sérieux. « Christian, ne te fais donc pas de souci pour moi et pour les enfants, ils sont mieux sur les routes que dans ce trou. Tu crois que je veux croupir ici, pendant que tu frétilles autour des ménagères ? »

Christian comprit qu'il valait mieux ne rien rétorquer. Il haussa les sourcils, poussa un profond soupir et continua de faire les bagages. Ernst aurait pu embrasser sa mère pour cette décision de quitter la ville, mais ç'aurait été trop pour son père. Ce dernier a sans doute accepté pour l'unique raison que cette fois ils ne sont pas partis avec une charrette, ils ont une véritable roulotte tirée par un cheval. C'est tante Betti qui leur a prêté la roulotte et le cheval.

Ils se rendirent d'abord d'Augsbourg à Ulm. Ils étaient à présent en train de franchir le Jura souabe, direction Buchau, pour rendre visite aux parents d'Anna, les Anger. C'était bien, Ulm, parce que papa a fait une bonne affaire. À l'arrière, sur la roulotte, il a posé un tonneau noir qui pue et s'est frotté les mains, sans se soucier du poids et de l'odeur, ni des taches d'huile qu'il a faites sur son pantalon. Maman s'était contentée de lever les yeux au ciel quand il était arrivé avec le truc, et il avait fait claquer sa langue, comme s'il avait eu un rôti de porc devant lui. « Une des meilleures huiles de moteur – t'en trouves presque plus aujourd'hui. Qu'est-ce que tu crois, quand on va la vendre au litre dans les villages, ils vont nous l'arracher des mains. »

Maman l'a regardé avec un air interrogateur et a fait un geste de la main qu'Ernst n'a pas compris, mais papa oui, très bien.

« Qu'est-ce que tu crois, Anna, je fais pas ce genre de chose, disons que c'est un cadeau, entre amis. »

Elle fut alors prise d'une quinte de toux et se mit un mouchoir devant la bouche. « J'espère seulement que tu as raison et que tes… amis vont pas changer d'avis et nous causer des ennuis. Et j'espère qu'on arrivera rapidement à se débarrasser de la puanteur. »

Papa leva les mains pleines d'huile à la manière des saints. « Bon sang, Anna, c'est pourtant une occase. Ça va rapporter des *lovés.* »

Là, maman a cédé. Ernst sait que des lovés, c'est de l'argent. Et quand ils ont assez de lovés, la famille va bien et les parents ne se disputent pas.

Il n'y avait pas de brouillard à Ulm et c'est rare, dit papa. Jusqu'ici Ernst croyait qu'Augsbourg était la ville au monde où il y avait le plus de brouillard. « Alors tu connais mal Ulm, dit papa. À Ulm, été comme hiver il y a une soupe tellement épaisse que ni les enfants ni les personnes âgées n'ont le droit de sortir, sous peine de se perdre. » Maman lui donna un coup de coude dans les côtes, mais il était déjà lancé. « Les gens tombent les uns après les autres dans le Danube, car on ne distingue plus la route du fleuve. D'autres vont dans l'eau de leur plein gré, parce qu'ils ne supportent plus toute cette grisaille, et on repêche en mer Noire leurs gros corps gonflés. Et tu devineras jamais ce qu'ils font, là-bas, de tous ces squelettes. » Nouveau coup de coude de maman. « Du savon. Ils font du savon.

— Ça suffit, maintenant ! lui asséna maman.

— Oui, oui, dit-il, note quand même, mon fils, que quand il fait beau à Ulm c'est jour de fête. »

Le tonneau qui pue est effectivement vide avant l'arrivée des Lossa chez les Anger à Buchau. Les paysans étaient totalement dingues de l'huile. En fait, Ernst ne trouvait pas l'odeur très dérangeante. En tout cas, papa est content. Il y a assez à manger, il achète même des bâtons de réglisse dans une épicerie. Ernst et Malchen sont heureux. Seule Nanna fait la tête, car jusqu'ici elle n'a connu que les mottes de terre et les cailloux des arrière-cours. Mais finalement elle aime ça aussi.

Il faut tout de suite que papa aille célébrer la bonne affaire à la taverne du village. De retour, il peste contre le Führer qui prive les gens du voyage de travail et de pain alors qu'il a promis du travail pour tout le monde. Il rouspète jusqu'à ce que maman se mette en colère.

« Déjà que tu gaspilles à la taverne le peu d'argent qu'on a, tu pourrais au moins la fermer. Tu sais que leurs espions sont partout. Il ne faudra pas longtemps avant qu'ils te mettent au trou et je me retrouverai là avec trois enfants, bientôt quatre. T'as pas deux sous d'idée. Ils n'attendent que ça, que quelqu'un comme toi leur donne une bonne raison.

— Qu'est-ce que ça veut dire, quelqu'un comme moi ? réplique-t-il en bougonnant. Est-ce que je vaux moins que les gadjé* ? Ou est-ce que je ressemble à un Juif ?

— Laisse les Juifs en dehors de ça, dit maman. Que tout le monde leur tape dessus comme ça, c'est pas juste. Tu sais combien de fois on a fait de bonnes affaires avec eux. »

Pas moyen de freiner papa. « Est-ce que j'y peux quelque chose, s'ils ferment leurs magasins et cassent leurs vitrines ?

— Tu sais exactement ce que je veux dire. Tu es tzigane* et tu sais ce que ça signifie. »

Silence.

Le revoilà, le vilain mot en T. Ces derniers temps, il refait de plus en plus fréquemment surface. Tous ceux qui ne supportent pas les Lossa l'utilisent, mais il est rare que maman le prononce. Il faut vraiment qu'elle se mette en colère. Du coup, papa reste muet lui aussi et la regarde. Elle-même en est effrayée. Pourtant il est déjà prononcé et reste entre eux, emplissant presque complètement le petit espace sous la bâche et empoisonnant l'air.

Alors papa dit, et il le dit tout doucement : « Je suis pas tzigane, et toi non plus. Aucun de nous. Nous sommes yéniches* et j'en suis fier. »

Maman fait un geste. « Tziganes, Yéniches, vagabonds, faignants, asociaux*, c'est pareil pour eux. »

Papa cambre le dos et se grandit. « Pour moi c'est pas pareil. Nous sommes yéniches, tu entends, yéniches, et tout le monde peut l'entendre et le savoir, c'est pas une honte. »

Maman acquiesce. « Bien sûr que c'est pas une honte. » Elle n'est plus en colère maintenant, elle est juste triste. « Ils nous ont dans le collimateur, Christian. Je peux déjà plus sortir dans les rues. Les gens me dévisagent comme si j'arrivais d'Afrique et je les entends murmurer dans mon dos. »

Alors la colère de papa retombe également, et il prend maman dans ses bras et la berce comme un petit enfant.

Ernst l'a déjà entendu, lui aussi. Quand les enfants des voisins, en bas dans la cour, veulent l'énerver, ils le crient par-dessus la clôture. Le vilain mot en T, ils l'ont même déjà crié à Nanna, quand elle s'est accrochée à la clôture pour regarder par-dessus. Pourtant elle n'est certainement pas une Tzigane, elle n'est encore rien, seulement une petite fille qui piaille et sourit de ses quatre dents et secoue ses cheveux bruns en mettant une motte de terre à sa bouche. Même à elle on donne du vilain mot en T.

Le soir, au moment où Anna vient s'asseoir près des enfants pour raconter une histoire, Ernst demande : « C'est quoi des Yéniches ?

— Yéniche, ça signifie à peu près "intelligent" ou "rusé", dit-elle. Nous avons notre propre langue, et sommes les seuls à la comprendre, nous les intelligents. Et quand nous ne voulons pas que les gadjé puissent comprendre ce que nous racontons, nous parlons yéniche. »

Les gadjé, Ernst le sait, ce sont les autres. Ceux qui ne partent pas sur les routes, donc les fermiers, les ouvriers et tous ceux qui vivent dans une maison en dur.

Pourtant nous aussi on a une maison où on vit quand on n'est pas en vacances. Alors peut-être que nous sommes aussi des gadjé. Il décide de demander plus tard à maman, car elle se met à raconter une histoire.

« Il y a beaucoup de légendes sur l'origine des Yéniches. Certains disent qu'ils viennent d'Inde ou d'Égypte, d'autres affirment que c'est de l'Est ou de la Méditerranée. Les uns disent qu'on descendrait des Tziganes, les autres que nos ancêtres seraient des groupes éparpillés à la suite de la guerre de Trente Ans. C'est typiquement une question de gadjé. Mon grand-père, ton arrière-grand-père donc, a toujours dit : "Je viens de là où je me suis mis debout pour la première fois et vais là où se posera ma tête." Il a grandi en Suisse, où ses parents s'étaient réfugiés pour fuir l'Italie. Et leurs parents, à leur tour, étaient de France d'où on les avait chassés. Les ancêtres de ton père sont originaires d'Italie, alors que quelques-uns d'entre eux étaient tout là-haut dans le Nord et d'autres au fin fond de l'Est. Tu vois, ils sont allés loin, et ils ont souvent été chassés. Mais ils ne sont pas apatrides. Car leur patrie est dans leur cœur, dans leur famille, dans leur clan. Où qu'ils aillent, ils trouvent toujours des gens qui parlent la même langue, chantent les mêmes chants, portent en eux le même sang. C'est la patrie du cœur, à l'inverse de la patrie du sol dont disposent les gadjé. »

Elle réfléchit un instant. Les filles se sont lovées et respirent profondément, alors qu'Ernst regarde maman avec de grands yeux pleins de questions.

Elle fait un signe de la tête. « Il était une fois, il y a bien longtemps, un bijoutier qui avait une femme charmante et treize enfants. »

Maman raconte l'histoire du bijoutier dont les autres artisans en ville étaient jaloux. Ils répandirent des histoires mensongères à son propos, jusqu'à ce que le roi le bannisse. Alors il partit. Or, où qu'il aille avec sa famille, la même chose se produisait. Les artisans locaux redoutaient la concurrence et s'employaient à le faire chasser.

« C'est pas gentil, dit Ernst.

— Non, mais les gens sont comme ça. La famille du joaillier devint une famille d'itinérants, de marginaux, partout objets d'hostilité de la part des sédentaires, des gadjé. Ils apprirent à s'accommoder de la pluie et du froid, des épreuves et de la faim. Ils apprirent aussi à être prudents. C'est pourquoi ils imaginèrent une langue à eux, comprise d'eux seuls. Sur les routes et dans des endroits secrets où se reposer, ils rencontrèrent d'autres familles pour lesquelles il en allait de même. Ils se serrèrent les coudes et partagèrent leur dernière chemise. Ils échangèrent des nouvelles et apprirent les uns des autres. Le bijoutier apprit à réparer les chaudrons et les poêles. Ses enfants devinrent rémouleurs, brossiers, vanniers, diseurs de bonne aventure, funambules, montreurs d'ours, baladins, musiciens, jongleurs, marionnettistes et artistes. Ainsi que colporteurs de nouvelles et entremetteurs, parfois mendiants.

— Mais ils avaient pas d'éventaires ?

— Si. La femme du joaillier n'était pas seulement belle, elle était aussi extrêmement intelligente. Quand ils arrivaient dans une ville, elle achetait des marchandises bon marché et les revendait en route, à la campagne. Des boutons, des étoffes, des bretelles, des lacets, des petits miroirs de poche, des gamelles, des rubans de couleur, et aussi des boucles d'oreilles et des colliers qu'elle faisait elle-même, toutes sortes de choses que tu peux imaginer.

— Comme toi et papa ?

— Oui, tout comme nous. C'étaient des gens très ingénieux, toujours à inventer quelque chose pour assurer leur subsistance. Une fois grands, les enfants s'éparpillèrent dans tout le pays et dans les pays voisins. Les routes sur lesquelles ils voyagèrent s'étendirent des déserts du Sud jusqu'aux grandes forêts du Nord, des steppes de l'Est jusqu'au grand océan à l'ouest et, parce qu'ils allèrent si loin, ils purent raconter beaucoup d'histoires, tantôt celles qu'ils avaient entendues en chemin, tantôt celles qu'ils avaient inventées. »

Ernst veut demander à maman si elle a, elle aussi, inventé cette histoire. Mais ses yeux se ferment et la voix de maman l'accompagne dans un monde où il voyage en un vaste pays et sort victorieux d'aventures périlleuses.

2

Début avril 1933, la famille arrive à Buchau, aux confins du Jura suisse. Ils ne croisent que la grand-mère, qui pour célébrer ce jour fait des crêpes garnies d'une épaisse couche de confiture. Pour Ernst, ce sont les meilleures crêpes au monde.

Son grand-père aussi a une roulotte pour faire du commerce. Il est venu à Buchau, il y a quelques années, pour qu'un domicile fixe soit inscrit sur ses papiers et que les policiers du coin soient satisfaits. Mais il n'y habite que quelques semaines dans l'année. En ce moment, il est sur les routes et rentre chaque semaine pour venir chercher de nouvelles marchandises et refaire le plein de la roulotte. Il a déjà plus de soixante ans et grand-mère dit que le commerce devient peu à peu trop fatigant pour eux.

Les grands-parents sont le jour et la nuit. Grand-père est grand, avec le nez busqué et les cheveux blond argent. Grand-mère est petite et ronde, avec le même petit nez que maman, mais plus en chair, avec les cheveux noir corbeau noués en chignon. Les Anger sont une famille gigantesque. La mère d'Ernst a douze frères et sœurs. Ernst fait la connaissance de quelques-uns des oncles et des tantes à l'occasion du premier anniversaire d'Anna, le 4 avril.

Grand-mère a préparé un repas de gala. La pièce est pleine de gens, qui parlent tous en même temps et rient.

Dans la cour derrière la maison, une douzaine d'enfants courent partout ; en revanche on compte trois poulets de moins, qui se retrouvent, rôtis, sur la table. Pour les accompagner, il y a de grands plats de pommes de terre fumantes. Et grand-père remplit les verres à l'aide d'une énorme bonbonne de vin.

Papa lui demande où il a eu le vin et grand-père lui murmure quelque chose à l'oreille. Papa lui sourit de la moitié gauche du visage, ce qu'il fait volontiers quand quelque chose est à son goût.

« T'es vraiment un salopard, Bastl. »

Grand-père s'adosse fièrement à sa chaise et prend une énorme gorgée de vin. « Je peux encore t'apprendre quelques petites choses, Christian. »

Puis arrive le café, et les hommes y ajoutent du schnaps tiré d'une petite bouteille. Ernst s'étonne de les voir allonger leur café alors que les femmes le boivent pur ou avec du lait. Grand-mère pose son gâteau sur la table, et les enfants l'avalent goulûment.

« Est-ce qu'ils sont tous yéniches ? » demande Ernst à sa mère. Elle avale de travers, met la main devant sa bouche, le café ressort entre ses doigts.

Oncle *Walter,* qui est assis à côté d'elle, a entendu également. Il lui tapote énergiquement le dos et se met à claironner : « Tu as raison, mon garçon. Vous avez entendu ça ? Il veut savoir si nous sommes yéniches. Bien sûr ! Tout le clan ici, tous Yéniches pur jus, garantis, véritables, tu peux me croire. Tous chiffonniers, musiciens, faignants, vagabonds et traîne-savates. »

Tous éclatent d'un rire tonitruant. Maman, qui a fini par avaler son café, pouffe en donnant un coup de coude à l'oncle Walter.

« Arrête, tu vas le rendre *narvalo**, ce pauvre petit ! » dit grand-mère, mais elle non plus ne peut s'empêcher de rire et les rides autour de ses yeux se plissent jusqu'à former deux moitiés de soleil.

« Ne te laisse pas impressionner, Ernst. Walter est un peu cinglé.

— Et en plus, nous fabriquons notre propre miel, ce qui est rare, dit Walter. Tu ne trouveras nulle part ailleurs de clan tel que le nôtre. Chez nous, quand on fait la fête, aucun œil ne reste sec. » Il prend une gorgée de vin. « Comme en 28, pendant l'été, quand Anna a rencontré Christian. Allez, raconte, maman. »

Grand-mère fait un clin d'œil à Anna, tout en racontant. « Anna avait à peine dix-neuf ans et Christian n'était guère plus vieux.

— J'avais vingt-deux ans, dit papa, et la moitié gauche de son visage sourit.

— C'était une grande fête de gens du voyage, avec des danses, de la musique. C'est là qu'ils ont dansé ensemble pour la première fois, trompette Walter. Le type lui a tout de suite plu, élégant comme il était, et vu comme il dansait. Ma petite sœur a immédiatement été chipée et s'est mise à lui faire les yeux doux. » Le coude, de nouveau, mais impossible de freiner oncle Walter. « Puis ils se sont aperçus que tous deux jouaient bien de l'harmoneya, et ils ont commencé à jouer à l'unisson la moitié de la soirée, ils ont vraiment joué à qui mieux mieux.

— Et qui a gagné ? » demande maman avec effronterie.

Walter fait un clin d'œil à Ernst. « Ta mère a toujours été une sacrée *tchaï**, elle ne s'est jamais laissé faire, n'avait pas la langue dans sa poche et se battait comme un homme. N'est-ce pas, Anna ? »

Maman proteste et tous se remettent à parler en même temps. Ernst ne comprend qu'une chose. Que maman, avec ses yeux qui brillent, son tout petit nez et ses cheveux noirs coupés court a tourné la tête à papa. Il a continué la route dans cet état.

Ernst essaie d'imaginer comment il est possible de conduire une voiture et de vendre des choses avec la tête à l'envers. En tout cas, Christian a envoyé une robe à Anna pour son dix-neuvième anniversaire, et trois mois plus tard il est venu à Buchau.

« Par hasard », s'écrie papa en souriant de travers.

Les voilà tous hilares. Quelqu'un lance : « Oui, parce que c'était ton chemin. En même temps, début février, c'était pas une époque pour être sur la route. » Mais c'était le carnaval, et grand-mère raconte qu'ils ont organisé un grand bal avec musique et déguisements.

Maman caresse la tête d'Ernst. « Et tu en es le résultat. » Elle lui jette un regard brillant plein de fierté et son sourire en dit tellement long qu'il ne sait ce qu'il doit en penser.

Ils se sont mariés le 1er mars. Et huit mois jour pour jour après le mariage, Ernst était là.

« C'était une sacrée fête », s'écrie Walter, rayonnant.

La couronne de rides de grand-mère se remet à briller. « Comment tu sais ça, Walter ? Tu étais bien trop saoul. »

De nouveau, tous éclatent de rire et racontent comment Walter s'est d'abord disputé avec le tavernier, avant de trinquer avec lui à l'amitié, jusqu'à ce que tous deux se retrouvent sous la table.

Walter a un sourire jusqu'aux oreilles. « C'est ce que je dis : sacrée fête. »

La famille reste une quinzaine de jours chez les Anger. Papa est sur la route avec grand-père et Ernst a le droit de chahuter avec les grands.

Maman passe la plupart du temps allongée sur le sofa. Elle a de la fièvre et tousse, comme elle le fait depuis l'hiver. Par moments, une forte quinte de toux se déclenche, alors elle crache du sang dans un seau que grand-mère a installé à côté du sofa. Grand-mère lui fait boire du thé de fabrication maison et du lait de chèvre, qui pue effroyablement.

Maman s'étrangle en buvant et on dirait qu'elle est sur le point de vomir à chaque instant, mais grand-mère reste inflexible. Quand il fait soleil, maman s'assied sur le banc devant la maison, parce que l'air lui fait du bien. Grand-mère est une sorcière qui fait des potions avec les herbes et elle a déjà soigné beaucoup de gens. Elle se fait du souci pourtant, et se demande s'il ne vaudrait pas mieux appeler un médecin.

Maman ne veut pas. « On a pas les moyens. Et j'ai encore jamais eu besoin de médecin, pas vrai ? »

Grand-mère acquiesce et sourit, mais sans couronne de lumière autour des yeux. Elle regarde papa, il faudrait qu'il dise quelque chose, mais il se contente de hausser les épaules.

Grand-mère pense qu'il vaudrait mieux que la famille reste à Buchau, au moins jusqu'à l'arrivée du bébé. Mais papa veut que l'enfant voie le jour à Augsbourg, sinon l'administration n'arrêtera pas de leur chercher des noises. « Tu sais bien comment ils sont maintenant. »

Grand-mère fait un signe de tête. « Tu as raison, c'est de pire en pire. »

Papa tire sur sa cigarette. « Partout, ils te traitent comme un criminel. Si ça continue, il vaudra mieux qu'on émigre. Je connais quelqu'un qui part en Amérique. »

Maman se contente de regarder la couverture et grand-mère soupire. « Pour ça il faut des lovés, Christian, un sacré paquet de lovés.

— Attends, dit papa, je connais du monde et j'arriverai bien à trouver des lovés.

— Où c'est, l'Amérique ? » demande Ernst.

Papa lui explique que c'est un immense pays, très loin par-delà l'océan, un pays dans lequel il y a beaucoup d'espace et où les gens sont riches, avec de grandes maisons et de grosses voitures. Là-bas, ils pourraient vendre autant en une journée qu'ici en un mois, ils auraient eux aussi une voiture et de la viande à chaque repas.

Ernst voudrait bien aller en Amérique, mais ce qu'il aimerait par-dessus tout, c'est rester ici. Et il pense que maman n'aurait rien contre. Mais elle ne fait aucune objection et emballe les affaires. Le lendemain, c'est le départ, elle est toute calme et triste au moment des au revoir.

Ernst regarde en arrière par l'ouverture de la bâche, et pense à l'Amérique avec ses voitures, ses maisons, ses gens riches et sa viande quotidienne. Il voit la maison s'éloigner, grand-mère s'éloigner, Buchau et son lac, la forêt et les prairies. Il voit le monde s'éloigner derrière lui, et un nouveau monde lui succède toujours, de nouveaux champs, de nouvelles prairies, de nouveaux arbres, de nouveaux villages.

Les villages, on les sent longtemps avant d'y être. Feu de bois, étable, lisier de porc, foin, déjeuner, taverne, fumée de tabac, sueur de fermier, pain, lessive. En arrivant dans un village, papa prend la valise et le grand sac contenant les rubans et les chutes de tissu, les lacets, les boutons et encore plein d'autres choses utiles, et s'en va faire du porte-à-porte. Il connaît les villages et sait souvent à l'avance s'il vendra ou non.

Quand maman l'accompagne, c'est bon pour les affaires. Les paysannes ont un faible pour son gros ventre, elles sont plus aimables et se demandent si elles n'auraient pas encore besoin d'étoffe pour une nappe. Papa, qui s'y connaît en paysannes et en vente, dit : « Ton ventre attire plus que mon éventaire. » Au début, il mettait à maman des chutes de tissu sous sa robe, pour la faire paraître plus ronde encore et rendre les paysannes encore plus chaleureuses. C'est désormais inutile, car le ventre de maman est gros et rond comme un ballon.

En l'absence de papa et maman, Ernst doit surveiller Malchen et Nanna. Alors souvent les enfants du village se pointent pour les zyeuter dans la roulotte, comme au cirque, et Ernst se demande si ce n'est pas dû à ses oreilles d'éléphant. Maman a dit qu'il n'a pas le droit d'être désagréable, mais parfois, quand ils se moquent de lui, il leur tire la langue.

Désormais, maman est trop fatiguée pour accompagner papa. Elle ne peut pas rester longtemps debout et doit vite se rasseoir au bout de quelques pas, et elle est toute pâle. Quand papa part tout seul, elle est de mauvaise humeur et nerveuse. Quand il revient vite, c'est un mauvais village, alors il est grincheux. Et quand il ne revient pas jusqu'au soir, c'est un bon village, parce que papa est content. Mais maman est en colère de devoir aller le chercher, et elle lui crie après sur le chemin du retour.

« Espèce de bon à rien, tu penses ni aux enfants ni à moi.

— Laisse-moi tranquille, râle à son tour papa, on va bien aujourd'hui. Tu veux que je t'en colle une, c'est ça ? »

Il sent la fumée et l'aigre, comme Nanna quand elle vomit. Il chante, et Ernst doit s'asseoir auprès de lui et l'écouter. Quand maman rouspète, papa dit que les hommes n'ont pas à se laisser commander par les bonnes femmes et qu'Ernst aussi est déjà un homme grand et fort. Maman lui dit de laisser le garçon tranquille et de cesser de bavarder. Et bientôt, il ronfle si fort que ni les chiens ni les voleurs n'osent s'approcher de la roulotte.

Il y a plus de mauvais villages que de bons. Et ces dernières semaines, il n'y en a plus que des mauvais. « C'est l'époque qui veut ça, et le fait que les gens ont pas beaucoup de lovés », dit papa.

Ça va s'arranger, disent les gens. Le Führer va régler ça. Ernst a déjà vu plein d'affiches de lui, il y en a dans chaque village. Dessus il a l'air féroce et les gens disent qu'il va rendre sa puissance à l'Allemagne. Mais Ernst préfère penser aux villages et à ce qu'il y a entre. Le balancement, le fait de rouler et tellement de ciel qu'il en est presque pris de vertige.

Papa a choisi une bonne place, exactement à mi-chemin entre l'église et la taverne. Ça ne plaît pas au policier du coin – en général les colporteurs ne lui plaisent pas. Le policier est l'homme le plus important du village. Il porte un brassard rouge avec une croix gammée et fait les cent pas devant la roulotte, comme un soldat. Puis il regarde longuement les papiers que papa lui a donnés et jette des coups d'œil réguliers aux enfants. Papa lui a expliqué que ce n'est pas sa roulotte, mais celle de tante Betti qui a maintenant une voiture. C'est la première femme de la région à conduire une voiture, une sensation. Tante Betti est une femme comme un homme, elle travaille comme un homme, boit et jure comme un homme, et maintenant elle traverse le pays en voiture et fait de bonnes affaires.

Le policier secoue la tête. À son air, il ne croit pas un mot de ce que papa raconte. Il transpire sous sa casquette ; sur ses tempes, de chaque côté, la sueur dégouline dans son col. C'est vraisemblablement ce qui lui fait perdre patience. Ernst entend toujours revenir le même mot : « interdit ».

Pourtant, papa sait s'y prendre avec les policiers. Il ne s'en laisse pas conter et fait presque une tête de plus que le policier en sueur. Le ton monte, bientôt tout le village est là autour de la roulotte. Ils lorgnent tous à l'intérieur et rigolent. Ernst tire la langue à un garçon, alors maman ferme la bâche et il n'entend plus que les voix, toujours plus fortes. Au milieu des cris retentit tout à coup « Qu'on embarque le Tzigane ! ». Une fois, puis deux, puis de plus en plus souvent. En plus des méchantes voix très fortes, il y a maintenant les battements de tambour. Des poings frappent sur les planches en bois et la bâche. Alors papa s'assied sur le siège. Il fouette le cheval et s'éloigne de cette clameur de tambour.

C'est certainement parce que les enfants de paysans au visage rougeaud sont jaloux, pense Ernst, de devoir rester là, d'être lourds au point de coller à la terre, plus lourds que les gens du voyage. Eux, ils sont aussi légers que les papillons.

Papa roule jusqu'à ce qu'il ait trouvé une bonne place en lisière de forêt, à l'abri du vent. Ernst a le droit d'aider à ramasser du bois sec. Puis papa fait un feu et maman raconte les belles histoires d'antan. Papa va chercher l'harmoneya et maman chante, plus lumineuse que le feu. Les joues rouges, Ernst et ses sœurs regardent le feu se consumer. Ils remontent la couverture sur eux et oublient le policier et les enfants des paysans, ils oublient l'Amérique et les crêpes de grand-mère, et ils oublient même, presque, qu'ils ont faim.

3

Papa est de mauvaise humeur de devoir retourner à Augsbourg précisément maintenant. On est mi-mai, il y a des marchés partout et on pourrait faire de bonnes affaires. Mais maman dit que l'enfant est pour bientôt, elle le sent. C'est pourquoi ils doivent rentrer à Augsbourg, a expliqué maman à Ernst, pour éviter des ennuis et faire plaisir aux administrations. Elles veulent à tout prix inscrire un lieu de naissance et un nom de rue sur leurs papiers. Quand les employés doivent écrire « roulotte », ils se mettent en colère, parce qu'ils ne parviennent pas à comprendre comment un enfant peut venir au monde dans une roulotte.

La toux de maman empire ; elle est faible et toujours fatiguée. Parfois elle se remet à cracher du sang. Ernst se fait du souci et espère que l'enfant sera bientôt là, pour que maman recouvre la santé.

Il est sûr que ce sera un petit frère. Il a déjà deux sœurs, ça suffit. Avec un petit frère, il pourrait vivre beaucoup plus d'aventures. Il pourrait lui montrer comment on fait un feu et comment on se cache pour que personne ne nous retrouve.

Il lui serait égal qu'un enfant vienne au monde dans la roulotte. Après tout, lui aussi a vu le jour dans une roulotte, a raconté maman. Ils n'ont cherché un appartement qu'après. Papa ne l'a pas raconté aux gens de la mairie, parce que ça ne fait que créer des problèmes. C'est mieux quand on naît dans une maison en dur. Alors, pour Ernst, on a donc finalement écrit « Wertachstrasse 1 » dans les papiers. Il n'arrive pas à se mettre ça dans la tête. Pourquoi un enfant ne verrait-il pas le jour là où c'est le mieux ? Et quel endroit peut-il être plus beau qu'une roulotte ? Papa lui-même est venu au monde dans une roulotte, et maman aussi. Seulement papa se fait du souci. « Nous devons être prudents », répète-t-il toujours.

Ernst est surpris qu'il n'y ait pas de brouillard à Augsbourg, pourtant la ville lui déplaît ; c'est un endroit horrible avec ses maisons tristes et basses, et ses gens tristes et rabougris. Il n'y a qu'au centre que c'est beau, il y a de grandes maisons, avec des magasins, des vitrines et des gens vêtus de beaux costumes et de belles robes, attablés dans les cafés avec le sourire. En revanche, là où habitent les Lossa, personne ne sourit, les gens ont l'air malades et leurs visages sont pâles. L'air y a une odeur aigre de charbon de bois, de soupe au chou et de toilettes ; comment peut-on y sourire ?

Une fois devant la vieille ferme à Lechhausen, une mauvaise surprise attend la famille. Le père guide le cheval dans la cour et veut dételer ; alors qu'Ernst se précipite avec Malchen et Nanna pour grimper l'escalier, le propriétaire leur barre le chemin. Il a l'air si grincheux qu'ils s'arrêtent net dans l'escalier sans oser se risquer plus loin.

Le propriétaire dit à papa qu'il a installé une autre famille, une qui ne fait pas autant de saletés et paye son loyer dans les temps. Il n'a pas un regard pour maman, debout, en bas sur le seuil, avec son gros ventre et en proie à une quinte de toux.

Papa hausse le ton et le traite d'égorgeur, mais le grincheux se contente de répéter qu'ils doivent se tirer, faute de quoi il va le dérouiller. Une fois la famille de nouveau dans la roulotte, il leur lance le vilain mot en T. Alors maman sort la tête par la bâche et, avec ses yeux comme des épingles noires, dévisage l'homme. Ernst se met à croire qu'elle va lancer un horrible juron, mais c'est tout à fait inutile, l'homme a de toute façon déjà mauvaise conscience. Il referme son clapet, baisse les yeux et rentre dans la maison.

Ernst dit : « J'ai tout de suite pensé qu'on y habiterait plus. En fait je l'ai rêvé hier. »

Maman regarde d'abord papa, puis Ernst, et dit : « Mon Dieu, Ernstl, tu as le don de double vue. »

Il se touche la joue, puis les oreilles, et demande à maman où peut bien se trouver cette deuxième vue. Elle passe son pouce sur son front. « Là, à l'intérieur, dit-elle, et là. » Elle lui met la main sur la poitrine.

« Et ça sert à quoi ?

— Ça te fait voir des choses que d'autres ne voient pas du tout, dit-elle. C'est de famille, ma grand-mère était diseuse de bonne aventure et ma mère aussi peut lire l'avenir.

— Et toi ? » demande Ernst.

Elle lui sourit et lui fait un clin d'œil.

Papa, qui sort la voiture de la cour, dit : « Tu es en train de chambouler le gamin avec tes histoires de sorcières. »

Elle pose sa main sur son ventre-ballon à la fois dur et tendu : « Dis-moi ce qu'il y a là-dedans, Ernstl.

— Un petit frère », répond-il, parce que c'est un petit frère qu'il veut et parce qu'il serait injuste qu'il ait trois sœurs et aucun frère.

Même son père est obligé de sourire, et Malchen et Nanna se mettent à protester, parce qu'elles aussi veulent avoir le don de double vue, et maman est obligée de les calmer en leur disant que ça va venir.

Pendant la traversée de la ville, Ernst regarde de nouveau en arrière par l'ouverture de la bâche et imagine que ce second visage avec double vue n'a pas d'oreilles d'éléphant, mais de chouettes petites oreilles comme Malchen et Nanna, et pas de nez épaté, mais le nez retroussé de maman.

Papa décide de demander de l'aide à son frère qui habite aussi à Augsbourg. L'oncle n'est pas du tout enthousiaste quand ils sont devant la porte, lui-même a huit enfants et juste une minuscule maisonnette avec deux pièces en bas et seulement un réduit à l'étage. Papa dit : « C'est provisoire, le temps de trouver quelque chose, et on laisse pas son frère en plan. » Il montre le ventre de maman : « Et puis, c'est pour bientôt. » Il fait froid. Ils ont le droit de laisser la roulotte dans la cour.

Et dès le lendemain, ils ont également le droit d'aider à trier les bouts de tissu.

Ernst aime bien oncle Fritz, parce que chez lui il y a plein de choses à découvrir. Tous les jours, celui-ci arpente les environs et collecte tout ce dont les gens ne veulent plus – vêtements, chiffons, vieux poêles et pièces détachées rouillées, et tout ce qu'il peut encore récupérer. Au retour, il décharge tout dans le cabanon derrière la maison, où les enfants font le tri. Les chiffons vont dans de grands sacs, la laine à part, et aussi le blanc et la couleur. Ensuite l'usine vient les chercher.

Mais régulièrement il y a de beaux vêtements dans le tas, surtout quand oncle Fritz a fait les quartiers riches. Quand arrive pareil chargement, toutes les filles du voisinage débarquent immédiatement pour aider, parce qu'elles veulent dénicher une belle robe dans le tas. C'est pour ça aussi que tante Rosa a toujours assez de vêtements pour les enfants.

Fritz s'occupe en personne du métal et de la ferraille. Il trie tout et fait de petits tas de chaque sorte de métal.

La roulotte est entre la maison et le cabanon. À côté il y a une cabane où la famille peut aller aux toilettes. Dans la maison, ils peuvent se laver et se préparer à manger dans la cuisine.

Leur chambre est toujours dans la roulotte, malgré la pluie qui ne cesse de tomber. La bâche est étanche, sauf à un endroit sous lequel ils mettent une gamelle.

C'est une musique bien particulière, quand la pluie tambourine sur la bâche et que, par-dessus, les gouttes chantent dans la gamelle. Maman dort sur l'extérieur, parce qu'à cause de sa toux il lui faut de l'air frais. Malchen et Nanna se collent à elle, puis c'est la place d'Ernst. Il préférerait dormir collé contre maman, c'est bon de sentir sa chaleur et d'entendre son cœur. Mais comme c'est le plus grand, il dort sur l'extérieur. Il tend tout de même toujours le bras par-dessus ses sœurs en direction de maman, et elle le touche et lui tient la main en dormant. Le cœur de maman, le chant de la gamelle, et tout va bien.

En pleine nuit, Ernst bondit, parce que maman geint et tourne dans tous les sens. On est samedi, samedi de Pentecôte, une fois de plus papa n'est pas là, il est parti pour des affaires importantes. Malchen et Nanna commencent à pleurnicher. Le souffle de maman est rapide et oppressé. Sa couverture est trempée, bien qu'il ne pleuve plus du tout.

« Va vite dans la maison chercher tante Rosa, murmure-t-elle entre ses dents. Dis-lui que le bébé arrive. »

Ernst court dans la chambre et secoue tante Rosa. On dirait qu'elle voit un fantôme. Soudain il ne sait plus ce qu'il doit dire, rien ne lui vient à l'esprit tellement il est nerveux, jusqu'à ce qu'il lâche enfin : « Maman ne va pas bien. »

Dieu merci, tante Rosa comprend vite. Elle s'élance en chemise de nuit dans la cour, Ernst sur les talons. Elle veut que maman se lève et aille dans la maison, mais maman ne peut pas.

Ernst doit s'occuper de Malchen et Nanna ; Malchen se lève, alors que Nanna ne veut pas sortir du lit et pleurniche encore plus. Ernst lui promet une friandise, ça fonctionne. Malchen se dandine en tête, Ernst fait traverser la cour à Nanna en la tirant. Une fois à l'intérieur, Nanna veut la friandise, il n'y en a pas et elle commence à hurler. Ernst inspecte la cuisine, trouve une boîte de sucre et en colle une cuillère dans la bouche de Nana. Elle se tait aussitôt et mâche bruyamment. Malchen en veut également et il lui enfourne aussi une cuillère. Puis il leur dit de s'allonger et d'être sages. Il prend vite fait une cuillère de sucre pour lui avant de sortir en courant.

Dès la porte, il entend maman crier, il préférerait se sauver. Il continue quand même en direction de la roulotte et regarde par l'ouverture de la bâche. Sévère, tante Rosa lui ordonne de disparaître, mais maman lui fait signe de rester.

« Alors rends-toi utile, dit Rosa, va dans la cuisine, mets une casserole d'eau à chauffer et rapporte-moi des serviettes, elles sont dans la caisse près du lit. » Ernst se précipite dans la cuisine où Malchen et Nanna dorment, allongées à même le sol. Mais il n'arrive à trouver ni casserole ni eau. Il repart à la roulotte en courant. Tante Rosa est fâchée. « Rien à tirer des bonshommes dans ce bas monde ! » Maman dit qu'il n'a qu'à rester avec elle pour que Rosa puisse apporter de l'eau. Alors il reste assis et lui tient la main, qui est brûlante. Il n'ose pas regarder en bas, pourtant du coin de l'œil il aperçoit la tache humide sur la couverture. Il n'arrive pas à parler et ne fait que regarder maman sans arrêt. Elle a les joues rouges et s'efforce de lui sourire.

« Ne t'inquiète pas, Ernstl, c'est bientôt fini, et tu auras un nouveau petit frère ou une nouvelle petite sœur. »

De nouveau, ses yeux se révulsent, elle se cabre et est prise d'une quinte de toux. Elle lui griffe la main de ses ongles et il prie pour que tante Rosa finisse enfin par arriver avec l'eau. Il faut encore deux quintes de toux avec cabrement et griffures pour que Rosa apparaisse avec la casserole d'eau bouillante. Il est heureux qu'elle le sépare de maman et qu'il puisse se recroqueviller dans un coin de la roulotte. De là, il ne voit que le large dos de tante Rosa et il l'entend murmurer des incantations entre les quintes de toux et les cabrements de maman.

Brusquement Rosa est tout énervée et dit : « Maintenant Anna, pousse maintenant, oui, bien, encore, plus fort, on y est, ne relâche pas. » Un long cri de maman, qui atteint Ernst en plein ventre. Il veut partir, loin, très loin, où il n'entendra plus rien. Puis tout est calme, seule maman souffle, et Rosa souffle et soupire, et ses mains fouillent quelque part en bas autour des jambes de maman.

Enfin le soupir salvateur de Rosa. « Le voilà ! » Elle soulève un petit paquet sanguinolent, couleur de la viande, et le met dans les bras de maman. Entre les halètements des deux femmes, on entend un léger pleurnichement, puis un gargouillis, un peu comme quand quelqu'un a avalé de travers, puis un cri sonore et distinct.

« Regarde par ici, Ernst, dit Rosa. Ton frère est là. »

Il regarde la petite chose dans le drap maculé de sang. Il a un duvet noir sur la tête et un visage déformé. Cette chose devrait être son frère, pense-t-il, puis il aperçoit les oreilles décollées.

« Il a des oreilles d'éléphant, comme moi », dit Ernst. Le petit arrête de brailler, comme s'il avait compris son frère, et maman fait un large sourire à son grand et le caresse de ses yeux noirs qui brillent.

Le petit est un insatiable gueulard. Il est sans cesse pendu à leur mère, Ernst craint qu'il finisse par l'avaler tout entière, elle déjà si transparente.

On est lundi de Pentecôte et papa est rentré de bonne heure. Personne n'a pu s'empêcher de rire tant il tenait l'enfant maladroitement, mais il avait un sourire jusqu'aux oreilles.

« On l'appelle Christian, a décidé papa, comme ça je serai le senior, et ça à même pas vingt-sept ans. » Il a ri et tellement balancé le petit que celui-ci s'est mis à brailler. Maman a dû lui enlever mini-Christian, pour le calmer. Papa repart tout de suite pour parler fièrement de son fils à ses frères et ses copains, Rosa rouspète, parce qu'il y a de grandes chances qu'il fête la naissance à la taverne.

« Le principal est qu'il ne la ramène pas une fois de plus et ne se bagarre pas avec les chemises brunes* », dit Anna.

Elles sont assises à l'intérieur et Rosa pêche une cigarette dans l'armoire. Ernst, Malchen et Nanna jouent avec les enfants de Rosa dans la cour. Petit-Christian fait un somme sur le canapé.

« Donne-moi aussi une taffe, Rosa.

— Bon sang, Anna, pour toi c'est du pur poison.

— Allez, donne. » Elle aspire et tousse, au point de presque en exploser. Elle devient cramoisie et le petit se met à pleurer.

« Fais en sorte de te remettre sur pied, dit Rosa, et de vous trouver un appartement. Ce n'est pas une vie, à six dans la roulotte. »

Anna acquiesce, sans vraiment écouter ; elle regarde juste par la fenêtre. « Je sais pas si j'aurais épousé Christian si j'avais pas été enceinte », murmure-t-elle.

Rosa rit. « Tu étais raide dingue de lui. Bon, il est vraiment pas mal, grand, fier et toujours tiré à quatre épingles. Et il sait parler, c'est l'essentiel, il faut pouvoir parler avec les gens. »

Anna secoue la tête. « Raconter des histoires, toujours grande gueule, c'est comme ça que je le connais. Et c'est un cavaleur.

— Ils le sont tous, soupire Rosa. Tant qu'ils se contentent de se donner des grands airs et de bavasser, il faut les prendre comme ils sont. Le principal est qu'ils sachent où ils habitent. »

Maman se remet à regarder par la fenêtre. « Que Dieu t'entende, Rosa, que Dieu t'entende. »

Trois jours plus tard, Dieu joue un rôle au baptême de mini-Christian. Le clan Lossa remplit la moitié de l'église. Tout devant, il y a la deuxième grand-mère d'Ernst, celle qui habite à Augsbourg. Elle s'appelle Babett et s'y connaît bien en églises, parce qu'elle a fait de leurs décorations d'or et d'argent sa spécialité et sait y faire avec les prêtres, comme dit papa. C'est elle aussi qui prie le plus fort, bien qu'elle rouspète habituellement de bon cœur contre « les chasublards », comme elle les appelle, et qu'elle soit capable de jurer comme un charretier. Mais ramener son clapet fait partie du métier, dit-elle, et c'est pourquoi elle prie avec ferveur. Comme ça, elle sauve l'honneur de tout le clan, car le reste des oncles et des tantes ne font que regarder à droite et à gauche dans l'église, avec l'air de s'ennuyer, attendant que le prêtre ait fini pour pouvoir faire la fête.

Malchen se met à ricaner, Ernst lui donne une petite tape, parce qu'on ne doit pas ricaner à l'église, même pas quand son propre frère est baptisé. Ça ne l'arrête pas. Elle chuchote à l'oreille d'Ernst que le prêtre n'arrête pas de dire Christo alors que leur frère s'appelle Christian. Au même moment il dit : « Mes frères et sœurs en *Christo*. »

Alors Ernst ne peut s'empêcher de ricaner avec elle. Par chance, Christian, qui maintenant s'appelle Christo, se met à hurler, vraisemblablement parce qu'il n'est pas habitué à l'eau que le prêtre lui verse sur la tête, et les enfants peuvent continuer à ricaner sans que quiconque remarque quoi que ce soit.

Après l'église, toute la smala se rend chez grand-mère Babett, où il y a du café et des gâteaux. Là aussi les hommes font comme à Buchau et allongent leur café avec du schnaps. Et ici aussi, ils parlent tous en même temps.

Plus tard, l'oncle Philip, le plus jeune et le plus malin de tous les oncles, va chercher un petit livre dans son sac et fait le tour pour le montrer fièrement. « Regardez un peu ce que j'ai déniché : *Le Registre des Tziganes.* »

Tous poussent des oh ! et des ah ! et font circuler le livre. Ernst est curieux de savoir ce que ce livre a de particulier, quand il arrive entre les mains de maman. Elle ouvre à la première page et lit à mi-voix. « *Registre des Tziganes, publié par le bureau de sécurité de la direction de la police de Munich.* Où as-tu déniché ça ? »

Philip fronce les sourcils d'un air entendu. « Il faut des relations, justement. Vous voulez que je vous lise ce qui est écrit dedans à propos de notre père ?

— Certainement rien de bon, le vieux brigand », grommelle grand-mère.

Philip lit à haute voix : « *Rémouleur, fabricant catholique de parapluies et de ceintures, né* etc. Puis il est indiqué : *Il se déplace constamment en roulotte avec sa mère et sa famille, à la manière des Tziganes.* »

Grand-mère s'emporte : « Quelle honte ! Comme si nous étions des gens malhonnêtes. »

Les autres tranquillisent grand-mère, tout le monde sait bien qu'elle est une brave femme, mais ils veulent maintenant entendre la suite, que Philip continue de lire à haute voix.

« Attention, mesdames et messieurs, à la liste des délits que le vieux a commis : *vol aggravé, falsification de documents, arnaque, détournement, tentative de vol, mendicité, dissimulation d'identité, désertion, pêche sans permis et port d'arme prohibée.* »

Tout le monde parle en même temps : « Qu'y a-t-il de grave là-dedans ? Pour ces quelques bricoles ? » Au beau milieu de tout ça, grand-mère s'écrie : « J'arrête pas de vous dire que c'est un vieux brigand ! »

Philip lève la main et dit : « Attendez, attendez, c'est pas fini. Il y est écrit que sa femme aussi a été condamnée, pour *vol, mendicité et infraction à la législation de l'industrie et du travail et* – écoutez bien – *pour concubinage.* »

Maintenant plus personne ne se retient, tous lancent de sonores éclats de rire. Grand-mère rougit et secoue la tête.

« Vous savez bien qu'on a souvent dupé les cognes. »

Ernst tapote sa mère. « Elle a dupé qui ?

— La police », chuchote-t-elle en mettant un doigt sur sa bouche.

Grand-mère continue de secouer la tête. « Stupides ragots ! Qui peut bien écrire ça ? »

Philip dit : « Un certain Alfred Dillmann, en 1905.

— Quoi ? En 1905 ? pouffe grand-mère. Ça fait bientôt trente ans. Ces vieilles histoires rabâchées n'intéressent plus personne. »

Alors Christian, qui jusqu'ici s'était contenté d'écouter sans dire un mot, s'en mêle. « Détrompe-toi, le livre est aujourd'hui encore dans chaque commissariat de Bavière. Et les bruns* en sont friands, ils l'ont étendu à tous ceux qui ont quatre roues sous le cul. Et qui va à pied est immédiatement conduit de la rue en maison de travail**.

— Mais non, dit Philip, c'est exagéré tout ça. Le Führer sait bien ce qu'il fait.

— Oui, exactement, dit Christian d'un air sombre. Et quiconque lui plaît pas se fait enfermer. Le mois dernier, il a fait interdire tous les syndicats.

— C'est qu'une période transitoire, avant que l'Allemagne reprenne du poil de la bête. Et qu'est-ce que j'en ai à faire des syndicats ? » dit Philip.

Christian siffle son schnaps d'un trait et se secoue. « D'abord les communistes, puis les syndicats, puis les Juifs, puis les Tziganes – bon, maintenant, devine un peu combien de temps ça va mettre avant que ce soit notre tour à nous, les Yéniches. »

Les voilà maintenant repartis à parler dans la confusion des bruns et du Führer.

Ernst demande à sa mère ce qu'est le concubinage.

« Tu ne peux pas comprendre », dit-elle.

4

Trois semaines plus tard, les Lossa ont de nouveau une maison à eux. Le père est passé dans la Wertachstrasse. Dans la maison où ils ont habité autrefois, il y a un appartement vide. Fin juin, ils y emménagent, directement au rez-de-chaussée.

C'est juste une chambre et une cuisine, et Ernst se demande ce qui, là-dedans, peut bien être mieux qu'une roulotte, si ce n'est les toilettes dans le couloir, pour tout l'étage. Il n'y a pas plus de place que dans la roulotte, ça sent le moisi et le vieux, et on entend le bruit de la rue. On a vite fait de transporter à l'intérieur les affaires de la famille, qui tiennent toutes dans quelques sacs. Ernst n'aime pas l'appartement, Malchen et Nanna aussi auraient préféré rester dans la roulotte. Avec elle, on peut toujours continuer sa route quand ça ne nous plaît pas, ou que ça pue et que c'est bruyant.

Papa dit qu'ils ne resteront pas longtemps, c'est juste provisoire, ils ne sont jamais restés bien longtemps quelque part.

« Ça pue partout ici, râle Ernst.

— Oui, Ernstl a raison, dit maman. C'est un trou humide, pas un appartement. »

Papa s'énerve : « J'en ai ras le bol de toutes ces jérémiades ! Au lieu d'être contente de nous savoir enfin hébergés quelque part.

— Dans ce trou moisi, je vais tomber encore plus malade, et les enfants aussi par-dessus le marché, rétorque maman. Si seulement tu gagnais enfin des lovés, on ne serait pas obligés d'habiter dans de telles conditions et de crever de faim en permanence. »

Ernst prend Nanna et Malchen et va dans la cour, d'où il peut les entendre crier tous les deux, à l'intérieur. Puis papa s'en va. Il ne dit rien aux enfants, il se précipite juste dans la rue, et il est parti.

Quand ils rentrent, maman est allongée sur le lit et tousse. Ernst a mauvaise conscience. Si seulement il l'avait fermée et n'avait rien dit à propos de l'odeur de moisi. C'est sa faute si papa s'est mis en colère, et sa faute si maman a les yeux de quelqu'un qui a pleuré et tousse encore plus. Pourquoi faut-il toujours qu'il dise ce qu'il ne faut pas ? Il aimerait pouvoir rire aussi gaiement qu'Anna et ouvrir les yeux ronds de Malchen. C'est pour ça que papa les prend sur ses genoux et leur raconte des histoires. Mais quand Ernst dit quelque chose, ça finit en dispute.

Dans la chambre, il y a un lit où la plupart du temps, maman est allongée avec Christo et tousse. Papa ne rentre pas non plus le soir, maman dit qu'il a des choses à faire. Les enfants ont faim, et il n'y a rien. Ils doivent donc se contenter d'une gorgée d'eau dans le ventre avant d'aller dormir. Comme papa n'est pas là, ils ont le droit de tous dormir dans le lit.

De nouveau, Ernst passe son bras par-dessus les fillettes et touche maman du bout des doigts. Il épie les rares bruits dans la maison, les grincements, les frappements et les piétinements des gens au-dessus et à côté, et les voix en provenance de la rue quand quelqu'un passe devant la fenêtre. Et son ventre qui gargouille, par-dessus le marché. Il met beaucoup de temps à s'endormir. Puis il rêve qu'ils repartent en roulotte et, comme toujours quand ils sont sur la route, maman est de bonne humeur et l'appelle « mon grand », et papa lui passe la main dans les cheveux et le laisse conduire le cheval. Le soir, ils font un feu en lisière de forêt, puis papa et maman chantent ensemble et jouent de l'harmoneya à qui mieux mieux.

Le jour suivant, maman est trop fatiguée pour se lever. Les enfants ont faim. Maman dit qu'Ernst n'a qu'à aller frapper chez Mme Beisser, la voisine, et demander si elle n'a pas un peu de pain et de lait pour eux. Il doit emmener Malchen, qui a toujours l'air tellement gentille et sympathique que les gens ont tendance à donner quelque chose. Mme Beisser est ronde et ridée et regarde Ernst avec effroi. Mais quand elle voit Malchen, ça lui fend le cœur et elle donne aux enfants un pot de lait et un bout de pain. À peine à la maison, ils se jettent tous dcssus, pourtant, après, ils continuent d'avoir faim.

Maman dit qu'Ernst n'a qu'à sortir avec Malchen et Nanna. Il faut toujours qu'il sorte afin qu'elle soit tranquille. L'appartement offre l'avantage qu'on se retrouve dans la cour sitôt la porte franchie. En plein devant la maison c'est la rue, où sans cesse passent des chariots, des vélos, des motos et parfois aussi des voitures. Ils sont tous pressés, et les enfants n'ont pas le droit de jouer dans la rue. Le tramway passe aussi dans un fracas épouvantable. Les maisons ont toutes la même couleur grise. Ça pue autant qu'à Lechhausen, sauf qu'ici il y a plus de gens dans les rues et que les maisons ne sont pas aussi basses.

La Wertach passe juste au coin de la rue. Ernst n'a pas le droit d'y aller, surtout pas avec Malchen et Nanna. Ils doivent rester dans la cour, a ordonné maman. Mais dans la cour il fait sombre et ça sent le moisi, et Malchen gémit qu'elle s'ennuie, et Nanna se met des mottes de terre dans la bouche. Alors Ernst emmène les deux fillettes au bord de la Wertach, où il y a beaucoup plus de choses à découvrir. En juin, la rivière n'est plus qu'un filet d'eau. Si Ernst était un peu plus grand, il pourrait traverser en marchant sur les grosses pierres, sans se mouiller les pieds.

Sur la rive, il y a toujours un tas de belles choses, des restes de bois, des bouteilles, il y a même un réveil cassé dans les buissons. Ernst veut l'emporter pour oncle Fritz et sa collection de métaux. Nanna veut tout le temps aller dans l'eau et Ernst ne l'en tient éloignée qu'à grand-peine, parce que c'est interdit. Puis il se dit qu'en fait elle aurait bien besoin d'un bain, en urgence, et que maman serait probablement ravie de les voir revenir propres à la maison. La Wertach n'a pas vraiment l'air propre et l'eau est gelée. Mais l'eau n'est pas profonde au bord. Et plutôt que de continuer à les entendre gémir, il part se baigner avec les fillettes.

À cause de sa jambe de travers, Malchen n'ose pas trop se lancer, puis en voyant qu'Ernst, qui a déjà déshabillé Nanna, s'y met à son tour, elle ne veut pas jouer les rabat-joie. Les voilà bientôt tous les trois dans l'eau, à suffoquer, à jacasser, et les filles crient quand Ernst les éclabousse.

Soudain, ils entendent une voix grave féminine, qu'ils connaissent parfaitement. Grand-mère Babett ! Tel un taureau, elle surgit brusquement des buissons et lance de sa voix forte : « Vous êtes devenus fous ; magnez-vous de sortir de la rivière, vous voulez vous noyer ou attraper la tuberculose comme votre maman ? Et toi, tu es chargé de surveiller tes sœurs et qu'est-ce que tu fais ? Tu les incites à faire d'énormes bêtises. »

Ernst croit que si elle le tarabuste de la sorte, c'est parce qu'elle préfère les filles aux garçons. Ou parce qu'il s'appelle Ernst et a de grandes oreilles comme le grand-père qui l'a plantée là avec neuf gosses et est aujourd'hui marié à une jeune. Par la suite, grand-mère a épousé un vannier qui était veuf. Le vannier avait six enfants en bas âge et grand-mère les a élevés. Ça signifie qu'elle aime bien les enfants, parce qu'elle en a élevé neuf à elle, et en a mis au monde quelques autres qui toutefois n'ont pas vécu longtemps, et puis elle s'est encore occupée des six petits pouilleux du vannier. Une femme qui aime tellement les enfants, dit-on toujours. Pourtant papa a raconté qu'il avait peu vu sa mère, car il vivait de février à novembre chez un fermier où il devait trimer. Ce n'est qu'à la fin de la saison sur les routes que sa mère revenait le chercher.

Elle fabrique des ceintures, ça signifie qu'elle s'y connaît en métal et sait réparer toutes sortes de choses. Elle aurait certainement pu réparer le réveil que, par peur, Ernst a oublié au bord de la rivière. Du printemps à l'automne, elle va d'un village à l'autre pour dorer les calices, recouvrir d'argent les lampes éternelles, passer à l'étain les encensoirs et les lustres, elle dresse l'autel, fait les poussières des chaises de l'église, peint les murs, les plafonds, les tribunes et les orgues. Quand papa était grand garçon, il l'accompagnait souvent avec ses frères et sœurs. Il dit que Babett est très aimée des prêtres, car elle fait vraiment du bon travail. Et elle a toujours gagné suffisamment pour, quand elle rentrait, donner au fermier une pièce d'or par enfant.

Grand-mère Babett entraîne les enfants restés nus dans la maison et raconte à maman qu'ils se sont baignés dans la Wertach.

Ernst veut tout expliquer : « Nanna voulait à tout prix aller dans l'eau et maintenant elle est toute propre, et Malchen et moi aussi, et ce n'était ni profond ni dangereux. »

Maman se contente de tousser et de secouer tristement la tête. Ernst a mauvaise conscience de lui donner autant de soucis, ça la fait tousser encore plus. Malchen et Nanna claquent des dents et grand-mère Babett les enveloppe dans une couverture. Ernst se blottit dans le vieux manteau de maman, qui sent si bon son odeur à elle, et jacasse tout seul : personne ne fait attention à lui. Grand-mère est préoccupée par maman, maman par Christo et sa toux,

Malchen et Nanna se font une cabane avec la couverture. Ernst aussi veut tomber malade et tousser toute la journée. Alors on le cajolerait aussi, et tout le monde prendrait soin de lui.

Grand-mère dit qu'Anna doit immédiatement aller chez le médecin. Si elle a vraiment la tuberculose, elle pourrait contaminer les enfants. Christo tousse déjà lamentablement. Maman refuse.

« Et Christian, il est fourré où, encore ? demande grand-mère.

— Pas la peine de demander, rouspète maman. Des affaires qui urgent et toujours pas de lovés à la clé.

— Oui, oui, dit grand-mère, énervée. C'est toujours la même chose, ils traînent, et à la maison la femme et les enfants n'ont rien à se mettre sous la dent. Qu'il fasse surtout attention à ne pas se faire attraper. Ne prends pas exemple sur ton père, Ernstl.

— Moi aussi je veux devenir grand et fort et vendre des choses, proteste Ernst. Et puis toi aussi tu vas dans les villages.

— Ça promet, grogne grand-mère. Regarde-moi ce petit effronté. Fais attention, je vais t'en coller une. » Elle continue de jurer pendant un moment à propos de la situation, des enfants et de l'appartement, puis elle s'en va, mais au moins elle laisse de quoi manger.

Le lendemain, les enfants n'ont pas besoin d'aller quémander chez Mme Beisser. Elle passe d'elle-même. « Je me suis dit que vous pourriez avoir besoin d'un peu de lait et de pain. »

Maman se réjouit. Elle connaît Mme Beisser d'avant. C'était il y a trois ans, la première fois qu'ils ont habité ici, avant la naissance de Malchen, Nanna et Christian. Mme Beisser est assise à côté de maman et se fait du souci.

« Mon Dieu, mon Dieu, madame Lossa, vous avez les traits tirés et les yeux cernés, mon Dieu mon Dieu, votre toux n'est pas bonne. Et mon Dieu mon Dieu, les petits sont beaucoup trop maigres. Et mon Dieu mon Dieu, ils n'ont rien à se mettre. Mon Dieu mon Dieu, ce n'est pas une vie. »

Ernst trouve qu'elle exagère. Tout ça, parce que Malchen boite un peu et qu'Anna a de nouveau ses plaques sur le visage. Elle en a souvent, et dans ces cas-là on dirait un sablé. Juste parce que Christo tousse et pleurniche. Et parce que leurs chemises sont sales et trouées. Comme si c'était grave. Mme Beisser regarde Ernst avec son air de mon Dieu mon Dieu.

« Et qu'est-il advenu du petit Ernst ? C'était un adorable petit garçon. Il souriait toujours et maintenant, il regarde le monde avec de grands yeux tristes. Ton nez morveux, mon Dieu mon Dieu, il est tout irrité. Cesse de toujours l'essuyer sur ta manche. Impossible de continuer à regarder cette misère. Madame Lossa, vous devez absolument aller chez le médecin. Si vous n'y allez pas, c'est moi qui l'appellerai. »

Maman est trop faible pour se défendre. Elle promet de se laisser examiner. Mais il lui faut d'abord se rendre à la mairie pour se faire enregistrer. Elle ira chez le médecin tout de suite après. Elle peut lui laisser les enfants pendant ce temps-là, dit Mme Beisser. Ernst a beau avoir faim et savoir qu'il y a à manger chez Mme Beisser, il préfère accompagner maman.

5

Biehler est le nom inscrit sur la porte du bureau des enregistrements à laquelle frappe Anna. N'entendant rien, elle ouvre la porte avec précaution et dit : « Bonjour.

— *Heil Hitler**!* » grogne l'homme qui trône derrière le bureau imposant et regarde avec mépris la femme et son enfant à travers ses grosses lunettes noires. Puis il dit : « Veuillez attendre qu'on vous appelle. »

Maman s'assied avec Ernst sur un banc dans le couloir. Ils assistent au ballet incessant des gens qui viennent voir Biehler, qui semble être quelqu'un de très important. Maman a enfilé une robe verte en provenance de la collection d'oncle Fritz, avec le fichu assorti. Mais impossible de dissimuler son visage trop maigre et coloré par la fièvre. Quand c'est leur tour, Biehler fait la tête en dépit de la belle robe. Maman, encore faible, se cramponne à une chaise et regarde l'homme fièrement. Elle donne son nom et Biehler fouille un moment dans une armoire, d'où il sort une fiche marron. Il prend le temps de lire ce qui est marqué dessus et se remet à faire la tête.

« Sept déménagements ces quatre dernières années. Vous n'êtes guère sédentaires.

— Nous voyageons beaucoup.

— Je vois, dit Biehler en fronçant les sourcils. Vous avez signalé le 26 février que vous repartiez sur les routes. Depuis quand êtes-vous de retour à Augsbourg ?

— Depuis environ deux semaines. »

Ses yeux se font plus petits. « Et c'est seulement maintenant que vous venez ?

— Nous avons cherché un appartement et j'ai accouché de mon quatrième enfant, c'était pas possible plus tôt.

— Bon, bon », dit Biehler. On voit que ça ne lui plaît pas. « Nom de l'enfant ?

— Christian.

— Né le ?

— 3 juin.

— Ça fait plus de 3 semaines !

— Nous étions sur la route.

— Tiens, tiens, sur la route. Et où l'enfant est-il né ?

— Ici à Augsbourg.

— Je croyais que vous étiez sur la route ?

— Oui, aussi.

— Alors l'enfant ne peut être né à Augsbourg. »

Les gros doigts de Biehler tambourinent sur la fiche marron et maman devient nerveuse. La main avec laquelle elle tient Ernst se met à serrer davantage.

« Nous étions sur les routes à Augsbourg », dit-elle.

Il l'observe, méfiant, et on dirait bien qu'il ne va pas la croire. Mais il n'a apparemment aucune envie de discuter avec elle. Il inscrit les renseignements en grommelant : *né le 3 juin 1933, lieu de naissance : Augsbourg.*

« Et maintenant vous ne voyagez plus ?

— Non.

— Nouvelle adresse ?

— Chez Mme Beisser, Wertachstrasse 1.

— Vous savez bien que c'est votre mari qui doit faire la déclaration ? »

Maman serre de nouveau la main d'Ernst. « Il est au travail. »

Biehler recommence à tambouriner. « Au travail. » Il étire la phrase. « Et où ça au travail ? »

Elle réfléchit avant de dire : « Il est fabricant de ceintures.

— Je le sais, c'est marqué sur la carte.

— Il est encore sur la route. »

Biehler continue de tambouriner. « Je croyais que vous n'étiez plus en voyage.

— Il vient la semaine prochaine. Vous pouvez déjà le noter.

— Et quoi encore ! Dites-lui de se manifester immédiatement quand il sera là. Par ailleurs, je vais avertir les services de l'enfance et de la santé.

— Mais pourquoi ? demande-t-elle, horrifiée.

— Par mesure de sécurité. » La main de Biehler cesse de tambouriner. Il rompt le silence par un : « *Heil Hitler.* »

En sortant, maman murmure : « Abruti. »

Biehler lève le regard. « Pardon ? »

« Au revoir », dit maman à haute voix.

Une fois dehors, Ernst se met à ricaner. « Tu l'as traité d'idiot. »

Maman met un doigt sur sa bouche avec un sourire de connivence. « Il n'a pas compris », dit-elle.

Dès qu'Anna et son fils sont sortis, Biehler attrape le téléphone.

« Biehler à l'appareil, de l'état civil. Cher collègue, j'ai là une famille que vous devriez voir au plus tôt. Clairement asociale. À moitié Tziganes. Le nom ? Lossa. Vous connaissez ? C'est bien ce que je pensais. S'il y a urgence ? Je n'attendrais pas trop. Avant que nous ayons réagi, ils auront repris la route. Bon, je vous transmets ça. »

Une heure plus tard, Ernst et sa maman sont assis dans la salle d'attente du Dr Buxbaum. Mme Beisser leur a recommandé ce médecin, parce qu'il soigne aussi les pauvres et ne prend pas trop cher.

Quand l'assistante les appelle, Ernst doit rester dans la salle d'attente, mais il ne lâche pas la main de maman qui n'a pas d'autre choix que de l'emmener.

Le Dr Buxbaum est chauve, avec des sourcils noirs et épais, et il ne cesse de soulever le droit. À peine maman est-elle assise devant lui qu'elle lui dit ne pas avoir les moyens de payer un médecin. Il la tranquillise. On pourra parler d'argent plus tard. Alors elle raconte ses quintes de toux, ses étourdissements, que ça dure depuis un an, et qu'elle est si faible depuis la naissance du petit Christian qu'elle n'a presque plus la force de l'allaiter. Elle doit ensuite s'étendre sur un fauteuil derrière un rideau et inspirer profondément pendant que le médecin ausculte ses poumons et son cœur.

Quand ils repassent devant, le Dr Buxbaum est très sombre. « Vous souffrez de tuberculose à un stade avancé. C'est une maladie très grave et extrêmement contagieuse. Il faut vous hospitaliser au plus vite, pour que vous soyez prise en main par des spécialistes.

— J'ai quatre enfants en bas âge à la maison, je peux pas les laisser seuls.

— N'avez-vous personne qui puisse s'occuper des enfants ?

— Mon mari a pas le temps, il est toujours sur la route. Il y aurait bien de la famille, sauf qu'ils ont eux-mêmes beaucoup d'enfants. »

Le Dr Buxbaum se tord les mains. « Je ne peux que vous dire qu'il vous faut aller immédiatement à l'hôpital. Sinon ce sera trop tard. Et je dois signaler votre maladie, j'y suis obligé. »

Maman acquiesce et redemande pour l'argent.

Le Dr Buxbaum fait un geste : « C'est bon. »

Sur le chemin du retour, Ernst veut savoir ce qu'est la tuberculose et ce que signifient les paroles du docteur.

« Rien, dit maman. Tout va bien. Je suis juste un peu faible, mais ça va s'arranger. »

Quelques jours plus tard, de bon matin, on frappe à la porte des Lossa. Ernst imagine que c'est Mme Beisser. Il se précipite pour ouvrir la porte et se trouve nez à nez avec un inconnu. Costume sombre, petite valise et une seule jambe. Il s'appuie sur deux béquilles et veut parler à papa ou maman.

C'est sans doute un représentant, un collègue de papa, pense Ernst en se précipitant vers maman qui est au lit.

Le représentant lui emboîte tout simplement le pas. Une fois Ernst devant le lit de maman, l'étranger apparaît déjà dans l'embrasure de la porte.

« *Heil Hitler*, docteur Ottmann, médecin désigné. C'est le service de santé qui m'envoie. »

Énervée, maman réexpédie l'homme dans la cuisine, le temps de s'apprêter. Pendant ce temps-là, Malchen, Nanna et Ernst restent à côté de lui et l'observent poser ses béquilles contre la table, s'asseoir avec difficulté avec sa jambe en moins, ouvrir sa mallette et poser des papiers sur la table. Il a des cheveux blond clair, la peau de son visage est presque blanche et pleine de taches de rousseur.

Il n'arrête pas de rajuster ses lunettes sur son nez et de cligner des yeux. Sans doute est-il aveuglé par le vieux lampadaire auquel il manque l'abat-jour. Il est allumé en permanence, parce que, dans la cuisine qui ne dispose que d'une petite fenêtre sur l'arrière-cour, il fait toujours sombre. Ottmann regarde autour de lui et écrit tout ce qu'il voit. Et il écrit apparemment beaucoup de choses qu'il ne voit pas.

Tout est extrêmement calme dans la cuisine, on n'entend que le grattement de son stylo-plume sur le papier. À un moment, il est lui aussi gêné par le silence. Il se racle la gorge et demande à Ernst : « Quel âge as-tu ? »

Ernst n'arrive pas à sortir un mot, parce qu'il ne cesse de regarder l'ombre collée au mur, une ombre avec une jambe et des lunettes sans cesse rajustées, une ombre qui fait gratter son stylo-plume sur du papier. Ernst se contente d'observer l'ombre jusqu'à ce que maman arrive enfin. Elle s'assied sur la deuxième chaise de la cuisine, ses enfants se serrent contre elle.

« Il aura quatre ans en novembre. »

Ottmann baisse les yeux vers Ernst avec condescendance. « Bien, bien, quatre ans, et les autres ?

— Malchen a deux ans, Anna un et Christian trois semaines. Mais vous êtes certainement pas venu pour apprendre l'âge de mes enfants.

— Non, mais il est surtout question des enfants. »

Ottmann rajuste ses lunettes et se racle de nouveau la gorge. Puis il raconte qu'il vient des services de santé et qu'il dispose d'un signalement de tuberculose contagieuse. En outre, il existe pour le service à l'enfance une suspicion de conditions de vie asociales et, comme il peut le constater en personne, c'est effectivement le cas. Des enfants négligés, une mère malade, un père constamment sur la route. Par-dessus le marché, un appartement au-dessous de tous les critères de salubrité. Christo commence à tousser, il est presque impossible de le calmer, et maman se met à tousser avec lui.

« Vous comprenez bien que ça ne peut pas continuer, dit Ottmann, vous êtes malade. Vous devez être hospitalisée d'urgence. Le nourrisson doit également être placé sous surveillance médicale. Et les autres enfants ne peuvent pas non plus rester dans ce trou à rat.

— Je laisse pas mes enfants, dit maman. Le petit a même pas un mois. »

L'homme agite fébrilement la main. « Nous nous occuperons des enfants. Le petit doit être examiné en urgence. Vous n'entendez donc pas comme il est malade ? Et entretemps, les trois autres seront placés en foyer. »

Ottmann tire un papier de sa sacoche. « Nous devons agir sans délai. On se croirait chez les Tziganes. »

Il n'aurait jamais dû prononcer l'horrible mot en T. Maman s'emballe. « Qu'est-ce que ça veut dire ? Regardez donc un peu dans les autres appartements. Vous croyez que c'est mieux ? Et puis, laissez-moi vous dire : je suis fière de descendre de Tziganes. »

Ottmann fait comme s'il n'avait rien entendu. « Y a-t-il des maladies héréditaires dans votre famille ou celle de votre mari ? »

Maman se contente de le regarder sans piper.

« Madame Lossa, vous devez répondre à ces questions. Y a-t-il dans votre parenté des cas de débilité, idiotie, malformations, troubles épileptiques ou maladies apparentées ? Quelqu'un de votre famille a-t-il fait l'objet d'un placement en établissement de soins pour cause de débilité ou toute autre maladie de ce genre ? Y a-t-il des cas d'alcoolisme ? Avez-vous, votre mari ou quiconque dans votre entourage, des antécédents judiciaires ? »

À toutes les questions, maman répond en remuant la tête sans mot dire. L'unijambiste prend des notes sur une feuille. Pendant ce temps-là, Ernst se faufile à quatre pattes sous la table jusqu'au porte-documents. Curieux, il tire sur un dossier, une fiche marron en tombe, la même que celle qu'a remplie M. Biehler.

Ottmann lui arrache la fiche des mains. « On dirait bien que le petit a des dispositions pour le vol. »

C'en est trop pour maman. Elle se lève et inspire profondément. « Ici, personne a de dispositions pour le vol et je me laisse pas insulter. Et on m'enlèvera pas non plus mes enfants. »

Ottmann se lève avec autant de difficultés qu'il en a eu à s'asseoir, son ombre sur le mur grandit, il rassemble ses fournitures de bureau, prend ses béquilles et boite jusqu'à la porte.

« Vous aurez de nos nouvelles, madame Lossa. *Heil Hitler !* »

Une fois que l'homme est dehors, Ernst voit que maman doit se cramponner à la chaise. Elle envoie les enfants dans la cour et, fatiguée, se traîne jusqu'au lit où elle se recouche. Dehors, les enfants l'entendent tour à tour tousser et pleurer.

6

Quand papa est absent, c'est Ernst l'homme de la maison. Maman a besoin d'aide, elle tousse tellement, devenant alors écarlate puis blanche comme neige, et elle est obligée de s'asseoir.

Il n'y a rien à manger à la maison et Mme Beisser n'est pas là pour leur donner quoi que ce soit. Maman hésite : peut-être devraient-ils aller chez grand-mère Babett. Elle n'aime pas demander, mais tout le monde a faim et maman dit : « La fierté nourrit pas son homme. »

Papa n'a toujours pas donné signe de vie. Il est à Rottenburg chez sa sœur et a promis de venir cette semaine. On est mardi et les enfants sont excités, car il pourrait être là à tout moment. Ernst est tiraillé. D'un côté, il se réjouit que papa vienne, car peut-être qu'il apportera de l'argent et qu'ils auront alors de nouveau de quoi manger. Puis il les emmènera, les sortira de ce trou et ils repartiront sur les routes avec la roulotte. De l'autre, il craint que papa n'ait pas d'argent, soit grognon, s'énerve pour un rien et qu'il leur faille sortir dans la cour quand il crie après maman.

Apparemment, c'est pareil pour maman. Ernst l'a entendue hier murmurer à Mme Beisser qu'elle est très contente qu'il ne soit pas là. Mme Beisser a dit qu'elle espère juste bientôt toucher son loyer. Et que, quand elle regarde les enfants, elle voit qu'un peu de nourriture et de vêtements ne feraient pas de mal.

« On est sacrément dans la dèche », a dit maman une fois que Mme Beisser était partie.

Et aujourd'hui elle a décidé qu'il vaut mieux aller voir du côté de grand-mère Babett que de mourir de faim.

Tandis qu'ils s'habillent, Ernst dit : « La fierté nourrit pas son homme. » Ça la fait rire et tous se mettent à rire, même Christo. Quand maman rit, impossible de faire autrement que de rire avec elle.

« Moi aussi je veux nourrir mon homme », dit Malchen, et ils rient de plus belle, comme il y a bien longtemps que ça ne leur est pas arrivé. Maman caresse la tête d'Ernst, l'appelle chenapan et enveloppe Christo dans une couverture.

Au moment où ils s'apprêtent à partir, on frappe à la porte. Les enfants courent, pensant que ce doit être leur père. Mais à sa place, c'est un inconnu qu'ils voient devant eux, petit, rond, en costume marron avec des lunettes et une petite moustache rousse. Il regarde les enfants en premier, puis l'appartement obscur. Derrière lui, il y a une femme plus jeune, coiffée d'une sévère natte blonde, qui plisse le nez en raison de l'odeur de moisi qui émane de l'appartement.

L'homme demande si papa et maman sont là. La voilà, Christo en pleurs dans les bras. L'homme ne semble pas en colère, plutôt triste. Sans demander l'autorisation, il passe devant maman et entre dans l'appartement, la femme silencieuse sur ses talons.

L'homme s'appelle *Klose*. Il explique qu'ils sont, lui et sa collègue, du service à l'enfance. Ernst fait tout son possible pour se rappeler s'il a fait quelque chose de mal, seulement rien ne lui vient à l'esprit, excepté le bain dans la Wertach. C'est sans doute interdit. Pourtant, grand-mère Babett l'a déjà grondé pour ça.

Pendant que Klose fouille dans sa sacoche de cuir, sa collègue inspecte l'appartement. Enfin celui-ci a trouvé le papier qu'il cherchait dans son sac et le colle sous le nez de maman. La situation ne lui est pas agréable. Pendant que maman lit, gêné, il regarde de côté.

« Nous n'avons pas beaucoup de temps, madame Lossa. Le chauffeur nous attend dehors. »

Elle est encore plus pâle qu'à l'habitude, transparente, avec le teint vitreux. Puis elle s'effondre, comme hébétée, sur une chaise de cuisine, le papier en main. « Qu'est-ce que ça veut dire ? Qu'est-ce que vous voulez ? Et pourquoi un chauffeur ?

— Tout est écrit dans le document, dit Klose, comme si ça ne le concernait pas. Décision administrative, éducation surveillée.

— Mais pas les enfants, pas les enfants », chuchote maman. Elle a toujours Christo dans les bras, qui pleure, puis pète doucement et est satisfait. Bien qu'il n'en ait aucune envie, Ernst se met à rire.

« Il n'y a rien de risible », dit l'assistante sociale. Elle termine à l'instant sa visite et a l'air encore plus sombre qu'auparavant. L'appartement ne lui plaît pas. Et alors, pense Ernst, à moi non plus. Je préférais, et de loin, la roulotte, nous ne sommes ici que pour que Christo reçoive une carte d'enregistrement en bonne et due forme, et de toute façon on ne restera pas longtemps. Malchen et Nanna se collent à maman. On dirait qu'elles se mettent en rang comme pour une photo de famille, et Ernst s'y ajoute.

Maman bégaie. « Mais ça va pas, je suis… Vous pouvez pas tout simplement… pourquoi ça ? »

Elle se tait et chacun regarde ailleurs, l'assistante sociale dans l'évier, Klose par la fenêtre, maman la feuille devant elle, Christo se remet à péter, mais Ernst ne sourit plus, il se sent obligé de dire quelque chose.

« Papa va bientôt revenir, et quand il sera là on s'en ira en Amérique. »

Maintenant, ils sourient tous, même l'assistante sociale.

Klose époussette son costume, en soupirant profondément. « Votre mari est encore en voyage ?

— Oui, il est chez sa sœur à Rottenburg. »

Par-dessus ses lunettes, l'homme échange un regard avec sa collègue, puis il s'assied sur la seconde chaise de cuisine et commence à tenter de convaincre maman d'une voix douce.

« Madame Lossa, vous voyez bien vous-même que ça ne peut pas continuer. Vous êtes gravement malade et devez être hospitalisée d'urgence. Vos enfants n'ont même pas assez à manger. Dans un foyer, on s'occupera bien d'eux. Et quand vous serez rétablie, on avisera.

— Quel foyer ?

— Les petits seront placés dans la pouponnière d'Oberhausen, et le grand au foyer pour enfants de Hochzoll. »

Ernst regarde maman et elle le regarde, et d'un coup il comprend qu'elle s'en va, qu'il s'en va, qu'ils s'en vont tous.

Maman hoche la tête lentement, ne dit rien, se berçant comme elle berce Christo dans ce mouvement de tête.

L'assistante sociale commence à emballer les affaires. Il n'y a pas grand-chose. Depuis le déménagement, les sacs sont encore à moitié pleins à côté du lit. Maman reste assise là et regarde dans la cour sale par la fenêtre de la cuisine. L'assistante sociale en a vite terminé et veut maintenant emmener Malchen et Nanna, mais elles s'agrippent à maman et se mettent à pleurer. Tout le monde parle, crie, pleure à tort et à travers. Seule maman reste calme. Elle caresse doucement la tête de Malchen et Nanna, essuie leur nez qui coule, tout en berçant Christo auquel elle fait sucer un de ses doigts. Il le tète et se calme. Ernst ne comprend pas pourquoi maman laisse faire tout ça, pourquoi elle ne met pas simplement ces étrangers à la porte.

Klose se penche alors vers lui et dit : « Tous les deux, on va maintenant faire un petit tour et traverser la ville. »

C'est alors qu'Ernst se rappelle qu'il est le grand, qu'il doit prendre soin de maman, de Malchen, Nanna et Christo. Papa ne lui a-t-il pas dit qu'il est l'homme de la maison en son absence ? Ernst aurait envie de pleurer, mais un grand garçon, ça ne pleure pas. Ça aussi, c'est papa qui le lui a appris. Si papa était là, il jetterait Klose et l'autre imbécile de bonne femme hors de l'appartement, pour sûr. Comme Ernst voudrait pleurer et n'en a pas le droit, il se sent obligé de crier, il hurle à Klose de les laisser tranquilles. De laisser maman tranquille. De ficher le camp. Puis Ernst se glisse en rampant sous la table, tout au fond, dans le coin, sans cesser de crier. « Va-t'en, va-t'en, va-t'en ! »

Alors maman arrive, elle le tire doucement de sous la table et l'assied sur ses genoux. Malchen et Nanna viennent tout près. Elle parle d'une voix très calme.

« Vous savez bien que je suis malade et qu'il me faut du repos. À cause de cette vilaine toux, je dois aller à l'hôpital. Papa a pas de temps non plus, car il est souvent parti et doit beaucoup travailler. Et vous pouvez pas rester tout seuls ici, vous le comprenez bien. »

Ernst dit : « Je pourrais surveiller les autres, et il reste certainement du pain et du lait à Mme Beisser pour nous. »

Maman sourit. « Oui Ernst, je sais que tu en es capable. Mais dans un foyer, la nourriture sera bien meilleure.

— Il y a même de la crème au chocolat en dessert, dit Klose. C'est un très beau foyer avec de grandes chambres agréables et de gentilles infirmières sympathiques qui prennent bien soin de vous. » La femme sévère acquiesce d'un geste de pantin en joignant les mains. Et maman dit : « Tu vois, un beau foyer et de la bonne nourriture. »

Maintenant Klose se met à secouer la tête à son tour, et Ernst croit que rien de tout cela n'est vrai et qu'ils opinent juste de la tête pour qu'il se calme.

« Ça durera pas longtemps, dit maman.
— Combien de temps ?
— Je serai vite rétablie, alors je viendrai vous récupérer.
— Combien de temps ?
— Quelques jours, ça durera que quelques jours.
— Promis ?
— Promis. »

Malchen et Nanna ont cessé de pleurer, elles contemplent le bout de leurs souliers et pensent certainement à la crème au chocolat du foyer. Ernst se sent mal en songeant à la crème au chocolat, il préférerait quémander chaque jour auprès de Mme Beisser. Mais le regard de maman est tellement vitreux, et il est sûr que, s'il dit maintenant vouloir rester à la maison, elle se mettra à pleurer. Lui-même a déjà une énorme boule dans la gorge, comme un nœud. Elle le prend dans ses bras, il sent sa peau chaude et tendre comme une prairie au soleil et quelques larmes lui viennent malgré tout. Pourtant il s'en moque, comme il se moque d'essuyer son nez plein de morve sur son épaule, il ne veut plus la lâcher.

Klose devient pressant, et maman se lève, elle est un peu chancelante, se tient à la table, puis elle respire profondément et hoche la tête. Klose passe en premier avec une petite valise contenant les affaires d'Ernst, puis l'assistante sociale avec le sac des filles, puis maman avec Christo dans les bras. Nanna, qui donne la main à maman, avance avec de grands yeux écarquillés, Malchen qui peut de nouveau rire se dandine, accrochée aux jupes de sa mère. Ernst ferme la marche et se retourne encore une fois, il regarde dans la pièce obscure à l'odeur de moisi. Quand il reviendra, il dira à papa qu'il leur faut partir d'ici. Il doit partir en Amérique avec eux.

Dehors le soleil brille et, comme tout est encore mouillé par la pluie, des flaques et des lacs scintillent sur le sol. Il fait bien plus chaud qu'à l'intérieur, même si un vent frais souffle dans la rue. Devant la maison une voiture est garée, contre laquelle le chauffeur est appuyé et fume. Il met le sac des filles dans le coffre. Maman embrasse Malchen et Nanna avant que la femme sévère ne les pousse toutes deux sur le siège arrière et monte à son tour. Les fillettes sont contentes, car c'est la première fois qu'elles vont se déplacer en voiture, mais en même temps elles jettent des regards effrayés et bouleversés par la vitre. Maman passe sa main sur le front de Christo, on dirait qu'elle fait un signe de croix, puis elle le tend par la portière, dans sa couverture.

Ernst veut monter lui aussi, Klose le retient. « Nous prenons le tramway », dit-il en lui attrapant la main, ce qui ne lui convient pas du tout.

Maman l'embrasse sur le front. « Sois sage, Ernstl. »

Il fait un signe de tête, car il ne peut rien dire. Puis Klose descend la Wertachstrasse avec lui en direction de la station la plus proche. Ernst se retourne et voit maman, debout devant la maison, faire signe à la voiture qui s'éloigne dans l'autre sens. Puis elle regarde vers son fils. Elle semble perdue.

Ernst agite la main tandis que Klose continue de le tirer. Maman devient de plus en plus petite, mais Ernst sait qu'elle ne cesse de le regarder, et lui ne cesse de la regarder. Il sait qu'elle s'en va, très loin. Elle commence lentement à disparaître, s'éloigne comme à travers la fumée, s'estompe comme un reflet dans une flaque de la rue dans laquelle tombe une pierre. Ernst sent que quelque chose de tout à fait terrible est en train de se passer. Quelque chose explose dans sa poitrine, et ça fait mal comme si on lui enfonçait une aiguille. La lueur du soleil est beaucoup trop claire et le vent lui souffle dans les yeux, qui commencent à se remplir de larmes, et maman s'estompe davantage encore. Il ne voit plus que ses yeux, à travers le scintillement, à travers la fumée, à travers l'eau, ce sont clairement ses yeux. Des boutons brun intense qui brillent. D'un coup les yeux de maman se mettent à luire et il l'entend dire : « Tu es mon grand, mon garçon fort et intelligent. »

Il crie aussi fort qu'il peut. « Quelques jours seulement, maman. Promis ? »

Elle lui adresse un sourire pour toute réponse. Elle embrasse la paume de sa main et lui envoie un baiser. Puis elle se passe la main sur les yeux. Ernst voit ses lèvres remuer comme pour dire : « Promis. »

LIVRE II

Quelques jours seulement

1

Sur la fenêtre du tram tremblent les dernières gouttes de pluie de ce début de matinée. Ernst a le front collé à la vitre. Klose ne doit pas voir ses yeux humides. Discrètement, il essuie son nez sur la manche de sa chemise. Maman dit toujours que ça ne se fait pas. Que peut-elle bien faire maintenant, si seule dans l'appartement ? Peut-être est-elle passée voir Mme Beisser qui lui fait un thé. Non, elle s'est certainement rendue immédiatement à l'hôpital. Elle veut vite guérir pour aller récupérer ses enfants. Quelques jours, a-t-elle dit, ça ne durera que quelques jours.

Le tram avance, grinçant et cahotant. Dehors la ville tressaute, avec ses vitrines et ses cafés, ses piétons et ses voitures. Ils changent de tram, se fraient un passage dans la foule.

Ernst est gêné que Klose continue de lui donner la main comme s'il était un petit garçon et Klose son père. Car il ne l'est pas. Quand papa viendra, il ne manquera pas de lui dire ce qu'il pense. Il viendra cette semaine, a dit maman. Chaque fois qu'il pense à maman, il sent une douleur aiguë dans la poitrine à l'endroit où l'aiguille l'a piqué. Il doit cesser de penser à elle, sinon ça ne cessera jamais de faire mal.

Ils reprennent un autre tram qui les conduit hors de la ville. Klose lui dit : « Tu vas maintenant découvrir ton nouveau chez-toi », et Ernst en a des vertiges tellement il est tendu et a peur, mais il n'en laisse rien paraître à Klose. Maman lui a dit d'être courageux.

De vertes prairies et des champs de blé émergent entre les maisons. Bien que Hochzoll se soit beaucoup agrandi, on dirait toujours un village. Depuis l'arrêt de tram, il y a encore un petit trajet à pied et les voilà devant le foyer pour enfants. C'est une grande maison avec beaucoup de fenêtres aux volets verts, en bordure de la ville. Derrière, c'est la campagne qui commence. La façade fut jaune sable, en son temps. Désormais, le plâtre gris apparaît en de nombreux endroits. Le long des murs, entre les fenêtres, il y a des treillis auxquels s'accrochent des arbustes grimpants, des pommes, des poires. Le terrain est ceint d'une haute palissade derrière laquelle résonnent des voix d'enfants en train de jacasser. La maison ressemble à une école. Au premier étage, dans une niche du mur, donnant sur le jardin, trône une grande silhouette de pierre, un homme avec un bâton, portant un enfant dans les bras. Klose pointe le doigt vers le haut dans sa direction et explique que c'est saint Joseph, dont le foyer a pris le nom. Joseph plonge un regard sévère sur le jardin et les enfants qui jouent. Klose pousse Ernst de l'autre côté de la porte.

Les enfants l'observent et il les observe en retour. Klose laisse Ernst en plan. Il a aperçu une religieuse et se hâte de traverser la cour dans sa direction. C'est une grande femme qui, avec sa chasuble noire à col blanc et son long voile, ne va pas du tout avec le paysage. Partout des enfants multicolores et, au milieu, cette grande femme en noir. Mais peut-être que les enfants ne vont pas non plus avec le paysage. Ernst a l'impression que saint Joseph le toise d'un air vindicatif, comme pour dire : Pourquoi as-tu laissé ta maman toute seule, pourquoi t'es-tu laissé faire, sans protéger tes frère et sœurs ?

La religieuse en noir a la même façon de regarder que Joseph là-haut depuis son mur. Tandis que Klose lui parle, il ne cesse de montrer Ernst, et elle hoche sa tête de saint Joseph. Dans son costume noir, elle semble menaçante et fait peur. Sa bouche de travers rappelle à Ernst celle de tante Betti, qui sait déjà conduire et travaille comme un homme, boit comme un homme, jure comme un homme. Chaque fois qu'ils sont allés rendre visite à tante Betti, elle a crié après les enfants et leur a donné des ordres. Il faut la comprendre, a dit papa, elle-même n'a pas d'enfant et n'est pas habituée à tout ce tapage. Malgré tout, Ernst aimerait mieux être maintenant chez tante Betti qu'ici avec le sévère Joseph et la grande nonne qui plisse le front en écoutant Klose. Ernst est certain qu'elle n'a pas d'enfant et qu'elle ne veut pas non plus en avoir.

À droite entre la maison et la clôture, il y a un potager. Deux femmes et quelques enfants y arrachent les plantes vivaces et binent les mauvaises herbes. Une cour recouverte de gravier borde la maison. À gauche, il y a le jardin, une grande prairie avec deux rangées de pommiers. À l'autre bout du jardin, près de la porte de derrière, il y a un tape-cul et une balançoire. Voilà pourquoi tout autour court une ribambelle de gamins, approximativement du même âge qu'Ernst. Au premier plan, des filles sont assises dans l'herbe et jouent à la poupée, entre les pommiers une horde de garçons joue au loup. Quand ils hurlent, la grande nonne fait un signe de la main et lance un « héé ! » tonitruant. Les garçons rentrent la tête dans les épaules et baissent instantanément la voix. La religieuse en noir s'avance vers Ernst et lui tend sa large main.

« Bonjour, je suis sœur Sigolina. Et toi, comment t'appelles-tu ? »

Sa gorge est soudain comme nouée et il ne parvient pas à émettre le moindre son.

« Il s'appelle Ernst, Ernst Lossa », dit Klose, lui volant sa réplique.

Sigolina l'observe. Son ton mielleux ne va absolument pas avec son visage. « Ça te plaira sûrement chez nous, Ernst. Maintenant, allons au bureau voir la mère supérieure, et puis… », elle baisse les yeux vers lui avec un air désobligeant, « tu as besoin d'un bain de toute urgence. »

Ernst se demande s'il doit lui dire que ça ne lui plaît absolument pas ici, et que ça ne lui plaira jamais, qu'il a déjà pris un bain il y a à peine quelques jours dans la Wertach, mais il renonce. De toute façon ce n'est pas pour longtemps, quelques jours seulement, c'est l'affaire de quelques jours seulement. Alors maman viendra le chercher – de nouveau cette piqûre. Quand ils entrent dans la maison, il se retourne encore une fois en direction des enfants, et tout de suite Sigolina l'a vu, elle a des yeux derrière la tête, sur son voile noir.

« Le jeu c'est pour plus tard, dit-elle d'un ton sec. De toute manière, c'est bientôt le déjeuner. »

Elle fait demi-tour et passe en premier. Klose pousse le garçon à sa suite. Déjeuner, pense Ernst, et son ventre se resserre, certainement avec de la crème au chocolat en dessert.

Ils pénètrent dans un corridor obscur, où il fait frais en dépit de la chaleur estivale et qui sent le produit d'entretien. Ernst ne voit devant lui que le voile noir qui flotte au vent dans le couloir obscur. Il n'a aucune envie de ce foyer avec ses sœurs aux airs de Joseph. Peut-être devrait-il s'enfuir, tout bonnement sortir, franchir la porte du jardin et traverser la ville pour rejoindre maman. Le rai de lumière dans son dos s'amenuise et le corridor et Sigolina s'assombrissent. Ernst sursaute de peur quand la lourde porte se referme derrière lui avec fracas.

Le bureau de la supérieure est petit, rangé et sent le moisi. Il y sent comme dans le couloir. Sans doute est-ce l'odeur de toute la maison. La supérieure a un visage rond et avenant. Elle est assise derrière un bureau, Klose face à elle ;

ils ne se soucient pas d'Ernst, debout près de la porte. Tous deux remplissent des papiers. La supérieure sort un registre du tiroir et inscrit sur une nouvelle page la date du 4 juillet 1933. Puis d'un air interrogateur, elle regarde Klose qui lui dicte : « Lossa, Ernst, né le 1er novembre 1929. Parents, Christian et Anna Lossa, Augsbourg, Wertachstrasse 1. » Elle marque un arrêt. « Christian Lossa est ton père ? »

D'où peut-elle bien connaître papa ? Ernst ne parvient pas à imaginer qu'il lui ait jamais vendu des boutons de pantalon ou du tissu pour une robe d'été. Quand bien même, elle n'a pas dû être satisfaite de la transaction car une ride sévère se forme entre ses deux yeux.

« C'est vrai. Une authentique tête de Lossa. » Elle dit cela d'un ton qui donne aussitôt mauvaise conscience à Ernst. Comme si c'était une honte d'avoir une tête pareille.

« Je me rappelle très bien Christian, dit-elle. Lui aussi a passé un moment ici. Ça doit faire une vingtaine d'années. Il était du genre maraudeur, il aimait bien fuguer. » Elle secoue la tête. « Alors espérons que tu ne tiens pas de lui. Que fait donc ton père maintenant ? »

Klose répond à sa place : « Il n'est pas dans la région. »

La supérieure le regarde d'un air interrogateur.

Klose soupire : « Commerçant ambulant, il est en pleine tournée. Sa femme m'a donné une adresse, écrivez : actuellement à Rottenburg-am-Neckar. »

La supérieure secoue la tête : « Ces Tziganes ! »

Le vilain mot en T, Ernst sursaute : « Nous ne sommes pas tziganes, nous sommes yéniches ! »

Klose se racle la gorge et cache un sourire derrière son poing.

La supérieure se fige. « Tais-toi, effronté ! Ne parle que quand on t'interroge ! »

La pièce est brusquement si calme qu'Ernst entend battre son cœur.

Klose toussote. « Il y a aussi trois frère et sœurs, deux petites filles et un nourrisson, ils sont à Oberhausen. »

La supérieure soupire, elle pense certainement : Encore trois têtes de Lossa. Elle dit à Klose : « Il est là pour combien de temps ? » Il hausse les épaules. « Vous savez comment c'est : la mère est très malade ; on suppose que c'est la tuberculose, le père est sur les routes, ça peut durer.

— Et qui paie ?

— N'avez-vous encore reçu aucune nouvelle des services de l'enfance du secteur d'Augsbourg ? C'est l'autorité de placement.

— Me faut-il encore courir d'un bureau à l'autre pour obtenir mon argent ? »

Klose lève la main d'un geste de dénégation. « Je n'ai aucune compétence dans ce domaine. Mais demain j'appellerai le collègue de l'aide à l'enfance pour lui demander de vous contacter. »

Une heure plus tard, Ernst est assis à la table du déjeuner parmi cinquante gamins occupés à se goinfrer. Il a le visage rouge. Tout son corps le démange et brûle après que la sœur Deikola l'a frotté à l'aide d'une brosse de chiendent.

Sœur Deikola fait une tête de moins que Sigolina, en revanche elle est deux fois plus grosse ; elle aussi a la tête de Joseph, en moins crispée toutefois. Elle l'a frotté partout et Ernst n'a pas arrêté de sursauter, serrant les dents pour ne pas hurler. Mais sœur Deikola lui a dit de ne pas être si douillet et a frotté encore plus fort.

Seule la cuisinière – elle s'appelle Wolfindis – est plus aimable. Pendant la distribution du repas, elle lui a souri et a dit : « Alors c'est toi le nouveau ? Vu ton allure, tu dois avoir drôlement faim. » Puis elle a déposé une grosse part de ragoût dans son assiette et lui a désigné une place où s'asseoir.

Voilà maintenant la gamelle en fer avec le ragoût brûlant devant lui. Pourtant, son ventre a beau crier famine, il ne peut rien avaler. Il regarde avec curiosité les nombreux garçons autour de la table.

« Qu'est-ce que tu zyeutes comme ça ? » lui balance un grand type, en face duquel Ernst est assis. Il doit avoir déjà treize ou quatorze ans.

Vite Ernst regarde son assiette.

Son voisin lui donne un coup de coude et murmure : « T'as pas faim ?

— Si.

— Alors mange, sinon les autres te le mangeront. »

Son voisin s'appelle *Johann*. Il aura bientôt sept ans, est morveux et a un air de défiance dans le regard. Il connaît les habitudes du foyer Saint-Joseph, parce que ça fait deux ans qu'il y est.

« La règle numéro 1, c'est gaffe à ton repas, sinon tu continueras d'avoir faim. La règle numéro 2 : te frotte pas aux plus grands, sinon ils t'en feront voir de toutes les couleurs. Et la 3 : fais attention à Sigolina et obéis-lui, ou elle fera de ta vie un enfer. »

Les autres garçons ont déjà vidé leur assiette et Ernst doit se dépêcher avant qu'on débarrasse les tables. Puis les grands doivent faire leurs devoirs et on envoie les petits dans le jardin.

Ernst reste assis et attend la crème au chocolat, mais il n'y en a pas, il n'y a pas du tout de dessert. Klose et sa collègue ont donc menti. Ou ils ont parlé d'un autre foyer, peut-être celui dans lequel Malchen, Nanna et Christo se trouvent désormais.

Quand sœur Wolfindis, la cuisinière, l'envoie dans le jardin, il sait qu'il peut oublier la crème. Au moment où il franchit la porte, elle le retient, va dans la cuisine et revient avec une pomme. « Ne la montre pas aux autres, ils ont tous peur d'avoir moins que les autres. »

Ernst engloutit la pomme avant de sortir, il en mange même le trognon.

Dehors, Johann l'attend, les autres le surnomment Morve-Bim à cause de son nez qui coule. « T'étais où tout ce temps ?

— Aux toilettes », dit Ernst pour ne pas trahir l'histoire de la pomme.

Johann lui demande s'il veut être son copain. Ernst hausse les épaules. « Ici il est important d'avoir des amis, dit Johann. Si tu es tout seul, tu es mort. »

Il connaît bien le foyer et sait exactement ce qui compte et ce qu'il faut faire pour n'avoir de problème ni avec les sœurs, ni avec les grands.

« Le mieux est de vite t'habituer à l'emploi du temps, parce qu'ici ils y attachent beaucoup d'importance. C'est-à-dire sois à l'heure, propre et ferme-la. On nous réveille à six heures, mais les sœurs et les autres employés du foyer sont déjà debout à cinq heures. On commence par la toilette, c'est le plus dur de la journée. À sept heures on va à l'église. » Du doigt il désigne le clocher qui surplombe les pommiers. « Le père Wassermann fait ça vite généralement, il n'y a que le dimanche où le prêche dure la moitié de la matinée. À l'église tu peux continuer à roupiller un peu, tu dois juste participer au *Notre Père* et au *Je vous salue Marie*, tu dois dire "Ainsi soit-il" et "Amen". Vient alors le petit déjeuner. Puis les plus grands vont à l'école. Elle est juste au coin de la rue. À midi, c'est le déjeuner. Après on peut jouer ou aller en forêt avec la sœur. À cette époque-ci, en été, on fait beaucoup de randonnées, on ramasse des baies, des champignons ou du bois mort. Le soir on dîne à six heures. À sept heures, nous, les petits, on doit se coucher, les grands une heure plus tard environ. Tu es dans quel dortoir ?

— Aucune idée.

— Tu vas sans doute venir dans le nôtre, il y a un lit de libre. »

Bien que Johann ait une drôle d'allure avec ses pantalons en guenilles, ses cheveux noirs tout rêches et ses genoux écorchés, Ernst trouve que c'est un bon ami. Johann raconte que ses parents aussi sont des gens du voyage, il y en a un paquet ici. Beaucoup seraient laissés ici au printemps par leurs parents, qui les récupèrent à l'automne.

Sous les pommiers, tous deux regardent les grands jouer au loup. Tout à coup, le grand qui au déjeuner a engueulé Ernst vient vers lui en courant. Il ne le voit pas, lui tombe dessus et se fait attraper.

« C'est de ta faute, espèce d'idiot, crie-t-il à Ernst en le poussant à deux mains dans la boue.

— Laisse-le Georg, il est nouveau ici, dit Johann.

— Ta gueule, Morve-Bim, ou tu vas morfler ! Après, tu pourras toujours aller voir ton père en prison et pleurer tout ton soûl. »

Les autres grands rient et Johann se met à rougir. Alors Georg s'approche d'Ernst. Il a deux gros boutons jaunes sur le menton, ses joues sont couvertes de petites cicatrices rouges.

« Alors t'es nouveau, c'est ça ? ironise-t-il. À peine là, que déjà tu traînes dans le coin et fais des croche-pieds aux autres.

— Je t'ai pas fait de croche-pied, tu m'es tout simplement rentré dedans », dit Ernst. Sitôt sorti, le voilà de nouveau dans la boue.

« Mais c'est une grande gueule en plus, le petit. »

Les autres garçons ont formé un cercle, ravis qu'il y ait quelque chose à voir. Georg, qui semble être le meneur, savoure le fait d'avoir du public.

« Grande gueule et grandes oreilles, ce sont de vraies oreilles d'âne, ça. En fait, ce sont de vraies anses de faitout qu'on t'a collées sur la tête. » Il hurle de rire.

Ernst rougit à cause de ses oreilles d'éléphant et les grands garçons hurlent de joie.

C'est alors que sœur Deikola se met à crier. « Que se passe-t-il ? » Les garçons se taisent immédiatement, mettent leurs mains dans les poches de leurs pantalons et font comme si de rien n'était. Sœur Deikola tire Georg par les oreilles. « Combien de fois t'ai-je dit de laisser les petits tranquilles ? Ouste, et qu'on ne vous y reprenne plus. »

Les garçons se dispersent. Johann a le regard sombre. « Je t'ai dit de ne pas te frotter aux grands, et surtout pas à Georg, ce connard.

— J'ai rien fait.

— Ah ouais, tu crois que Georg va passer l'éponge ? Maintenant il va avoir une dent contre toi. » Johann réfléchit, puis il demande : « Tu as de l'argent ? »

Ernst le regarde avec de grands yeux

« De l'argent, tu comprends ? des lovés ? »

Ernst secoue la tête.

« C'est bien ce que je pensais. Quelle merde ! »

Ernst ne pige rien. Quand Johann se tait, il demande : « Qu'est-ce que Georg a voulu dire avec "tu peux toujours aller voir ton père en prison" ? »

Les yeux de Johann regardent la prairie, par-delà Ernst. Après un moment il dit : « Il faut pas croire tout ce qu'on raconte. »

Le soir non plus, pas de crème au chocolat au dîner, il n'y a que des pommes de terre et du lait caillé.

Après le repas, Ernst serait bien ressorti jouer, seulement c'est réservé aux grands. Dehors il fait chaud, et il fait encore jour pendant au moins deux heures, mais les petits doivent monter à l'étage au dortoir où les volets sont déjà clos.

Seule une faible lueur entre par les interstices. À gauche et à droite de la fenêtre, il y a de part et d'autre une rangée de trois lits superposés. Contre la paroi du fond sont installés des placards, où chaque enfant a son casier, fermé par une porte avec un numéro dessus. Dans l'un des casiers, Sigolina a posé les affaires qui se trouvaient dans la valise d'Ernst.

On lui attribue le lit du bas, tout près de la porte. Les lits du dessus et ceux qui se trouvent près de la fenêtre sont les plus convoités, a dit Johann. Lui a le lit supérieur près de la fenêtre, c'est-à-dire le meilleur. Finalement, à six ans et demi, il est le plus âgé des douze garçons. *Emil*, à trois ans et demi, est le plus jeune. Il dort en face d'Ernst. Les autres ont quatre ou cinq ans. *Armin* et *Theo*, les jumeaux, ont presque six ans, ils dorment en haut également, l'un près de la fenêtre, l'autre dans le lit à côté. Comme on n'arrive pas à les différencier, on ne sait pas exactement qui de Theo ou d'Armin dort près de la fenêtre, et Johann les soupçonne de changer de place.

Les enfants chuchotent encore et ricanent, mais d'un ton autoritaire Sigolina a ordonné le silence absolu. Sitôt qu'elle est partie, Johann se précipite auprès d'Ernst et se glisse sous sa couverture.

« C'est formellement interdit, dit-il en ricanant.

— Qu'est-ce qui est formellement interdit ?

— De se glisser dans le lit des autres.

— Qu'y a-t-il de grave là-dedans ? À la maison on dort toujours tous sous la même couverture.

— Je sais pas non plus, chuchote Johann, mais si les sœurs te surprennent dans le lit d'un autre, c'est la raclée assurée. Dis-moi, tu pisses encore au lit ? »

Ernst secoue énergiquement la tête.

« Alors réjouis-toi ! En fait, quand l'un de nous fait au lit, il y a du grabuge, et pas qu'un peu. Après, Sigolina revient et on doit tous aller aux cabinets.

— Pourquoi ça ? On vient d'y aller.

— Elle s'en fout. Et arrête de demander pourquoi. »

Ernst regarde par la fenêtre avec nostalgie. La lumière du soir brille par les interstices, découpant la poussière en fines bandelettes. Il ne peut faire autrement que de penser à maman, sans le vouloir le moins du monde car ça lui fait de nouveau si mal dans la poitrine, pourtant en même temps ça lui fait du bien aussi. Il les imagine, tous au lit, tandis qu'il tend le bras par-dessus Malchen et Nanna en direction de maman.

« Tu penses à chez toi, pas vrai ? dit Johann. Ça fait toujours ça au début. Mais tu vas t'habituer au foyer. Et puis ce n'est pas si terrible ici. »

Ernst n'a pas la moindre intention de s'habituer. Les religieuses noires au visage de Joseph, le stupide Georg, le fait d'être enfermé et de devoir être au lit alors que dehors il fait jour et il fait chaud. Pour rien au monde il ne veut s'habituer.

« M'en fous, dit-il. De toute façon, dans quelques jours je serai reparti.

— Moi aussi je le croyais, dit Johann. Et ça fait maintenant deux ans que je suis là.

— J'en suis sûr, réplique Ernst, ma maman l'a promis.

— Heureux celui qui croit.

— Puis on ira en Amérique. Et on aura une voiture et on mangera de la viande tous les jours.

— Oui, oui. Et mon père, c'est l'empereur de Chine.

— Écoute, dit Ernst, mon père a dit que… »

Alors Johann fait chut et hop ! le revoilà dans son lit. On entend des pas dans le couloir. Sigolina passe la tête par la porte. « Taisez-vous, sinon gare ! »

Là-dessus les autres se rendorment rapidement. Ernst entend leur souffle couvert par le gargouillement de Johann. Il préférerait entendre maman tousser et papa ronfler. Lentement il se met à rêver, entend Malchen parler en dormant, Nanna grincer des dents, Christo péter, et il sent la chaleur de maman. Elle lui passe la main dans les cheveux, le prend dans ses bras, le berce et lui chante ses vieilles chansons belles et tristes.

Tout à coup, il sursaute. Sigolina est debout dans la chambre, pareille à un spectre noir. Elle fait passer tout le monde du lit aux toilettes.

Ernst n'a aucune envie de pisser. Il est debout à côté de Johann qui n'a pas envie non plus.

« Prends ton temps, dit Johann, parce que là, Sigolina est en train d'inspecter tous les lits. »

C'est alors que les garçons l'entendent crier : « Emil, espèce de porc ! »

Emil est debout devant l'urinoir, il regarde d'un air endormi son zizi dont ne sort pas la moindre goutte. Il est maigre comme un clou, a les cheveux roux et un visage pâle, qui devient brusquement plus blanc encore. Sigolina débarque dans les W.-C. et renvoie tout le monde dans le dortoir. Seul Emil doit rester. Dans leur lit, les autres entendent le bruit de la main de Sigolina sur ses fesses. Quelques-uns gloussent, d'autres s'enfouissent profondément dans leur oreiller pour ne pas entendre les pleurs d'Emil. Johann fait comme s'il n'entendait rien.

Enfin les coups et les cris ont cessé et Sigolina revient, Emil sur les talons. Son visage pâle est violacé et il a des soubresauts comme quelqu'un qui aurait le hoquet. Sigolina garnit son lit d'un nouveau drap. Une fois qu'elle est partie, Emil pleure tout bas.

Ernst se met l'oreiller sur la tête. Juste quelques jours, maman, ça ne durera que quelques jours. Tu l'as promis.

2

Maman et papa ont un nouvel appartement. C'est une belle maison aux murs jaunes et aux volets verts, et en haut, juste sous les toits, tous deux regardent par la fenêtre et font signe à Ernst, en bas. La fenêtre est ronde comme dans une église, et derrière eux une lumière orange luit, comme si le soleil était enfermé à l'intérieur de l'appartement. C'est alors qu'il voit que la lumière ne vient pas du soleil mais d'un feu. Maman et papa sourient et ne remarquent pas du tout qu'il y a le feu dans leur chambre. Ernst voudrait crier, les avertir, aucun son ne sort. Il veut s'y précipiter, quelqu'un est derrière lui et le retient par les jambes. La fumée s'échappe par la fenêtre ronde, lui arrive dans les yeux, papa et maman disparaissent, des larmes coulent sur son visage, satanée fumée. Il se redresse dans son lit, et Johann le regarde du haut du sien et ricane.

« Tu as parlé en dormant.

— Sottise !

— Si, je t'assure, c'était du charabia, j'ai pas compris un mot. »

Ernst se renfonce dans son lit et constate qu'il est trempé de sueur. Dehors, il fait déjà jour et il va jusqu'à la fenêtre sur la pointe des pieds pour mater à travers les volets.

C'est un de ces matins dont les premiers instants nous disent que la journée sera belle. L'orphelinat est encore enveloppé de brume mais, par la fenêtre, on dirait que la prairie à l'arrière de la maison est rose, et les oiseaux chantent. Ernst imagine qu'il est un merle et peut s'envoler dans le matin nimbé de brume rose, au-dessus des prairies et des arbres, et tout observer d'en haut.

Comme le monde est petit et insignifiant, le foyer pour enfants avec le Joseph de pierre et les religieuses en noir. Ernst survole la ville jusqu'à la Wertachstrasse, plane au-dessus de l'arrière-cour obscure, regarde par la fenêtre ; bien sûr qu'il n'y a personne puisque maman est à l'hôpital. Il poursuit son vol, voit l'hôpital et sait exactement dans quelle chambre se trouve maman ; il s'assied sur le rebord de la fenêtre et la voit étendue dans un lit blanc, on dirait une princesse avec ses cheveux noirs sur l'oreiller blanc. Elle a fermé les yeux. Il veut taper du bec à la fenêtre pour qu'elle le remarque. Oui, c'est moi, maman, ton grand garçon. C'est alors que Sigolina fait irruption avec fracas et crie sur le ton d'un commando : « Debout ! », et Ernst se retrouve allongé dans le dortoir à l'odeur de moisi.

Sigolina ouvre fenêtres et volets, le matin déborde dans la pièce, pareil à du lait rose, Ernst ferme les yeux et s'immerge dans cette luminosité. Mais la voilà déjà devant lui, elle lui arrache la couverture.

« Hop ! À la toilette, espèce de marmotte. »

Dans le couloir devant le dortoir il y a à gauche et à droite de longs bassins de métal devant lesquels prennent place les garçons.

Une eau glacée coule des robinets dans les rigoles de tôle, passe devant toute l'équipée, avant de disparaître à l'extrémité inférieure dans la canalisation. Tous, en slip, se lavent les dents sous les regards sévères de Sigolina et se jettent de l'eau au visage en hoquetant. Le mieux loti est celui qui se trouve au début de la rigole, parce que l'eau y est propre et fraîche. Ce sont les imbéciles qui sont près de l'évacuation, les eaux usées et le crachat de vingt garçons leur passent devant, et c'est dégoûtant de s'y laver.

Les grands se sont assuré les places dans la partie supérieure. Personne d'autre ne peut y accéder. Georg est bien évidemment tout en haut et il fait exprès de beaucoup cracher dans la rigole. Ernst est tout en bas et il se sent mal en voyant passer tout ce crachat devant lui. Écœuré, il regarde dans le conduit l'eau faire deux ou trois tours avant de disparaître. Sigolina apparaît derrière lui. « Allez, ouste ! un petit peu d'eau n'a jamais fait de mal à personne. »

Devant, Georg ricane : « Il n'a certainement jamais vu de lavabo. » Les autres rient et crachent de plus belle dans la rigole.

« Taisez-vous ! » hurle Sigolina. Elle attrape Ernst par le col, le tire jusqu'au robinet voisin et lui maintient le visage dessous. L'eau est si froide qu'elle pique comme des aiguilles ; pris d'effroi, Ernst aspire, s'étouffe, tousse et a peur de se noyer. Les autres se tordent de rire.

Georg crie : « Faut pas oublier les oreilles !

— Ferme ton clapet, Georg, dit Sigolina, ou c'est à toi que je lave les oreilles, et avec la brosse de chiendent. »

Elle dit à Ernst : « Hop, petit bougre, dans le rang ! »

Il n'a aucune idée de ce qu'elle raconte, mais près de lui les garçons ont déjà formé une longue file.

Pas un ne cherche à passer en premier, au contraire Georg et sa clique se mettent en bout de file. Ernst est poussé en avant, là où Sigolina attend, un grand peigne à la main et, avant qu'il ait remarqué ce qu'il en est, elle fait trois ou quatre mouvements de peigne dans ses cheveux.

Ça pince et ça tire comme si on lui arrachait tous les cheveux. Il hurle de douleur et reçoit au même moment une gifle qui le fait taire.

Quand ils vont à l'église, le gros soleil rouge est collé au-dessus des prairies rouge rosé, et une fois à l'église il brille par la fenêtre, juste derrière le père Wassermann. C'est un homme imposant et, à sa façon de se tenir, bras en croix, la lumière du matin dans le dos, on dirait Jésus.

Ernst se met à penser à son rêve, à la fenêtre ronde avec maman et papa et, derrière eux, la lumière orange qui, en vrai, était un incendie. L'image d'Épinal et la vision du père Wassermann en Jésus à la couronne lumineuse, avec en plus le chant des religieuses et des enfants, tout cela lui provoque de nouveau une décharge dans la poitrine. Il doit se ressaisir pour ne pas se mettre à pleurer.

Il passe la matinée à se demander ce qui le brûle le plus, de son crâne ou de sa joue.

Johann dit : « Pour le peigne, il est important d'être loin derrière dans la queue, parce qu'au fil du temps Sigolina a moins de force ou n'a plus envie. C'est pour ça que ça fait moins mal quand tu es davantage derrière. »

Quand Ernst doit aller aux toilettes après le déjeuner, Georg et deux autres garçons le suivent. Ils s'appellent *Michel* et *Ditsche.* Michel a treize ans et est tellement gras qu'il a du mal à passer la porte des toilettes. Il sourit tout le temps, ce qui ne veut rien dire d'après Johann, car c'est un sale type qui ne cesse de malmener les petits et leur vole leur nourriture. Ditsche est son exact contraire. Fin comme un haricot vert, sournois, l'air renfrogné. En fait Ditsche s'appelle Dieter et a quatorze ans, comme Georg, avec les cheveux bruns en brosse et d'épais sourcils qui ont à peine la place dans ce visage étroit. Il ne parle pas beaucoup, par contre sa bouche ne cesse de trembler. C'est pour ça qu'on l'appelle aussi le taiseux. Les trois sont toujours fourrés ensemble. Georg est leur chef, car il fait déjà partie des Jeunesses hitlériennes*. Johann a prévenu Ernst de se méfier du trio.

C'est trop tard. Ditsche regarde d'un air sombre les deux petits qui sont en train de pisser et leur dit à peine « Dehors ! », que déjà ils remballent et disparaissent fissa.

Ernst veut les suivre, mais Michel est appuyé de tout son poids contre la porte avec le sourire, afin que personne n'entre ni ne sorte. Georg ne fait pas de long discours, et pare au plus pressé. « C'est pour hier », dit-il, et il flanque deux grosses claques à Ernst.

Ernst se retranche dans le coin des toilettes, mais Georg s'approche de lui, tout près. Ernst sent la mauvaise odeur qui émane de sa bouche quand il dit : « Le croche-pied hier dans le jardin, ça fait dix pfennigs.

— J'ai pas de lovés », murmure Ernst.

Georg affiche un sourire méchant. « Il a pas de lovés, vous avez entendu ça ? Un petit Tzigane. Alors t'as qu'à piquer quelque chose, ça vous connaît. »

Michel bêle comme une chèvre, Ditsche a un spasme. Ernst veut leur dire qu'il n'est pas du tout tzigane, mais il a peur de recevoir d'autres gifles.

« Pour l'argent, t'as jusqu'à vendredi, compris ? Sinon on te fait ta fête », dit Georg.

Pour lui donner un avant-goût, il porte à Ernst un coup violent au bras. Puis il s'approche de la rigole et pisse. « Tire-toi ! Et va pas te mettre en tête de cafeter à Sigolina. Elle pourrait jamais croire un Tzigane. Et si tu le fais quand même, on te fourrera la tête dans la cuvette des chiottes, jusqu'à ce que tu bouffes la merde. »

Michel bêle de nouveau, Ditsche tressaille.

Johann attend dans le jardin. « T'as la courante ou quoi ? T'en as mis un temps à redescendre des toilettes. »

Ernst secoue la tête. Pourtant Johann comprend ce qui se passe.

« Georg t'a chopé ? »

Ernst fait un signe de tête.

« Avec le sourieur et le taiseux ? »

Il acquiesce de nouveau.

« Merde ! Ils veulent combien ? »

Ernst fait l'idiot : « Ils m'ont juste donné quelques coups à cause d'hier. »

Johann siffle entre ses dents. « T'as eu de la chance, parce que d'habitude on s'en tire pas à si bon compte avec eux. »

Au souper, Ernst parvient à peine à avaler une bouchée. Plus tard, en se déshabillant, il regarde les autres ranger leurs affaires dans leur casier. Les dix pfennigs ne lui sortent pas de la tête. Où pourrait-il trouver une somme pareille ? Et après-demain, on sera déjà vendredi.

Il pourrait moucharder à Sigolina, mais il ne veut pas se retrouver dans les chiottes à manger de la merde. Il ne veut pas non plus de raclée. Il pourrait s'enfuir, ce ne serait pas compliqué. Simplement se faufiler par la porte et courir. Pour aller où ? Il n'y a personne à la maison. Chez grand-mère Babett, il n'ose pas. Il pourrait traverser les champs et se réfugier dans la forêt. Or si maman arrive entre-temps, il va la rater.

Peut-être qu'un des garçons a caché de l'argent dans le placard. Il préférerait vérifier tout de suite, quand tout le monde dort, seulement c'est trop dangereux. Si l'un d'eux se réveille ou si Sigolina arrive pour son tour de pisse, il est fichu. Mieux vaut attendre demain. Le matin, quand les grands sont à l'école et que les petits jouent dehors, il s'occupera des casiers.

Pendant la nuit, Emil fait de nouveau au lit et reçoit une nouvelle trempe de Sigolina. Ernst se demande pourquoi il fait ça, alors qu'il sait précisément ce qu'il va lui en coûter.

Johann dit : « C'est parce qu'Emil n'a plus de parents. »

Ernst ne voit pas le rapport.

« Les uns pleurent, parce qu'ils n'ont plus de parents, les autres pissent, dit Johann. Et encore Emil a de la chance.

— Comment ça, de la chance ? »

Johann raconte que l'année précédente, une fille était venue au foyer, qu'elle avait onze ans et que malgré les coups et les injures, elle n'avait pas arrêté de faire au lit. Alors une éducatrice lui avait accroché une pancarte autour du cou, sur laquelle était inscrit en grosses lettres « je suis une pisseuse ». Johann ne pouvait pas le lire, mais les grands l'avaient hurlé dans la cour. Par la suite, elle avait dû rester immobile dans la cour et les autres avaient crié : « Pisseuse, pisseuse, pfiou, tu pues », et encore pire. Elle restait là à pleurer.

« Et alors ?

— Quoi et alors ?

— Elle a arrêté ?

— Aucune idée. Après on ne l'a pas revue.

— Elle s'est enfuie ?

— Je crois qu'ils sont venus la chercher.

— Qui ?

— Aucune idée. En tout cas, elle a disparu d'un coup. Personne n'a rien dit. Et personne n'a posé de questions non plus. »

3

Le lendemain matin, quand ils sont tous dehors en train de jouer, Ernst se faufile dans la maison et grimpe à toute vitesse l'escalier jusqu'au dortoir. Il commence par le placard où se trouvent ses affaires et cherche à tâtons, un casier après l'autre. Ses mains glissent sur les étagères, jusqu'au fond, et il en a des frissons de la tête aux pieds. Il a chaud à la tête et est pris de vertiges tellement il est excité. Quelque part dans la maison, on entend un craquement, il retient son souffle et tend l'oreille. Ce n'est rien.

Dans un casier, il trouve un peigne qu'il met aussitôt dans sa poche, parce qu'il est si beau avec ses rayures marron clair et marron foncé. Dans un autre, il y a un petit sac de billes multicolores sous les tricots de peau. Il n'ose pas prendre tout le petit sac, mais s'il en manque quelques-unes personne n'y verra rien. Tout à coup, il voit une ombre à côté de lui. Il veut se retourner au moment où une main puissante l'attrape par le col et le soulève brutalement. Son cœur cesse de battre, un frisson parcourt son corps, il entend la voix glaciale de Sigolina juste derrière son oreille et elle détache chaque mot. « Que-fais-tu-là ? »

Que doit-il dire ? Que Georg lui est tombé dessus et qu'il veut dix pfennigs ? Qu'il recevra une raclée s'il n'a pas l'argent ? Et qu'il ne doit rien raconter de tout ça sous peine de manger de la merde demain dans les toilettes ? Elle le lâche, il se retourne et dit : « Je voulais… »

Il n'a pas le temps d'en dire plus, sa main lui arrive dans la figure, si fort qu'il tombe à reculons dans le placard. Elle le sort de là, le colle sur le ventre et lui donne la fessée. Ernst commence à crier, mais elle crie encore plus fort.

« Crapule, bon à rien, petit voleur ! Ça fait à peine une journée que tu es là, et te voilà déjà en train de faucher. Je vais te passer l'envie de voler. »

Ça continue comme ça pendant un moment. Elle frappe et crie, il se débat et crie jusqu'à ce qu'il ne sente plus rien. Quand elle n'a plus la force ou qu'elle n'a plus envie de frapper, Sigolina le saisit de nouveau par le col et lui fait descendre l'escalier jusqu'à la grande salle de séjour, maintenant vide. Elle le colle sur une chaise et lui dit entre ses dents : « Tu ne bouges pas de là ! »

Elle est de retour, une minute plus tard, avec une corde. Elle lui attache les mains d'abord dans le dos, puis à la chaise.

Il y reste une éternité et, tandis que ses mains s'engourdissent, les grands rentrent de l'école et les petits du jardin. Ils passent tous devant lui et gloussent et ricanent, surtout Georg et ses acolytes. Johann est le seul qui le regarde tristement et dit en passant : « Mon Dieu ! »

Ils vont tous dans la salle à manger. Quand Ernst entend qu'on distribue à manger, il commence à crier tellement c'est injuste. Alors Sigolina arrive et lui donne un coup sur la tête. Ernst décide qu'il vaut mieux se taire.

Plus tard, les grandes arrivent et font leurs devoirs dans la salle de séjour. Elles ricanent et lancent des remarques désobligeantes. « Regarde comme il a l'air bête ; il est déjà tout rouge, je crois bien qu'il a honte. Ah non, il a sans doute de la fièvre, à moins qu'il ait envie d'aller aux toilettes. » Elles pouffent et s'amusent pleinement jusqu'à ce que Sigolina revienne mettre de l'ordre.

Pour Ernst, la perspective du lendemain et de Georg qui va lui faire vivre un enfer est pire encore que les rires et les moqueries. Car il n'a pas les dix pfennigs et ne les aura pas d'ici demain. Tout ce qu'il a, c'est un peigne rayé.

Le vendredi midi, Ernst ne se sent pas bien. Il ne peut rien avaler et fait passer son assiette à Johann, qui certes s'étonne mais ne pose pas longtemps de questions. À la fin du repas, Georg dit en ricanant : « On t'attend, oreilles d'âne. »

Johann louche vers Ernst : « Qu'est-ce qu'il te veut ?

— Aucune idée. »

Mais Johann sait précisément ce qui se passe. « J'imagine qu'il veut des lovés.

— Sottise !

— Me la fais pas, Ernst. Je connais Georg et sa clique, ils veulent toujours des lovés. Tu dois lui donner de l'argent, c'est ça ? Et si t'as rien, tu dois piquer quelque chose.

— Fiche-moi la paix !

— Bon sang, si tu commences, ça arrêtera jamais. La semaine prochaine, ils voudront autre chose, et la semaine suivante, et ainsi de suite. Et un de ces jours, dix pfennigs leur suffiront plus.

— D'où tu tiens cette histoire de dix pfennigs ?

— Parce que c'est toujours comme ça avec eux. Ce sont des rapaces. Si tu leur donnes quoi que ce soit, ils te laisseront plus jamais tranquille.

— Et si je leur donne rien ? Ils me tabasseront. C'est mieux, peut-être ?

— Alors va voir Sigolina, ou mieux encore la mère supérieure, et dis-lui ce qui se passe.

— Tu penses qu'ils vont me croire ? Pour eux, je suis qu'un petit… tu sais bien.

— Tzigane. Tu peux le dire tranquille, j'en suis un aussi. Bon, et quand bien même ?

— Ils ont dit que si je racontais quelque chose, ils me mettraient la tête dans les chiottes et me feraient manger de la merde. »

Johann se fourre les doigts dans le nez, ce qu'il fait chaque fois qu'il réfléchit. Ils sont tous deux dans le couloir juste devant la salle à manger où Sigolina est en train de débarrasser. Tout à coup, Johann semble avoir une idée. Son doigt s'enfonce plus loin dans sa narine.

Alors il court vers Sigolina, la main sur la bouche et le nez, et crie tout excité : « Fœur Figolima, fe faigne du mez. »

Le sang se met à lui couler du visage sur la main et goutte sur le sol.

Sœur Sigolina prend peur : « Mon Dieu, tu en fais des saletés. File sous le robinet ! »

Elle attrape Johann qui continue de saigner et fonce aux cabinets avec lui. Ernst les suit à distance. Par la porte des cabinets entrouverte, Ernst entend Sigolina tomber sur Georg, Michel et Ditsche. Il aimerait tellement les voir tous les trois, voir le sourire de Michel se figer, la lèvre de Ditsche tressaillir et Georg faire comme si de rien n'était tandis que ses cicatrices deviennent écarlates.

« Qu'est-ce que vous fabriquez là ? grogne-t-elle en direction des trois. Vous êtes encore en train de fricoter, allez, parlez ! » Ernst entend le robinet, elle nettoie le sang sur elle et sur Johann. « Je vous ai posé une question. »

Depuis le devant de la porte, on n'entend rien. Soit Georg a la chique coupée, soit il chuchote.

En revanche, Sigolina est toujours plus claire. « Sortez de là tout de suite. Et si je vous reprends à traîner dans les toilettes, je vous colle trois jours au cachot. »

Ernst s'empresse de disparaître. Il retourne en courant dans la salle à manger où Wolfindis, la sœur cuisinière, est en train d'essuyer la flaque de sang de Johann. Il demande s'il peut l'aider. Elle a beau refuser, il sort quand même son mouchoir et se met à essuyer le sol.

« Pas avec ton mouchoir », dit Wolfindis en secouant la tête.

Dehors, Georg, Michel et Ditsche rasent le mur comme des chiens battus.

Tout de suite après, Sigolina arrive avec Johann qui tient maintenant un gant de toilette sous son nez. Elle lui dit de s'allonger en attendant que ça passe, mais Johann affirme que ça va mieux.

Quand Sigolina voit qu'Ernst est à quatre pattes en train de frotter, elle hausse un sourcil d'étonnement et s'écrie qu'on peut encore croire aux miracles.

Ernst lui donne raison. Johann l'a sauvé cette fois. Il l'admire pour son courage. Ce n'est qu'alors qu'il se rend compte que son mouchoir est plein du sang et de la morve de Johann. Son admiration diminue un peu.

Dehors, ils se tiennent tous deux à distance des grands. Soudain Ernst pense au peigne. Il le sort de sa poche de pantalon et le regarde, songeur.

« D'où tu le sors ?

— Trouvé, dit Ernst, sans parvenir à regarder Johann en face.

— Merde !

— Ce n'est qu'un peigne.

— Qu'un peigne ? Et demain ce sera du pain, puis un canif, puis des lovés.

— Comment ça se fait que tu connaisses tout ça si bien ? »

C'est maintenant au tour de Johann de ne plus pouvoir regarder l'autre en face.

Alors, Ernst pige. « Tu fais pareil, toi aussi tu piques. Mais pour me donner des conseils, tu te poses là. Tu fais un fameux copain.

— Hé, je t'ai tiré d'affaire tout à l'heure.

— Et alors ? Je n'ai besoin ni de surveillant ni de nounou. Je suis assez grand.

— Alors fais tes saloperies tout seul. » Johann se lève dans un mouvement de colère et traverse la cour en crapahutant.

Ernst voudrait lui crier qu'il ne le pensait pas.

Soudain, une voix résonne, qui vient d'à côté. « Le voilà notre "oreilles d'âne" ! » Il est trop tard pour filer. Michel et Ditsche se postent à droite et à gauche d'Ernst, Georg se tient devant lui. Et derrière lui la cloison de bois de la remise empêche toute fuite.

« Où sont les dix pfennigs ?

— Je les ai pas », piaille Ernst, et il enrage de toujours avoir la voix haut perchée dès qu'il est énervé.

Georg le singe, sarcastique. « Je les ai pas, je les ai pas. »

Michel bougonne, Ditsche se tait.

« Dis-moi, tu es stupide ou tu veux m'enfumer ? On est vendredi et vendredi, c'est jour de paie. Et celui qui paie pas doit saigner. »

Michel et Ditsche acquiescent. Georg s'approche, toujours plus près.

« Je te donne mon peigne », dit rapidement Ernst en lui tendant l'objet.

Certes, Georg grimace, avec mépris, mais le peigne semble lui plaire. Il regarde vite fait autour de lui, pour vérifier que Sigolina est dans le jardin, puis il attrape le peigne et le fait disparaître dans sa poche à la vitesse de l'éclair.

« Bon, dit-il d'une voix traînante, c'est déjà ça. Et tu paieras les dix pfennigs vendredi prochain. Sinon, tu sais ce qui se passera. »

4

De la pluie, rien que de la pluie, et tout ça en plein juillet. La pluie n'est pas seulement dehors, mais aussi dans la tête d'Ernst. Les jours sont lourds et épais comme le lait caillé. Les enfants du foyer ne mettent pas le nez dehors, ils sont renfrognés et de mauvaise humeur.

Il pleut tellement que, rien que pour aller à l'église le dimanche, ils sont trempés. À cela s'ajoute le père Wassermann qui, digne de son nom[1], prêche en cascade. Il parle de la famille, de l'importance du père et de la mère, qu'on doit les honorer et prier pour eux.

Emil, à genoux à côté d'Ernst, prie comme un fou, il garde la tête baissée et parle dans sa barbe. Il parle sûrement à ses parents qui sont morts. Ernst trouve que c'est une bonne idée, même si les siens ne sont pas morts, seulement loin.

Donc pendant que le père Wassermann parle de la Sainte Famille de sa voix grave et profonde, Ernst raconte à ses parents sa première semaine au foyer. Il parle de Johann, son ami, de sœur Sigolina qui certes est sévère mais pourrait bien être tendre à l'intérieur, de la chambre à douze lits qui sent le moisi et du fait qu'il doit se coucher beaucoup trop

1. *Wassermann* est le mot allemand pour le Verseau du zodiaque ou le génie des eaux dans la mythologie. (N.d.T.)

tôt et qu'il est content de ne pas pisser au lit, des repas qui sont bons, même s'il n'y a pas de crème au chocolat. Il n'y a que de Georg et de ses acolytes qu'il ne parle pas, pas plus que du vol et de la punition, car sinon maman va se faire du souci.

Et au moment précis où le père Wassermann termine son prêche et dit amen, Ernst a fini de raconter et Emil aussi a fini ses murmures, et tous deux disent amen si fort que sœur Deikola leur sourit avec fierté.

L'après-midi, Ernst est assis à la fenêtre avec les jumeaux Armin et Theo. Ils regardent les gouttes de pluie qui ruissellent sur les vitres en faisant de petites rigoles. Les jumeaux sont au foyer depuis le printemps, la plupart du temps ils ne parlent qu'entre eux. Ernst les écoute se raconter l'histoire du père de Johann. Il aurait tué la mère de Johann. Le père aurait foncé sur sa mère avec une hache et l'aurait tuée à grands coups. Il serait maintenant en prison et attendrait son exécution.

« Imagine, un vrai meurtrier. C'est carrément horrible, dit Armin.

— C'est pour ça que les sœurs lui font souvent un clin d'œil, même Sigolina est moins dure avec lui qu'à son habitude », dit Theo.

Ernst jette un œil furtif dans la salle où Johann joue aux camions de bois avec deux autres garçons. Il est assis là avec son nez qui coule ; ses genoux écorchés dépassent de son short en guenilles ; ses cheveux noirs, pareils à une brosse cassée, partent dans tous les sens et, même quand il joue, il a cet air de défi.

Qu'est-ce que Johann a dit d'Emil ? Les uns pleurent, parce qu'ils n'ont pas de parents, les autres pissent au lit. Johann ne pleure pas et ne pisse pas au lit non plus. Il reste à regarder dans le vague, avec son air de défi. À présent Ernst se rend compte qu'il ne s'agit pas de défiance, mais de tristesse. Il est profondément recueilli, et il ressemble à quelqu'un qui a perdu.

« T'aurais pas vu mon peigne, par hasard ? demande Armin. Ça fait quelques jours que je l'ai perdu.

— Nan, aucune idée », dit Ernst qui se remet à contempler les gouttes de pluie.

Le soir, Ernst se faufile jusqu'à Johann et grimpe dans son lit.

« Qu'est-ce que tu veux ?

— Laisse-moi venir. »

À contrecœur, Johann soulève la couverture et Ernst s'allonge près de lui. Ils restent un instant côte à côte, silencieux, fixent l'obscurité et écoutent les chuchotements et les soupirs des autres, les pas dans la maison et la pluie sur les volets.

À un moment, Johann demande : « Ils veulent combien cette semaine ? »

Dans un premier temps, Ernst ne comprend pas ce qu'il veut dire, jusqu'à ce que Georg et ses acolytes lui viennent à l'esprit. « Dix pfennigs, pour vendredi.

— Ça va. Pour moi c'est vingt, pour vendredi aussi. »

Les voilà de nouveau allongés en silence, à chercher tous deux comment se procurer l'argent avant vendredi. Ernst n'arrête pas de penser aux placards. Rien qu'à la pensée de ses mains tâtant des choses qui ne lui appartiennent pas, il sent de nouveau ce fourmillement chaud des pieds à la tête. Il doit détendre tous ses muscles et s'étirer, tellement il est nerveux. Un mélange de peur et d'envie qu'il n'a encore jamais ressenti jusqu'ici s'empare de lui.

Alors il se met à penser que le prochain jour de paie doit lui être égal, parce que sa maman viendra certainement le chercher avant. Entre-temps papa aussi doit être rentré de ses affaires, c'est bizarre qu'il ne se soit pas encore manifesté, il lui faut sans doute s'occuper de maman ou de Malchen,

Nanna et Christo qui sont encore petits. Est-ce qu'il les a déjà récupérés ? Il l'a certainement fait.

Et soudain, la pensée qu'ils l'ont oublié s'empare de lui. Ils sont tous à la maison et, tout à la joie de se retrouver, ils ne pensent plus à lui. Ils mettent leurs affaires dans la roulotte et traversent les villages, et lui doit rester ici toute sa vie, et chaque semaine c'est jour de paie. Il commence à s'agiter de part en part et se met à trembler comme s'il s'était baigné dans la Wertach.

Johann demande ce qui se passe.

Ernst n'arrive pas à parler, il ne peut que déglutir et retenir sa respiration, car un grand garçon ne pleure pas. Alors Johann le prend par l'épaule et Ernst ne peut empêcher quelques larmes de couler, et Johann fait comme s'il ne le remarquait pas.

La semaine suivante, l'oncle de Johann, qui est son tuteur, vient le chercher pour un après-midi.

À son retour, il prend Ernst à part, d'un air conspirateur.

« Tu peux garder un secret ? »

Ernst acquiesce avec l'air décidé, mais Johann veut d'abord qu'il jure sur la tête de sa mère et de tous les saints. Alors Johann tire de sa poche trois petites pièces, trente pfennigs. « On me les a donnés », dit-il, rayonnant.

Ernst ferme un œil et hoche la tête : « Oui, oui, donnés.

— Tu ne me crois pas ?

— Avoue que tu les as volés à ton oncle.

— Non, vraiment, c'est un pourboire. »

Johann prend l'air un peu vexé, puis il finit par raconter qu'il va souvent faire les courses pour la voisine de son oncle. C'est une vieille dame qui lui donne toujours un petit pourboire. Aujourd'hui elle a été très généreuse, elle lui a donné un mark, tout un mark !

« Et alors ? demande Ernst.

— Je suis arrivé devant chez Kreuzer, le boulanger, et là il y avait toutes ces belles choses en vitrine, alors je me suis senti obligé de rentrer. J'ai d'abord juste acheté dix pfennigs de bonbons qui pétillent, mais ils ont été si vite partis que j'en ai racheté quelques-uns, et puis des bâtons de réglisse et des caramels. Ensuite j'ai voulu retourner chercher quelque chose, parce qu'il me restait trente pfennigs, et puis comme j'avais déjà mal au cœur, j'ai pensé qu'on pourrait bien avoir besoin des trente pfennigs pour le jour de paie. Ça suffit pour nous deux. »

Johann met dix pfennigs sous le nez d'Ernst.

« Bon sang », dit Ernst – il ne lui vient rien de plus.

« Pas un mot, à personne. Et fais-y bien attention, car ici ils volent comme des pies. » Johann sourit jusqu'aux oreilles.

Le lendemain soir, ils sont tous assis pour le dîner devant leur gamelle en aluminium, quand on frappe à la porte du réfectoire. C'est l'oncle de Johann. Tandis qu'il parle avec sœur Sigolina, Johann devient nerveux et se penche toujours plus sur son assiette.

« Johann, viens un peu là », appelle Sigolina, dont la voix ne présage rien de bon.

Il s'avance jusqu'à eux d'un pas lourd et la tête dans les épaules ; Sigolina lui demande où est la pièce de un mark qu'il a eue hier en cadeau. Johann hausse les épaules.

« Salopard », l'enguirlande son oncle au point que toute la salle entend, se retourne et que brusquement il n'y a plus un bruit. « Espèce de crapule et de menteur, tu l'as mis où, le mark ? »

Johann ne dit toujours rien, alors son oncle l'attrape par le col de sa blouse et lui file des baffes, des allers-retours sur la figure, jusqu'à ce que Sigolina lui retienne le bras et lui dise que ça suffit.

Quand Johann revient à son assiette, les autres rigolent. Georg dit : « Eh bien ! C'était bon ? » Johann essuie sur sa manche son nez qui coule et se remet à manger.

Le vendredi midi, Ernst va aux toilettes, pour livrer ses dix pfennigs.

« Bon, allez, ça va », dit Georg en lui donnant une tape sur la joue.

Ernst veut vite se tirer, mais le gros Michel est appuyé contre la porte et sourit.

« Pas si vite, petit, dit Georg. Tu ne sais pas encore combien il te faudra verser le prochain jour de paie. »

Alors Ernst comprend que ça n'arrêtera jamais, exactement comme l'a dit Johann.

« La semaine prochaine, vingt pfennigs. » Georg lui colle son poing sous le nez. « Tu sais ce qui se passera sinon… »

5

Dès le réveil, Ernst sait que ce sera une journée particulière. C'est un mercredi ensoleillé de fin septembre, il y a des nuages transparents dans le ciel et il souffle un air frais qui sent l'automne. Ernst regarde par les interstices des volets et aperçoit des fils de la Vierge qui dansent dans le soleil de l'aube. L'odeur de terre et la lumière brumeuse le rendent nostalgique. Il voudrait par-dessus tout prendre la fuite en courant, tout simplement partir.

Aujourd'hui, il va se produire quelque chose de particulier. Effectivement, après le petit déjeuner, la mère supérieure vient le voir. Il a d'abord mauvaise conscience, quelqu'un l'a sans doute vu piquer et l'a balancé. C'est rarement bon signe quand la mère supérieure vient chercher quelqu'un pour le conduire dans son bureau. En outre, elle a un visage pareil à dix jours de pluie. Elle ne dit rien, se contente de le regarder de la tête aux pieds pour voir s'il est propre, puis elle le prend par la main et dit : « Viens ! »

Quand elle pousse Ernst dans son petit bureau, celui-ci n'en croit pas ses yeux. Il reste sur le pas de la porte et regarde son père, debout près de la table de travail, qui tord son élégant chapeau. Il a le visage mince, il est mince de partout et n'en semble que plus grand. Ernst a dû attendre presque trois mois pour que ce miracle se produise enfin. Mais il est là maintenant, maintenant papa est enfin venu le chercher. Il est habillé élégamment et fait grande impression à la mère supérieure, car il a mis son beau costume noir.

« Papa », murmure Ernst, juste pour lui, afin de s'entendre et s'assurer que ce n'est pas un rêve.

Papa lui fait son sourire en biais, de la moitié gauche du visage. « Alors, mon grand. »

Il voudrait tomber dans les bras de papa, courir vers lui de bonheur, s'asseoir sur ses genoux et chahuter avec lui, mais la mère supérieure et papa le regardent d'un air si solennel qu'il n'ose pas bouger le petit doigt. Alors papa l'attrape par les épaules et l'attire à lui. Il s'accroche à la jambe de son pantalon, en touche l'étoffe chaude et douce, sent l'odeur caractéristique de papa, ce mélange de fumée, de sueur et d'après-rasage, et s'essuie rapidement les yeux.

Ernst s'est toujours imaginé ces retrouvailles beaucoup plus gaies et plus débridées ; ce sera probablement le cas dehors, une fois que la mère supérieure sera partie. La roulotte attend-elle déjà à l'extérieur ? Avec dedans maman, Malchen, Nanna et Christo ? À coup sûr ils sont tous devant la porte du jardin, pour lui faire une surprise.

« Bon bah faut qu'on y aille », dit papa, et la supérieure acquiesce.

Dehors il n'y a pas de voiture. Papa va prendre le tramway avec Ernst et ils traversent toute la ville. En direction de la maison. Enfin, la maison. Ernst a du mal à y croire. Toutefois, ils ne vont pas vers la Wertachstrasse, mais dans une autre direction. Ce doit être quelque chose de particulier, pense Ernst, une gigantesque surprise.

Pendant le trajet, papa ne dit pas un mot. Il n'arrête pas de le regarder encore et encore et lui passe la main dans les cheveux, un peu embarrassé. Papa n'a jamais été un grand cajoleur. Ernst a mille questions à lui poser.

Comment va maman ? Où vont-ils ? Que font Malchen, Nanna et Christo ? Va-t-on reprendre la route immédiatement ? Mais papa est tellement solennel qu'il n'arrive pas à prononcer le moindre mot.

Tout à coup, il a une idée de la raison de tout ça, bien sûr, ça doit être ça, il n'en peut plus de curiosité.

« Est-ce qu'on part en Amérique maintenant ? »

De nouveau le sourire en biais de papa, pourtant ses yeux, eux, ne sourient pas, il se mord la lèvre inférieure, se passe la main sur le front et se racle la gorge.

« Maman est morte. »

Ernst le regarde, attend qu'il dise : « Non, c'était une blague, je t'ai bien eu. » Mais papa ne dit plus rien, il se contente de regarder par la vitre, où la ville défile en cahotant.

Ça fait *crac* dans la poitrine d'Ernst et c'est comme si quelque chose qui le tenait arrimé à la terre s'était rompu. Soudain, il voit, entend, sent tout avec une acuité plus grande : les sièges devant lui, la barre de fer pour se tenir, les deux femmes âgées chapeautées à ses côtés avec leur odeur de poudre de riz, leurs voix nasillardes qui se plaignent du prix du beurre, le grondement et le grincement des rails, le son aigu de la cloche du tramway, la fumée de cigarette, la sueur, ses chaussures montantes avec les doubles nœuds, parce que les lacets si longs n'arrêtent pas de se défaire, trois hommes en chemise brune avec brassard rouge à croix gammée, qui laissent poliment passer une jeune femme vêtue d'une robe bleue, puis regardent son postérieur et se font des gestes de connivence, les mains maigres et bronzées de papa, qui sortent comme des branches mortes du costume noir et sont posées sur ses genoux, sans aucune force, les siennes petites et blanches en comparaison.

Il ne sent plus le siège sous lui, ne sent plus ses mains non plus, ignore comment bouger. Il est si léger, il s'élève jusqu'au toit du tramway, plane plus haut encore, regarde les rails sous lui, observe la rue d'en haut, les gens si petits, rien que des têtes, des chapeaux, des cheveux, il vole toujours plus haut jusqu'à ce que la ville ressemble à un pays miniature, l'altitude élevée lui donne le vertige, la ville et le monde entier se mettent à tourner. Alors le tramway s'arrête, Ernst se cogne la tête sur le siège de devant, et papa le pousse, car ils doivent descendre.

Papa le prend par la main, et c'est une bonne chose, parce que sinon il s'envolerait. Après un moment ils arrivent devant la porte d'un cimetière où attendent tout un tas de parents : grand-mère Babett avec les oncles, tantes, cousins, cousines, tous en robes et costumes noirs de cérémonie. Ça commence par de grandes embrassades et de grandes étreintes, et des reniflements dans des mouchoirs. Papa passe le rang en revue, et tous les hommes lui serrent la main et lui tapotent le bras, les femmes l'étreignent, et tout le monde est ému, même l'oncle Philip, qui sort une flasque de sa poche, dont tous deux prennent une grande gorgée. On étreint Ernst aussi, il trouve désagréable les nombreux baisers mouillés sur les joues et le front.

De l'autre côté de la porte, le prêtre et les enfants de chœur attendent. Tous prennent place. Devant, le cercueil sur une charrette à bras, bien trop petit, comme un coffre à jouets noir. Le cortège longe une allée où les tombes sont alignées, Ernst doit marcher immédiatement derrière la boîte noire avec papa. Qu'est-ce que tout ce cirque ? Elle n'est pas là-dedans, elle ne peut vraiment pas être là-dedans, il est impossible qu'elle tienne dans cette caisse. Maman était bien plus grande, beaucoup, beaucoup plus grande. Elle leur a juste raconté des bobards, à tous. Elle a imaginé ce tour avec papa, un jeu de cache-cache. Et maintenant elle est cachée quelque part et rigole, parce qu'ils sont tous en larmes. Le prêtre n'arrête pas de parler d'âme, de péché, de résurrection, de cendre et de poussière, afin que les oncles, les tantes, les cousins et les cousines pleurent encore plus.

Là ! La voilà, Ernst l'a découverte, elle s'est faufilée en douce derrière le grand hêtre et lui fait signe. Elle lui adresse un clin d'œil et met un doigt devant sa bouche pour qu'il ne la trahisse pas. Jamais je ne te trahirai, maman, sois-en sûre, tu as ma parole. Elle sourit et le regarde avec fierté. C'est ce sourire tu-es-mon-grand-garçon qu'il préfère chez elle, et ses boutons brun intense qui brillent. Il est tellement content qu'il la trahirait presque. Il lui fait signe, c'est plus fort que lui, il l'aime tellement, il se réjouit au point de ne plus pouvoir garder mains et pieds immobiles. Alors papa lui donne une bourrade, commence par le regarder lui, puis dans la direction où il a fait signe. Mais maman s'est vite cachée derrière l'arbre et papa ne voit rien. Il ne fait que regarder Ernst tristement et dit « Pssst ». En même temps, papa sait bien que c'est un jeu, et il doit faire semblant de ne rien savoir pour que personne ne devine ce qui se passe.

Ernst croit que les autres, avec leurs longs visages qui reniflent, n'ont vraiment aucune idée de ce qui se passe. Papa joue bien le jeu, il se frotte les yeux à l'aide de son mouchoir et renifle bruyamment. Le prêtre, petit et gros, déblatère de sa voix de fausset, ce qui prête plus à rire qu'à pleurer. Si Malchen et Nanna étaient là, elles poufferaient sans doute, comme au baptême de Christo. Les adultes ne trouvent pas ça risible du tout. Tous se tamponnent le visage de leur mouchoir quand on descend la caisse dans le trou à l'aide de deux cordes et que le prêtre jette une petite pelletée de terre. Dans le petit monticule de terre, on a planté une croix de bois avec l'inscription « Anna Lossa ». Ernst se retourne pour vérifier que maman est bien encore derrière le hêtre. Oui, elle fait signe de nouveau, de derrière l'arbre, très brièvement. Puis il ne la voit plus. Peut-être a-t-elle changé de cachette.

Tous se mettent à faire la queue pour jeter chacun leur tour un peu de terre dans le trou. C'est un bon moment pour aller voir où est passée maman. Ernst lâche la main de son père et se faufile. Il entend papa, de derrière, l'appeler doucement : « Ernst, viens ici. » Mais grand-mère dit : « Laisse-le. » Elle est donc au courant, pense Ernst, et grand-mère Babett monte d'un cran dans son estime.

Il vérifie derrière le hêtre, maman n'y est plus. Elle attend certainement dehors devant le cimetière, elle est allée chercher Malchen, Nanna et Christo, et elle est maintenant en train d'atteler pour qu'ils puissent partir immédiatement. De nouveau par les villages, tous ensemble, comme avant.

Pourtant elle n'est pas non plus devant le cimetière. Est-elle retournée Wertachstrasse, pour récupérer des affaires ? Ernst jette un coup d'œil à l'assemblée qui de loin ressemble à une bande d'oiseaux noirs étroitement blottis les uns contre les autres. Seul le prêtre est à l'écart, comme un gros oiseau blanc, sans doute parce qu'il a conscience du ridicule de son accoutrement et de son comportement.

Personne ne fait attention à Ernst, alors il se met en route, sans s'éloigner des rails de la ligne de tram, parce qu'il sait qu'à un moment ou un autre, il y aura la Wertachstrasse. Mais le chemin est plus long qu'il le pensait. Il marche encore et encore, en faisant attention aux charrettes, aux camions et aux motos. La rue n'en finit pas et les maisons de chaque côté se ressemblent toutes. Pendant qu'il marche, il décolle de nouveau du sol, commence à voler, haut par-dessus les maisons, jusqu'à ce qu'il voie l'arrière-cour, avec la fenêtre de leur cuisine. Il y voit maman en train de faire les bagages. Il veut lui crier qu'il sera bientôt là, c'est alors que retentit près de lui la voix grave d'un homme.

« Où comptes-tu aller, jeune homme ? »

Un barbu avec un haut-de-forme et un manteau de cocher le regarde du haut de son fiacre.

« Je veux rentrer voir ma maman, répond Ernst.

— Et ça se trouve où ?

— Wertachstrasse 1, près de chez Beisser. »

Le front du barbu se couvre de mille rides. « Là tu n'y es pas du tout, mon petit. » Il marque un bref instant de réflexion et il fait grimper Ernst.

Quand ils s'arrêtent devant la maison dans la Wertachstrasse, Ernst se précipite à l'intérieur et frappe de toutes ses forces à la porte de l'appartement, il appelle maman, mais personne n'ouvre. L'homme est derrière lui et plisse de nouveau le front, c'est alors que Mme Beisser arrive et dit : « Mon Dieu, quel malheur ! » Elle prend Ernst dans ses bras, le presse contre ses gros seins et pleure, lui mouillant les cheveux. Le barbu a enlevé son grand chapeau et raconte à Mme Beisser où il a ramassé le garçon. Elle remercie le conducteur du fiacre et emmène Ernst dans sa cuisine. Quand Ernst demande où est maman, elle recommence à pleurer et à gémir.

« Non, quel malheur, si jeune encore, même pas vingt-quatre ans. »

Ernst ne comprend pas ce qu'elle entend par là et il décide qu'il vaut mieux ne rien dire. Maman est sans doute partie faire des courses et réapparaîtra à un moment ou à un autre.

Ernst passe la moitié de l'après-midi chez Mme Beisser et commence à s'ennuyer. Bien sûr, elle lui donne continuellement à manger, d'abord une soupe, puis des crêpes, bien qu'en même temps elle n'arrête pas de pleurer et de gémir.

« Quel malheur. Je lui avais pourtant dit d'aller plus tôt chez le médecin avec sa mauvaise toux, il ne faut pas rigoler avec la tuberculose, et maintenant les pauvres enfants. »

Enfin on frappe à la porte. C'est papa, qui paraît encore plus mince et plus pâle que ce matin. Il remue la tête en voyant Ernst.

« Qu'est-ce qui t'a pris, de partir comme ça, sans que personne sache où tu étais, dit-il d'un ton plein de reproches. Comment t'es arrivé ici ? Mon Dieu, il aurait bien pu t'arriver quelque chose. »

Avant qu'Ernst ne parvienne à lui expliquer qu'il n'est là que parce qu'il attend maman, Mme Beisser le tranquillise. « Ah, laissez-le donc, un conducteur de fiacre l'a amené, le garçon est tout chamboulé. »

Si quelqu'un ici est chamboulé, c'est bien elle, pense Ernst.

Mais la situation semble pénible pour papa. Il remercie Mme Beisser et emmène Ernst. Ils remontent dans le tramway. Ernst ne peut contenir sa curiosité. « Maman est déjà partie devant ? »

De nouveau papa regarde par la fenêtre et hoche la tête, l'air absent. « Oui, elle est partie devant.

— Et on va la retrouver ? »

Il regarde Ernst tristement et soupire. « Pas pour l'instant, plus tard. »

Ernst ne comprend pas pourquoi, puis, comme papa se remet à renifler, il arrête de le questionner.

Papa réfléchit un moment et dit : « Je ne peux pas m'occuper de toi pour l'instant, je dois reprendre la route et j'ai plein de choses à faire. Dans l'intervalle, il faut que tu retournes au foyer, tu comprends ? »

Non, Ernst ne comprend absolument pas. Il hoche la tête malgré tout.

« Promets-moi d'être sage. »

Il hoche de nouveau la tête.

Une fois qu'ils sont devant le foyer Saint-Joseph, Sigolina ouvre la porte. Papa pose Ernst sur la plus haute marche de l'escalier afin de mieux pouvoir le regarder dans les yeux.

« Pense à ce que je t'ai dit. »

Ernst se contente de le regarder avec de grands yeux et, d'un coup, il sait que papa s'en va loin, très loin. Il se rappelle maman, comment elle se tenait devant la maison à lui faire signe. Comme elle, papa se met maintenant à disparaître, s'éloigne comme dans la fumée. Ça craque de nouveau dans sa poitrine et il sent de nouveau des pincements à l'intérieur. Sigolina le conduit dans le foyer, papa reste dans l'embrasure de la porte. La lumière donne l'illusion que sa forme est découpée, à la manière des silhouettes de papier.

« Tête haute, mon grand, je reviens te chercher dès que possible.

— Je veux rester avec toi, et avec maman. »

Sigolina lui pose une main sur l'épaule, l'attire vers elle et soupire.

« Ça n'est pas possible, Ernst. Je dois repartir, tu comprends bien. Dès que j'ai assez de lovés, je reviens te chercher.

— Je veux venir tout de suite », murmure Ernst. Il peut à peine parler, tellement il a peur de voir la silhouette disparaître tout de suite.

« Ça durera pas longtemps.

— Combien de temps ?

— Pas longtemps, quelques semaines peut-être.

— On ira en Amérique après ?

— Oui, on ira en Amérique après. »

Papa se retourne et à l'endroit où il se tenait reste une tache plus claire que la lumière.

« Promis ? » crie Ernst à sa suite.

Et il entend papa crier de dehors : « Promis. » Puis la porte se referme.

6

Ça dure combien de temps, quelques semaines ? Chaque soir, quand Ernst parle à sa maman, il se pose la question. Deux années ont passé depuis l'enterrement de maman. Ernst n'a pas perdu espoir. Il est sûr qu'un jour son père sera devant la porte avec la roulotte.

Georg, Ditsche et Michel ont quitté le foyer l'an dernier. Maintenant ils travaillent dans des usines d'Augsbourg. D'autres garçons du dortoir des grands ont marché sur leurs traces et persécutent les petits. Mais entre-temps Ernst a appris à tenir les grands à distance. Le mieux est de passer inaperçu au regard des autres, comme ça ils le laissent tranquille, et alors il peut rêvasser, s'évader en rêve de ce foyer strict et froid. Dans ses rêves, il est libre, il peut s'envoler où il veut, personne pour le retenir, personne pour le mettre sous tutelle, personne pour le torturer. Ernst apprend à filouter, à tricher et à mentir – et il apprend à voler sans se faire prendre. Enfin, le plus souvent. Il est rare maintenant qu'il se fasse corriger par les sœurs et se retrouve ligoté sur une chaise. Il apprend à dénicher de quoi manger, des clés et d'autres choses utiles.

Il connaît les secrets des religieuses et des éducatrices, leurs placards, où elles cachent leurs affaires, il y a du schnaps dedans et parfois des sucreries. Il sait comment se faufiler par le soupirail de la cave et franchir la clôture du jardin. Il apprend qu'il vaut mieux ne pas se faire remarquer, ne se mettre en travers d'aucune route, fermer sa bouche, serrer les dents et faire ce que disent les religieuses. Il a cherché une nouvelle cachette pour son butin, parce qu'au foyer chacun cache ses affaires sous son matelas et c'est là qu'on peut les trouver et les voler le plus facilement. Il a enveloppé tous ses trésors dans un torchon à vaisselle, le canif, le soldat de plomb, le chapelet et l'album avec les images en couleur de la JH*, et puis les babioles, des billes, des stylos, des boutons, des vis, des clous, des peignes, et quelques pièces de petite monnaie. Il glisse son paquet dans une cavité qu'il a trouvée entre deux poutres dans la remise derrière la maison. Il rebouche le trou avec un morceau de bois.

Johann est à l'école, à Pâques il est rentré en deuxième classe** et il est très occupé, mais il est encore son ami. Ernst passe la plupart de son temps avec Emil. Pourtant, le plus souvent, les jours sont ennuyeux. Ernst est content de bientôt pouvoir aller à l'école. Dans quelques semaines, il aura six ans, et dans six mois, à Pâques, lui aussi deviendra écolier.

Voilà deux ans qu'il n'a pas revu papa, depuis qu'il était avec lui au cimetière. Ni lui ni les autres. Seule grand-mère Babett passe deux fois par an et apporte des vêtements, une fois au printemps avant de prendre la route et une fois avant Noël. Entre-temps, elle arpente la contrée, fait ses travaux dans les églises et blague avec les prêtres, bien qu'elle dise que ce ne sont que des chasublards. Les prêtres sont satisfaits de son travail et elle fait de bonnes affaires, c'est pour ça qu'elle reste souvent partie jusque tard dans l'hiver.

On est samedi matin, le dernier samedi de septembre, et il fait le même temps que deux ans auparavant, avec les fils de la Vierge et dans l'air l'odeur de terre en automne.

Ernst est assis dans le jardin de l'institution, contemple le Joseph de fer qui le toise, morose, ce qui lui fait penser au cimetière et au cercueil trop petit, à toute la famille qui renifle, au gros prêtre, à maman.

C'est alors que la porte du jardin s'ouvre, et grand-mère Babett entre à l'improviste. Ernst se réjouit tellement de cette visite inattendue qu'il ne remarque pas les deux fillettes que grand-mère Babett a à sa suite. Sigolina qui est dans l'avant-jardin parle avec grand-mère, et les fillettes attendent, un peu gauches, dans la cour.

Ernst s'avance vers les deux femmes et se fige en entendant Sigolina lui dire : « Tu n'as donc pas envie de dire bonjour à tes sœurs ? »

Il les regarde et sait que c'est un test. Elles veulent le prendre dans les bras. Il n'est pas idiot, il sait à quoi ressemblent ses sœurs. Elles sont plus petites, ont le visage plus mince et elles ont un autre parfum, certainement pas l'odeur de savon de ces deux-là. D'accord, l'une est blonde et se dandine comme Malchen et l'autre a de grands yeux et des cheveux noirs comme Nanna. Pourtant ce ne sont pas ses sœurs, jamais de la vie. Et d'ailleurs, où est Christo dans ce cas-là ? Elles l'ont oublié pour le test. La blonde a un grand sourire, celle avec les cheveux châtains scrute Ernst avec curiosité. Alors il se retourne, va dans le jardin et s'assied sous les pommiers. Grand-mère crie et lui demande ce qui se passe ; elle lui dit de revenir, mais il n'y pense même pas.

Ernst voit Sigolina emmener les filles à sœur Daikola qui leur fait immédiatement intégrer son groupe. De temps à autre, l'une d'elle louche vers lui, l'air effrayé. Un moment plus tard, grand-mère vient s'asseoir avec lui sous le pommier. « Je peux comprendre que tu ne les reconnaisses pas. Deux ans, c'est long, surtout à ton âge. »

Elle lui parle très différemment des fois précédentes, comme à un adulte. Sa voix est posée, avec une pointe de tristesse, et elle ne le regarde pas non plus, elle raconte tout ça à la prairie devant eux. Ernst sait que, s'il dit quelque chose maintenant, sa colère va exploser et il devra crier ou s'enfuir. Alors il se tait.

« Pendant ces deux années, tu as grandi. Malchen et Nanna ont grandi, elles aussi. Ce sont déjà de petites femmes, de la même façon que tu es vraiment un grand garçon. »

Soudain sa colère retombe et d'un coup, malgré lui, les larmes se mettent à couler sur ses joues, aucun sanglot, juste des larmes. Lui-même ignore pourquoi, mais il ne peut s'en empêcher. Grand-mère fait semblant de ne rien remarquer.

« Tu ressembles de plus en plus à ton père quand il était petit. Mais ta tête dure et ton grand cœur, tu les tiens de ta mère. » Grand-mère pousse un profond soupir. « Hélas, il y a aussi la triste histoire du petit Christian, tu te souviens certainement de ton frère. »

Elle marque une longue pause et Ernst pense déjà qu'elle ne parlera plus. Pourtant elle fait un effort.

« Ton petit frère est mort il y a six mois à la pouponnière. Il avait la même maladie que ta maman. »

C'est comme un satané fleuve qui coule de lui, il n'y peut rien, son nez coule encore plus que celui de Morve-Bim.

« Tu sais que ta maman est aujourd'hui devenue un ange. Depuis le ciel elle observe en permanence ce que tu fais. Et elle disait toujours que tu étais son grand, tu te rappelles, que tu es son grand et que tu dois prendre soin de tes sœurs. »

Vouloir retenir tout ce flot n'a aucun sens, il est tellement fatigué tout à coup, il ne veut pas être le grand, il veut être le petit, il veut que quelqu'un veille sur lui, le cajole et le prenne dans les bras. Il bascule, tout bonnement, et atterrit la tête sur les seins de grand-mère. Il sent sa chaleur et l'odeur de savon, de charbon, de badigeon et de sueur. Elle pose sa main sur son épaule et les pleurs cessent lentement. Il lui faut une éternité pour arriver à parler de nouveau.

« Et papa ? »

Elle sourit, l'air las. « C'est pas simple pour ton père.

— Il a dit qu'il va venir me chercher, qu'il lui faut juste gagner des lovés.

— Ça peut durer encore un peu. Les temps sont durs pour nous, les gens du voyage.

— Donc toi aussi, tu penses que le Führer aime pas les Yéniches ?

— Qui a dit cela ? demande-t-elle avec effroi.

— Papa. Il a dit que le Führer aime pas les gens qui voyagent et vendent des choses.

— Il ferait mieux de se méfier de sa langue trop bien pendue, sinon ils finiront par venir le chercher.

— Qui viendra le chercher ? »

Elle regarde autour d'elle, comme si elle s'était laissée aller à dire quelque chose d'interdit. « Ah, personne !

— Le Führer a dit que tout le monde va avoir du travail et qu'il s'occupe de notre pain quotidien », dit Ernst. Il le sait, parce qu'ils écoutent tous les discours du Führer et du Dr Goebbels sur le *Volksempfänger*** que le prêtre a acheté l'an passé pour le foyer.

« Oui, oui, je sais bien, dit grand-mère Babett, mais ce faisant, elle n'a pas l'air heureuse.

— Papa me l'a promis.

— Te fais pas de souci, Ernst. »

Elle lui passe la main dans les cheveux, ce qu'habituellement elle ne fait jamais. Il s'inquiète quand même. Si les affaires de papa marchent mal, ça veut dire qu'il ne gagnera pas assez d'argent pour le départ en Amérique.

« Bon, dit grand-mère en se levant, je dois y aller. Et promets-moi de veiller sur tes sœurs. »

Ernst jette un œil prudent de l'autre côté, où toutes deux sont assises à côté de sœur Deikola.

À mieux y regarder, elles ressemblent tout à fait à Malchen et Nanna, ça pourrait être elles, un peu plus grandes, peut-être, beaucoup plus propres que dans son souvenir, et à condition de faire abstraction des deux petites robes ridicules dont on les a affublées, et qu'en revanche on les imagine dans les chemises de maman, alors peut-être.

« Allez, va ! » dit grand-mère.

Il la regarde pour la première fois en face depuis son arrivée. Ce n'est qu'alors qu'il se rend compte qu'elle paraît beaucoup plus vieille que lors de sa dernière visite, son visage rond est devenu anguleux et de profondes rides ont creusé leurs sillons autour de sa bouche et de son nez. Elle a des yeux tristes et las qui ne l'empêchent cependant pas de faire un signe d'encouragement à Ernst.

Il avance maladroitement vers les fillettes. Pour dissimuler sa gêne, il fait comme s'il passait par hasard. À sa façon de se tenir, les mains bien enfoncées au fond de ses poches de pantalon, toutes deux le regardent avec un mélange de joie et de crainte.

Deikola tend la main. « Tu veux venir t'asseoir avec nous, Ernst ? »

Il s'assied près d'elles et pendant un moment tous regardent droit devant eux avec embarras. Puis il vient une idée à Ernst. Fièrement, il leur montre à toutes deux le foyer, le jardin, la remise et le potager. Il leur montre Wolfindis, la sœur cuisinière, qui en tombe immédiatement amoureuse et donne un petit gâteau à chacune. Il leur explique comment ça se passe ici, toutes ses aventures, qui sont ses amis. Et elles racontent qu'elles étaient dans un foyer beaucoup plus grand aux allures d'hôpital et qu'elles y étaient bien, qu'il y avait même de la crème au chocolat en dessert de temps en temps le dimanche. Alors voilà, pense Ernst, maman le savait, il est juste tombé dans le mauvais foyer. Plus tard, il s'isole avec elles au fond du jardin et leur confie le grand secret, que maman est désormais un ange, en robe blanche sur un nuage.

« C'est ce que nous ont dit les sœurs à propos de Christo, se rappelle Malchen.

— Oui, Christo y est sans doute aussi », et il doit faire un effort, car il a alors un gros nœud dans la gorge. Les deux fillettes regardent dans le vide.

« Et elle revient quand, maman ? » dit Nanna.

Ernst hausse les épaules. « Je sais pas non plus. »

Tous trois regardent dans le vague, chacun pensant à maman et Christo sur le nuage.

« Et papa ? » demande Malchen tout doucement.

Ernst regarde alentour, parce que c'est le plus grand secret, avant de murmurer : « Papa viendra bientôt nous chercher et alors on partira tous en Amérique. »

Elles ouvrent de grands yeux et tous trois restent silencieux. Chaque fois que les gens restent silencieux, un ange passe, disait maman. Et Ernst la voit passer, les frôlant tous trois de ses ailes, les enveloppant un instant d'un halo de lumière. Puis c'est fini.

Pour que le silence ne soit pas trop grand, il leur raconte de vieilles histoires à toutes les deux. Il parle de Buchau et de la grand-mère qui fait les meilleures crêpes au monde, de la roulotte et des feux de camp, avec les airs d'harmoneya et les chants et les histoires et les étoiles qui scintillent, et comment papa achetait de la réglisse et qu'ils en mangeaient à s'en rendre malades. Mais il ne parle pas des policiers municipaux, des gendarmes, ni du fait que ça n'est pas simple pour papa, parce qu'Hitler n'aime pas les gens du voyage.

7

Six mois plus tard, à Pâques, grand-mère Babett revient. Son visage est encore plus saillant, ses rides encore plus marquées, et ses yeux semblent las. Elle a déniché un cartable pour Ernst. Il est marron foncé, un peu élimé, avec deux brides. Et il y a aussi une petite ardoise, un crayon d'ardoise, deux cahiers et un crayon à papier. Pour Malchen et Nanna, elle a apporté des boucles d'oreilles en argent et toutes deux sont enchantées du cadeau.

Mais au bout d'une heure déjà, grand-mère doit repartir. Ernst la raccompagne alors jusqu'au portail. Elle tourne autour du pot, comme si elle voulait dire quelque chose. Finalement, elle sort un petit paquet de sa poche, emballé dans un papier brun.

« Je dois te donner ça de la part de ton père. »

Ernst la regarde, incapable de bouger le petit doigt, et en fait il ne veut ni prendre le petit paquet, ni rien entendre.

« Allez, prends-le, dit-elle en le lui mettant dans la main.

— Qu'est-ce qu'il y a dedans ?

— Ton père a dit que c'est pour toi, au cas où… enfin, pour que tu penses à lui. »

Il regarde le papier brun et se demande pourquoi il ne l'a pas apporté lui-même.

Grand-mère Babett s'allume une cigarette et plisse les yeux à cause de la fumée. « Il est… il peut pas venir vous voir pour le moment.

— Il est en prison ? » Ernst prend peur en entendant cette phrase et grand-mère prend peur elle aussi.

« Non, non, il est obligé de travailler. Dans un camp de travail. Cette année seulement, qu'ils ont dit, a priori jusqu'à Noël.

— Quoi comme travail ?

— Je sais pas non plus, une sorte de travail obligatoire. »

Il y a quelque chose de pas net dans la façon dont grand-mère tourne autour du pot. D'habitude, ce n'est pas son genre. Qu'est-ce qu'elle veut dire avec son « camp » ? Et de qui parle-t-elle en disant « ils » ? Tout à coup, Ernst demande : « Il est à Dachau* ?

— Mon Dieu, mon garçon, tu as vraiment le don de double vue », dit-elle en faisant un signe de croix. Alors elle s'installe avec lui sur un banc près du portail et tire une grande bouffée de cigarette. « Je vais te dire quelque chose, par contre ne va pas le raconter à tes sœurs, ni à personne d'autre. »

Ernst a rentré la tête dans les épaules, comme sous l'orage.

« Oui, il est à Dachau. Il a de nouveau ouvert sa grande gueule à la taverne. Je lui ai toujours dit de se méfier, seulement il ne veut rien entendre. Alors ils sont venus le chercher. Un salaud quelconque l'a balancé. Il était avec oncle Philip, mais ils ont relâché Philip, sans doute parce qu'il a un domicile fixe. J'ai toujours dit, Christian, il faut te faire enregistrer, sinon t'auras des problèmes. »

Elle pousse un nouveau soupir. « Ton père m'a écrit une carte, me demandant d'aller chercher la roulotte et ses affaires, et me disant qu'il va bien. Te fais pas de souci. Ça lui servira de leçon pour qu'il la boucle la prochaine fois. »

Elle continue de parler, pourtant la voix de grand-mère s'éloigne de plus en plus. Surgissent devant ses yeux la roulotte avec un policier en colère juste devant en train de discuter avec papa. Ils sont cernés par les villageois, se disputent, et le ton monte, jusqu'à ce que papa attrape le policier par le col. Alors tous ceux qui sont autour se jettent sur papa qui disparaît sous une montagne de gens.

Grand-mère donne un coup de coude à Ernst. « Tu veux pas l'ouvrir ? »

Ernst touche avec précaution le petit paquet qu'il a sur les genoux. Il peine à déchirer le papier brun. Tombant d'une boîte en carton, une chaîne en or avec une médaille lui arrive dans la main. Sur le devant il y a un cœur et une croix, et au dos des lettres et des chiffres.

« C'est un A et un C, explique grand-mère, pour Anna et Christian. Et là, il y a 1er mars 1929, la date à laquelle ils se sont mariés. C'était le cadeau de mariage de ta maman, que Dieu la garde. Il m'a écrit pour que je te la donne. Fais-y bien attention, car ici ils volent comme des pies.

— Je sais.

— Et pas un mot, à personne. »

Le pendentif lui brûle les mains.

« Fais pas cette tête. Moi aussi j'ai d'abord eu peur. En fait, je voulais rien te raconter. Mais le travail obligatoire fera pas de mal à ton père, et à Noël il sera sans doute ressorti. »

Quand elle part, elle semble plus petite que d'habitude, elle n'est plus la grande et forte grand-mère Babett.

Ernst contemple le pendentif. Maman l'avait toujours autour du cou et il se demande s'il doit faire pareil, seulement tout le monde pourra le voir, et il ne faut pas puisque c'est un secret. Il se faufile donc jusqu'à sa cachette dans la remise, tire le morceau de bois et ajoute le pendentif à ses trésors.

Le mardi qui suit Pâques, les écoliers sont particulièrement bien frottés et peignés, car ils ne doivent pas faire honte au foyer, comme dit Sigolina. Deux garçons de sa chambre entrent à l'école en même temps qu'Ernst : Emil, qui continue de faire au lit parfois et a exigé d'Ernst la promesse solennelle qu'il n'en dira rien à personne, et « Boule », qui est nouveau au foyer Saint-Joseph. En vrai, son nom est *Harry*, mais il est tellement gras que tout le monde l'appelle juste Boule. Il est arrivé en début d'année, avec son grand frère de douze ans. Boule est un type effronté, dont l'extrême curiosité agace parfois. En classe il est assis à côté d'Ernst. Emil est dans la rangée devant eux. Ils sont les seuls de la classe à venir du foyer. Et dès le matin, à la porte de l'école, ils entendent les autres chuchoter : « Regarde, les gosses du foyer. » Les garçons du village sont réunis en groupes et les dévisagent comme des extraterrestres.

À l'arrivée de *Grieb*, tous bondissent et, raides comme des piquets, hurlent un lapidaire « *Heil Hitler !* ». Ernst, Emil et Boule aussi lèvent le bras droit comme on le leur a appris au foyer. Grieb apprécie le spectacle et il laisse la classe dans cette position pendant qu'il prend son temps pour l'admirer. D'entrée, Ernst sait qu'il n'aime pas Grieb, et il sait que Grieb ne l'aime pas. Il est grand et gros, son crâne dégarni est moite et brille, et il porte une petite moustache dont il remonte sans cesse les deux extrémités en cornes pointues. Il souffle comme un cheval, transpire sans arrêt, répandant une mauvaise odeur et, quand il s'énerve, il se met à postillonner.

Grieb tient un long discours aux enfants pour leur dire que c'est un chapitre important de leur existence qui démarre et qu'il va leur insuffler, dans la tête et le cœur, l'amour du Führer et du Reich allemand. Il leur annonce qu'il va faire d'eux de bons Allemands, les endurcir, les « mater », selon sa propre expression. Il dit aussi qu'il y a une chose qu'il déteste plus que tout, c'est la désobéissance.

En parlant, il passe dans les rangs avec sa badine, démontrant tout de suite ce qu'il entend par mater. Celui qui fait le dos rond reçoit un coup de bâton dans le dos. Celui qui se retourne un coup sur la nuque. Celui qui bavarde, Grieb le tape sur les doigts à les en faire craquer ; et celui qui pleure et crie prend un coup supplémentaire, parce qu'alors c'est une poule mouillée et Grieb déteste les poules mouillées.

Quand sonne l'heure de la récréation, les élèves de la petite classe ne sentent pas encore la flamme dans leur cœur, par contre leurs doigts et leur dos les brûlent.

Ernst aussi reçoit un aperçu de ce que mater veut dire. Après que Grieb a terminé son discours, tous déballent ardoise et crayon et doivent écrire leur première lettre, un A majuscule. En fait, Ernst devrait savoir qu'il lui est interdit d'écrire de la main gauche, car sa main gauche est mauvaise, comme dit toujours sœur Deikola. Ernst se brosse les dents de la main gauche, mange de la main gauche et fait en fin de compte de la main gauche tout ce que les autres font de la droite. Quand Deikola l'y prend, elle dit toujours : « Un bon garçon allemand utilise sa main droite. » Ernst aimerait bien être un bon garçon allemand, mais cette histoire de main droite est juste impossible, en dépit de tous ses efforts. Alors il préfère s'en tenir à la gauche, et de toute façon les religieuses, la plupart du temps, ne le remarquent pas.

Grieb s'en rend compte immédiatement. Il ne prend même pas le temps de commencer par discutailler et frappe aussitôt avec sa badine, si bien que le crayon d'Ernst glisse sur l'ardoise avec un horrible grincement et tombe. Ce n'est qu'alors qu'il dit : « Tiens, tiens, qu'avons-nous là ? Un gaucher. Que je ne t'y reprenne pas ! »

Johann lui dit pendant la pause qu'avec Grieb il n'est pas si mal tombé. « C'est toujours mieux qu'avec Loos, qui frappe fort, jusqu'au sang. Avec Grieb c'est moins dur, il suffit de le faire parler de la guerre et l'heure y passe.

— On a déjà remarqué, dit Ernst. Il a commencé à en parler sans qu'on lui demande. »

Grieb était en France et quand il en parle, il dit toujours « quatorze-dix-huit ». Et quand il dit « quatorze-dix-huit », ses yeux se mettent à briller. Il a été un grand héros et a appris aux *Franzmänner*** réfugiés dans les tranchées ce qu'était la peur. Ernst peut tout à fait comprendre que les Français se soient enfuis, en le voyant arriver avec sa moustache à cornes et son odeur de vinaigre.

Mais Johann dit : « Il est peut-être seulement resté à côté du canon à goulasch**.

— Tu veux dire qu'il a tout inventé ?

— Qu'est-ce que tu crois ? Grieb n'arriverait même pas à sortir de la tranchée avec son gros ventre.

— Et les combats d'homme à homme ? »

Johann soupire avec mépris : « Les plus grands froussards ont après coup la plus grande gueule. »

Après la récréation, Grieb distribue les manuels à chacun. Ils ont une couverture rouge vif, avec deux illustrations : l'une montrant un renard qui regarde alentour, et l'autre une étoile jaune à cinq branches sous laquelle un homme gras, avec un gros nez, chauve, aux yeux larmoyants et aux lèvres charnues lève la main comme pour prêter serment. Le livre s'appelle : *Ne te fie pas au renard des plaines, pas plus qu'au serment d'un Juif***.

« Qui sait ce qu'est un Juif ? » demande Grieb.

Beaucoup de doigts se lèvent, pour l'avoir déjà souvent entendu dire dans le poste. Grieb interroge Manfred, car il répond le plus assidûment et c'est le plus grand.

« Le Juif est notre malheur », dit Manfred.

Grieb est satisfait pour le moment, mais il annonce qu'il leur faut encore apprendre beaucoup de choses sur le Juif et son ignominie.

« Est-ce que tous les Juifs sont mauvais ? demande Boule.

— Tous, sans exception, dit Grieb.

— L'épicier Lilienthal aussi ? »

Grieb le regarde, médusé, parce qu'il ne connaît pas l'épicier Lilienthal. « Pourquoi ? Qu'est-ce qu'il a ?

— Il habite là d'où je viens et à nous, les enfants, il offre toujours des bonbons.

— Ce sont les pires, ceux qui font les hypocrites. Notez que ce sont ceux avec lesquels vous devez le plus vous tenir sur vos gardes. »

Le soir, Johann se vante d'avoir deux Juifs dans sa classe. Loos les fait constamment mettre devant quand il veut expliquer la différence.

« Quelle différence ?

— La différence entre individus inférieurs et purs individus nordiques. Loos dit que ça se voit au nez, aux oreilles et à la forme de la tête. »

Quand le lendemain, pendant la récréation, Ernst observe les deux Juifs, il est déçu. Ils ressemblent à tous les autres, l'un a les cheveux foncés, l'autre est blond, aucun n'a de grand nez ni d'yeux larmoyants comme le Juif du manuel scolaire. Ernst ne voit aucune différence, à part le fait qu'ils sont à l'écart et regardent alentour d'un air complexé, parce que personne ne fait cas d'eux.

Une semaine après le jour de la rentrée, c'est l'anniversaire du Führer. La veille au soir, il y a une grande intronisation de *Pimpfe**. Toute l'école se retrouve à la lueur des flambeaux, et les élèves de quatrième jurent d'accomplir leur devoir dans l'amour et la fidélité au Führer et au drapeau.

Avec les flambeaux et les chansons, le cœur d'Ernst se met à battre d'excitation et de joie, bien qu'il ne fasse pas partie lui-même du *Jungvolk**. Ça n'est possible qu'à partir de dix ans. Puis à quatorze, on passe dans la Jeunesse hitlérienne. Les *Pimpfe* ont le droit de participer une fois par semaine à leurs rencontres, où ils font du sport et des activités en plein air, chantent et défilent.

Le soir, au lit, Ernst raconte à sa maman comme c'était bien de faire partie de ce grand collectif et de chanter avec les autres. Il lui dit qu'il veut lui aussi entrer dans le *Jungvolk*, qu'il veut devenir un bon garçon allemand. Et elle lui sourit de ses yeux qui brillent.

Il veut aussi arrêter de chaparder, car un bon garçon allemand est honnête, d'après Grieb. Pourtant il y a cet agréable tiraillement en lui quand il chaparde, cette tension latente provoquée par la peur de se faire prendre, et à terme la joie en catimini d'avoir quelque chose de nouveau en poche.

Le père Wassermann dit que le vol est un grave péché, encore plus grave que le mensonge. On va en enfer pour des péchés graves. Mais quand on fait preuve de repentir et qu'on demande pardon à Dieu, alors il pardonne. Dieu comprend tout et Dieu pardonne tout, dit Wassermann. Alors il comprend certainement aussi que j'ai besoin de ces choses, réfléchit Ernst. Si Dieu pardonne tout, pourquoi envoie-t-il en enfer ? Va y comprendre quelque chose.

L'anniversaire du Führer à peine terminé, arrive le 1er mai. Grieb explique combien compte le travail de la tête et des mains, bien qu'il ne fasse aucun doute que c'est aux mains que va sa préférence. Tous les élèves doivent dire ce que fait leur père. La plupart disent ouvrier ou paysan, et Grieb hoche la tête d'un air satisfait.

Emil n'est pas obligé de répondre, car son père est mort. Quand vient le tour de Boule, il dit que son père est boulanger. Grieb est content, car boulanger est un métier utile, dont le peuple a besoin. Arrive le tour d'Ernst. Il sait qu'il vaut mieux ne pas parler de Dachau et dit : « Mon père vend des choses.

— Quelles choses ? demande Grieb.

— Des tissus, des mouchoirs, des rubans, des boucles, des boutons de pantalon…

— Alors il a un magasin ?

— Non, seulement une roulotte et une valise.

— Il ne nous manquait plus que ça, dit Grieb d'un ton moqueur. Un Tzigane ! » Toute la classe éclate de rire.

Si papa était là, il attraperait Grieb par le col, à lui en couper le souffle au point de ne plus pouvoir prononcer le vilain mot en T.

Ernst rit à voix haute. « Nous sommes pas tziganes, nous sommes yéniches. »

Et voilà qu'il se prend une gifle.

« Ici, on se passe des commentaires effrontés, petit gars. Compris ? »

Ernst hoche la tête, mais ça ne suffit pas à Grieb.

« Je n'entends rien.

— Oui, chicote-t-il en évitant de respirer car l'odeur de caillé de l'enseignant commence à l'indisposer.

— On dit : *Jawohl***, monsieur Grieb.

— *Jawohl*, monsieur Grieb. »

8

Le jeu que les enfants du foyer préfèrent à l'été 1936 s'appelle olympiade.

Chaque jour, dans le *Volksempfänger*, ils entendent les nouvelles de Berlin où du 1er au 16 août les sportifs du monde entier se battent pour des médailles. Ils sont fiers des nombreuses victoires allemandes et sont horrifiés quand c'est de nouveau un de ces nègres américains qui gagne.

Dans le verger, les garçons ont construit une piste de course qui longe la clôture et une piste de saut en longueur qui se résume à une planche de laquelle s'élancer. Sigolina a interdit le lancer de javelot, car les garçons ont cassé une vitre avec l'une des branches du tas de bois. Les moins bons doivent toujours être les Tommys*, les Français ou les Amerloques. Emil ne participe plus, il est vexé car il perd toujours.

C'est à la course qu'Ernst est le plus fort. Un jour, il franchit même la ligne d'arrivée en premier et grimpe avec fierté, bras en l'air, sur la caisse qui sert de podium. Quand l'un d'entre eux gagne, les autres doivent chanter l'hymne allemand, or cette fois Boule refuse. Il est juste jaloux, car il est arrivé le dernier. Il dit : « On a pas le droit de chanter l'hymne allemand pour un Tzigane. »

Il a à peine fini sa phrase qu'Ernst se jette sur lui et se met à le frapper. Mais Boule est costaud, il retourne Ernst et l'ensevelit sous sa bedaine. Ernst le pousse et se dégage. Ils se bagarrent, entourés par les autres qui les exhortent tous les deux. Ça continue jusqu'à l'arrivée de Sigolina, qui les sépare.

« Qu'est-ce qui se passe ici ? gronde-t-elle.

— On jouait juste aux Jeux olympiques, explique Emil.

— Je vous en collerais, moi, des Jeux olympiques », dit Sigolina en tirant les deux garçons par les oreilles jusqu'au potager où ils doivent passer le reste de la journée à désherber.

Ils piochent entre les radis, les pommes de terre et les carottes, attrapant des ampoules aux mains et un coup de soleil sur la nuque. Et à un moment, entre le raifort et les oignons, Boule dit : « Le truc sur les Tziganes, je le pensais pas.

— De toute façon j'en suis pas un, dit Ernst.

— Alors pourquoi ils le disent tous ?

— Nous sommes yéniches.

— C'est la même chose.

— Non, c'est pas parce qu'on vit dans une roulotte qu'on est tziganes pour autant.

— Et pourquoi t'es ici, au foyer ?

— Ma maman est au ciel et papa a pas le temps pour l'instant. Mais bientôt il viendra me chercher et alors on ira en Amérique. »

Boule siffle entre ses dents. L'Amérique. Il n'a aucune envie d'y aller, parce qu'il y a tellement de nègres là-bas. « Regarde donc les Amerloques aux olympiades, ce sont presque tous des nègres. »

Ernst n'y avait encore jamais pensé. Il faudra qu'il demande à papa, quand il viendra à Noël. « Et toi, pourquoi t'es là ? »

Boule esquive : « Juste comme ça !

— Personne est là juste comme ça. »

Boule se tait et recommence à piocher avec ardeur. Ce n'est qu'un rang plus loin qu'il répond : « Mes parents sont Étudiants de la Bible*.

— Étudiants de la Bible ? » Ernst le regarde, surpris. « Je croyais ton père boulanger.

— Aussi, sauf qu'après son travail, il va avec maman faire du porte-à-porte pour prêcher la bonne parole.

— Ce sont des prêtres du voyage ?

— Oui, quelque chose comme ça. Et l'an passé un homme de l'assistance est venu et a dit que je devais aller en foyer.

— Et pourquoi ? »

Boule hausse les épaules. « Ils ont dit qu'il me fallait une meilleure éducation. »

À genoux dans la rangée à côté de Boule, Ernst se dit qu'il préfère être yéniche qu'Étudiant de la Bible, mais il ne le dit pas à Boule.

À la fin des vacances d'été, avec une grande ponctualité, le brouillard recommence à se répandre. Il arrive de la Wertach en contrebas et s'étend au-dessus des prairies. Au commencement, c'est une légère brume qui se manifeste à l'aube et en soirée, et au fil des semaines, elle épaissit et s'alourdit. Le monde entier est enveloppé de ouate, l'air gagne en épaisseur, comme s'il était mélangé à de la chantilly, et il a une odeur de vieilles feuilles, de foin et de fumée. Les bruits sont absorbés, les couleurs ne sont plus vives ni criardes, les maisons n'ont pas de contours tranchants, et les humains moins de rides. Le monde entier est plus petit, et il devient plus facile de se cacher. Puis arrive le jour où la brume cesse de se lever. Tout devient gris, le jardin, les champs, les maisons, les visages, même les pensées et les rêves d'Ernst.

Il attend Noël, que papa en ait fini avec le travail obligatoire. Alors il viendra le chercher.

Pourtant papa ne vient pas, ni pour la veillée de Noël, ni pendant les jours fériés. Par contre, grand-mère Babett vient et apporte des petits gâteaux. Ils s'asseyent dans la salle à manger où l'on fait asseoir de nombreux parents, grands-parents et autres membres de la famille quand ils sont en visite.

Ernst aimerait mieux demander tout de suite des nouvelles de papa, mais grand-mère a un tel regard de connivence, et après tout Malchen et Nanna ne doivent rien savoir. Grand-mère raconte des histoires, par exemple sa rencontre avec son second mari, le vannier, sur les routes, alors qu'il était seul avec six enfants en bas âge. La cuite à rouler sous la table qu'elle a fait prendre au maire d'un village à la suite d'un pari dans une taverne. Ou la punition d'un prêtre radin, quand elle a peint de petites cornes sur un ange au-dessus de la chaire d'une église. Puis elle doit s'en aller, car la nuit tombe de bonne heure. Ernst la raccompagne à la porte. À peine dehors, elle s'allume une cigarette et inspire profondément.

À la porte, elle dit : « Tu veux certainement des nouvelles de ton père, mais moi-même je sais rien. Il a pas fait signe, ils l'ont peut-être gardé plus longtemps, j'en ai aucune idée. »

Ernst penche la tête pour lui dissimuler combien il est triste.

Elle lui passe la main dans les cheveux. « As-tu toujours la chaîne ? »

Il acquiesce.

« Les temps sont pas bons, dit grand-mère Babett, davantage pour elle-même.

— Tu penses qu'il reviendra un jour ? » demande Ernst.

Elle sursaute. « Tu dois même pas penser ça. » Elle est prise d'une quinte de toux, regarde la cigarette avec colère et la jette.

« Je dois y aller. Sois sage, je veux pas entendre parler de quoi que ce soit. »

Elle lui pince la joue, puis franchit le portail du jardin et la brume du soir la rend transparente. Son ombre lance encore : « On se voit au printemps », mais Ernst est persuadé qu'elle ne viendra pas au printemps, pas plus qu'en été. Il voudrait encore lui crier des choses, il voudrait qu'elle revienne, il voudrait l'enlacer, il voudrait qu'elle l'enlace. Il ne faut pas qu'elle parte. Mais pas un mot ne sort. Avant de disparaître au prochain virage, la grande et forte grand-mère Babett est devenue une petite ombre fine dans la brume hivernale. Ce n'est qu'à ce moment-là qu'Ernst remarque à quel point il fait froid et qu'il tremble de tout son corps.

Au printemps, la supérieure dit aux trois enfants Lossa que leur grand-mère ne peut pas venir, car elle est malade. Malgré tout, elle a envoyé un paquet avec des vêtements d'été pour les filles et un short pour Ernst.

À Pâques, Ernst reçoit son premier bulletin et, dans la foulée, une raclée de Sigolina. Pas à cause des notes, tout à fait passables, à cause de l'appréciation que Grieb a rédigée. Elle y lit qu'Ernst est négligé et souillon et qu'il a volé à plusieurs reprises au cours de l'année scolaire.

Ernst passe une grande partie des vacances de Pâques confiné à la maison, il doit aider à la cuisine et au ménage pendant que les autres ont le droit de jouer dans la cour. Avant le début de l'année en deuxième classe**, il doit promettre à Sigolina de s'améliorer. Or dès la première semaine, les ennuis recommencent.

Sous un noisetier de la cour d'école, les enfants ont trouvé un merle. Une de ses ailes est brisée. Elle pendouille, il la traîne près de lui dans la poussière. Les enfants l'ont attrapé. Le voilà maintenant en classe dans la cage de bois à regarder tristement par la fenêtre. Ernst passe tout l'après-midi à observer l'oiseau et en oublie la salle de classe et Grieb. S'il manque une aile à un oiseau et que celui-ci est en cage, est-il encore un oiseau ? Si un merle ne vole plus, qu'est-il alors ? Juste un demi-merle, le souvenir d'un oiseau.

Soudain la badine de Grieb s'abat sur les mains d'Ernst pour le rappeler à l'ordre. « Qu'est-ce que je viens de dire, Lossa ? »

Ernst n'en a aucune idée, et Grieb frappe de nouveau avant de le mettre au coin.

Pendant toute l'heure, il reste debout devant le grand graphique développé au tableau. Dessus on voit une série de têtes. D'un côté des bolcheviks* et des représentants de Judas, explique Grieb. De l'autre, des têtes de Nordistes, des combattants, des soldats, des sportifs. Même sans les explications de Grieb, tous voient la différence, reconnaissent que d'un côté il y a la race inférieure et de l'autre la race* allemande bien propre.

Grieb dit qu'on ne peut pas toujours faire la distinction aussi facilement. Il y a aussi des étrangers, chez qui on ne remarque pas la différence au premier coup d'œil, par exemple avec les Tziganes hybrides.

Ernst rougit, car c'est pour lui que Grieb dit ça.

« Même si on ne le voit pas, le sang inférieur coule dans leurs veines, poursuit Grieb. Comme nous le savons, les Tziganes sont asociaux, ils sont faignants et mendient, et quand on ne leur donne rien ils volent et arnaquent les gens. »

Tous regardent Ernst, qui pense alors aux Juifs de la classe de Johann, obligés de se tenir debout devant les élèves pour illustrer la race inférieure.

Pendant la récréation, Ernst se tient à l'écart des autres. Il se faufile dans la classe, s'assied près du merle qui piaille avec mélancolie. Il lui murmure de faire comme lui, de fermer les yeux, car alors les barreaux disparaissent, on voit dehors, comme s'il n'y avait plus de cage. Un Tzigane est aussi libre qu'un oiseau, a dit maman, il peut aller où bon lui semble et s'en aller quand ça ne lui convient plus. Mais il n'est pas tzigane, même si les autres le disent à longueur de temps.

Tout à coup, Grieb est dans la classe et se met tout de suite à crier. « Qu'est-ce que tu manigances encore ? »

Ernst dit qu'il veut juste consoler l'oiseau, pour qu'il ne soit pas si seul, tandis que Grieb lui reproche d'avoir eu l'intention de détrousser les autres. Il saisit Ernst par l'oreille et l'entraîne dehors. Dans la cour de récréation, les autres ricanent. Johann dit que seuls les voleurs traînent en classe pendant la récréation.

Quand Ernst retourne en classe après la récréation, la cage est vide. Boule, qui est assis près de la fenêtre, demande où est le merle. Avec un rictus, Grieb dit : « C'est la nature, on élimine les faibles et seuls les forts survivent. Les Allemands l'ont trop longtemps oublié. Maintenant nous voilà redevenus un peuple fort. Pourquoi Harry ? »

Boule le regarde, hésitant.

« Parce que notre Führer est fort, tonne Grieb. Et parce que nous éliminons ce qui est malade ou mauvais. Pourquoi ? »

Et tous répètent : « Parce que notre Führer est fort et parce que nous éliminons ce qui est malade ou mauvais. »

Trois mois plus tard, au soir d'une chaude journée de l'été 1937, la supérieure se tient devant Ernst avec le visage grave et lui annonce que sa grand-mère est morte.

Elle veut lui passer la main dans les cheveux pour le consoler, mais Ernst s'enfuit dans le jardin et se réfugie derrière la remise. Longtemps, il reste le regard dans le vide par-delà les champs. Puis il pense à la médaille dorée. Il vérifie qu'il n'y ait personne dans les parages, ouvre sa cachette aux trésors et sort la serviette qui contient son butin. Le médaillon est tout chaud dans sa main. Il essaie de se rappeler grand-mère Babett, mais ne voit que la petite ombre fine.

De la maison, on appelle pour le repas. Ernst ne veut plus retourner rejoindre les autres. De toute façon, personne ne le comprend. Qu'ils lui fichent la paix, tous ! Il n'est plus aussi petit que Nanna et Malchen. Il n'a plus besoin qu'on le prenne dans les bras, qu'on le console, le cajole. De toute façon, les autres ne se préoccupent que d'eux-mêmes et n'ont pas le temps de penser à lui. Il rumine derrière la remise, la serviette contenant ses trésors étalée sur ses genoux. Il caresse affectueusement les objets précieux, les billes et les pièces, le canif, le soldat de plomb, le chapelet et l'album des JH. Il saisit chaque objet, les caresse un à un avec précaution, du bout des doigts, les sent les yeux fermés. Puis il les repose, noue la serviette et presse le baluchon contre sa poitrine, le berce comme une mère le ferait avec son enfant. L'air perdu, il regarde le champ qui commence derrière la remise. L'air d'été flotte au-dessus des prairies.

9

Dans la deuxième et la troisième classe**, les bulletins d'Ernst ne se sont pas améliorés. Chaque fin d'année scolaire, Sigolina est au désespoir de lire qu'il est insolent et paresseux, qu'il ment et vole, qu'il est « incorrigible », comme l'écrit Grieb. Et *Maier*, le maître d'école d'Ernst en troisième classe, émet le même jugement : Ernst est un lourd fardeau pour la classe. Tous les coups, les punitions, l'enfermement ne semblent pas avoir porté leurs fruits. Ernst reste assis et assiste aux cours sans participer. Il ne fait son travail que sous la contrainte, et mal encore. Ernst a maintenant neuf ans et doit redoubler sa troisième classe. Même ça ne semble pas le toucher.

Pourtant, en cette rentrée 1939, il s'opère en lui un changement surprenant. C'est la première fois depuis longtemps qu'il reprend plaisir à aller à l'école, il fait même ses devoirs de sa propre initiative. Une seule raison à cela, elle s'appelle Mme *Leutze*. Plus d'injures ni de coups avec la nouvelle institutrice. Et c'en est fini aussi des histoires de guerre. Grieb n'arrêtait pas de parler de la guerre et bien sûr de ses coups d'éclat. Avec Maier, ce n'était pas beaucoup mieux. Ils devaient sans cesse peindre la carte de l'Empire allemand et mettre en couleur les régions qui s'y ajoutaient. Au printemps précédent l'Autriche, à l'automne le pays sudète, maintenant, au printemps 1939, la Bohême et la Moravie.

Puis Maier montrait toujours la grosse tache à la droite de Berlin et disait : « La Pologne sera la prochaine à laquelle nous ferons rejoindre le Reich. »

Mme Leutze parle rarement de politique. Elle préfère les histoires fictionnelles et sort avec les écoliers pour leur montrer la nature. Et elle ne l'a encore jamais traité de Tzigane, même quand il a fait des bêtises.

Johann lève les yeux au ciel quand Ernst parle de Leutze. Il fait des remarques grossières et l'attrape entre les jambes. En fait, il est juste jaloux, car lui est de nouveau avec le vieux Loos et doit en supporter les bassesses. Et il ne peut même plus frimer avec les Juifs de sa classe. Ils sont partis à l'automne dernier, car il est dorénavant interdit aux Juifs de fréquenter une école allemande. Ils ont désormais leurs propres écoles dans lesquelles, dit-on, il leur est impossible de pervertir de leur mauvaise influence les élèves allemands.

Ernst voudrait bien savoir de quelle manière les deux garçons juifs ont bien pu contaminer la classe de Johann, et Johann est incapable de le lui dire.

Ernst trouve que Leutze ressemble un peu à sa mère : un petit nez, des cheveux noirs toujours relevés en chignon et les yeux qui brillent. Sauf qu'ils ne sont pas noirs mais bleus. Quand elle le regarde, il s'aime d'un coup plus que d'habitude. Elle arrive à faire ça, rien qu'avec les yeux. D'ailleurs elle peut tout faire avec les yeux. Parfois elle a un regard qui pousse immédiatement à se demander si on a fait quelque chose de mal. Elle regarde au plus profond de toi et voit aussitôt toutes tes infamies. C'est pourquoi Ernst a cessé de chaparder en classe, sauf s'il y a quelque chose de vraiment extraordinaire. Comme le poignard du grand Manfred, qui est avec les *Pimpfe* depuis le printemps dernier et a fièrement apporté son couteau à l'école, ce qui est formellement interdit. Pendant la pause, Ernst l'a pris dans le cartable de Manfred et le voilà maintenant dans sa cachette aux trésors derrière la remise.

Le lendemain, Leutze se contente de regarder Ernst et elle sait immédiatement que c'est lui qui a le couteau. Malgré tout, elle ne l'accuse pas et ne l'insulte pas. Il fait comme s'il n'était au courant de rien, prend son air innocent, ce qu'il sait bien faire et qui impressionne toujours le plus. Pas Mme Leutze.

Elle le regarde de ce regard si doux et dit : « Sais-tu que Manfred va avoir de gros ennuis si son couteau a disparu ? »

Il hausse les épaules.

« Des ennuis chez lui et des ennuis aux JH », dit Mme Leutze.

Nouveau haussement d'épaules.

« Je trouve que des camarades et des amis devraient se serrer les coudes. Toi aussi certainement, non ? »

Ernst regarde le bout de ses orteils et acquiesce.

« Tu peux peut-être aider Manfred à retrouver son couteau. »

Pas un reproche, pas une menace, juste ses yeux. Le soir, Ernst récupère le couteau dans sa cachette pour le glisser en secret le lendemain dans la veste de Manfred. Quand il le trouve, il est content, et plus personne ne croit que le couteau avait vraiment disparu. Sauf Mme Leutze. Elle jette un bref regard en direction d'Ernst qui pense même l'avoir vue faire un clin d'œil en passant.

Au début des vacances d'été, il règne une atmosphère pesante au foyer Saint-Joseph. Les religieuses courent dans tous les sens, elles ont le visage grave et l'oreille rivée au poste de radio. Dans la rue et dans les magasins, on chuchote à propos de l'imminence probable de la guerre.

Un groupe de soldats stationne désormais dans l'école et les enfants vont les voir et les observent, envieux. Les soldats sont très gentils et leur donnent parfois du chocolat. Johann se renseigne sur ce qu'il faut faire pour devenir pilote.

Pendant ces vacances-là, Johann n'ira pas chez son oncle, qui fait désormais partie de la Wehrmacht*. Johann espère que la guerre éclatera bientôt afin que son oncle reste éloigné longtemps. Les garçons préféreraient aller voir les soldats tous les jours, mais ils doivent aider aux champs. Les plus grands à la moisson, les petits désherbent et enlèvent les doryphores des pommes de terre.

Un soir, Johann traîne sur son lit, regarde les autres d'un air inquiet et crie : « Vous verrez, j'irai dans la Luftwaffe. Vous pouvez tous croupir ici. »

Le lendemain, Johann part voir les soldats pour s'enrôler. Un quart d'heure plus tard, il est de retour, tout excité, et raconte que les soldats sont partis. On dit qu'ils ont été transférés à la frontière polonaise. Aussi simule-t-il immédiatement l'alerte avec les autres. Il est officier et les autres sont ses troupes. Ils doivent défiler dans la cour, faire des tractions et se glisser sous le fil barbelé jusque dans le champ voisin.

Sigolina ne trouve pas ça drôle du tout. Elle donne l'ordre à toute l'équipée de rentrer dans la maison nettoyer les toilettes. « Ça vous fera passer l'envie de jouer à la guerre », grogne-t-elle.

On a beau être vendredi, jour de ménage dans toute la maison, tout est extrêmement calme dans le foyer. Chacun balaye rapidement sa chambre, il y a de l'électricité dans l'air. Dans la grande salle à manger, la radio fonctionne, on annonce un discours du Führer.

Avec Emil et Boule, Ernst nettoie les toilettes des garçons. Johann s'est défilé, prétextant que c'est une tâche pour subalternes. En tant que chef, il part évaluer la situation. Au bout d'une demi-heure il revient avec la nouvelle. « C'est la guerre. Enfin ! » dit-il en serrant les poings.

Pour lui, il est clair qu'il va enfin pouvoir devenir pilote.

Devant eux, debout dans les toilettes, Johann leur fait la démonstration de la façon dont il est assis dans son bombardier et dégomme les ennemis les uns après les autres. Boule jette sa serpillière dans sa direction, mais il en faut plus pour ébranler un aviateur. Il amorce un nouveau vol en piqué et rit à gorge déployée, car les autres rentrent la tête dans les épaules.

Ce n'est pas lui qu'ils regardent avec de grands yeux, c'est Sigolina, arrivée derrière lui sans un mot. Elle lui donne une tape sur la nuque, son Stuka part en vrille et s'écrase au sol en toussant.

« Arrêtez ces sottises », dit-elle étonnamment doucement. Tous pensent qu'une engueulade va suivre immédiatement, or elle se contente de dire : « Allez ! On a du travail ! »

Toute la fin de la journée et pendant la semaine suivante, chacun au foyer Saint-Joseph s'active à découper tissus et cartons pour obscurcir les fenêtres. On transforme aussi le cachot de la cave en pièce d'abri. Les garçons y prennent du plaisir, car c'est mieux que tous les jeux ennuyeux. Tous les soirs, ils imaginent l'arrivée de l'ennemi et la ruse et le courage avec lesquels ils l'emportent sur lui.

10

C'est pendant la semaine qui précède Noël que se produit la catastrophe. Quand Ernst rentre de l'école, la supérieure l'arrête dans le couloir, l'air aussi lugubre qu'un mur.

« Suis-moi.

— Mais j'ai rien fait.

— Suis-moi, je te dis. »

Ernst la suit dans son bureau, les épaules relevées. Il y fait plus sombre qu'à l'habitude, car le père Wassermann se tient devant la fenêtre, par laquelle il regarde en fumant. Il se retourne et son visage n'augure rien de bon.

Ce n'est qu'à ce moment-là qu'Ernst aperçoit l'étendue des dégâts. La serviette contenant tous ses trésors est étalée sur la table. Tout y est : l'argent, les peignes, le canif, les allumettes, les billes, l'harmonica, le petit soldat de plomb, le chapelet, l'album des JH, deux clés dont il ne sait plus ce qu'elles ouvrent, un crayon à papier, deux gommes et au milieu, la chaîne de maman.

Ernst n'arrive pas à regarder les choses sur la table, ça fait trop mal. Tous ses trésors, le prix de ses efforts, du fourmillement et de l'excitation, tout son monde secret qui n'appartenait qu'à lui, à lui seul. Il voudrait y aller, prendre le baluchon et le serrer contre son cœur, le tenir, le bercer. Rien qu'une fois encore.

Les regards de la supérieure derrière son bureau et de Wassermann devant la fenêtre vont d'Ernst au butin. La supérieure marque un long temps d'arrêt avant de parler.

« Tu sais d'où ça vient ? »

Il a encore de la neige au bout de ses chaussures.

« Tu es un petit voleur, un vaurien. »

Deux mottes gris blanc fondent lentement.

« Combien de fois t'ai-je prévenu, hein, combien de fois ? »

Des filets d'eau coulent sur le cuir.

« Je ne tolère pas ça dans la maison. Tu le sais parfaitement. Nous n'avons que faire des voleurs ici. »

Maintenant la neige a disparu et il est debout dans une flaque. D'une chiquenaude, Wassermann jette sa cigarette par la fenêtre. Sa voix basse est menaçante.

« Qu'as-tu à dire ?

— C'était pas moi.

— Ne mens pas, nous savons précisément que ce butin est à toi.

— C'est pas vrai, ces choses m'appartiennent pas. »

Wassermann hausse le ton. « Ne me mens pas ! » Il attrape la chaîne en or et la met sous le nez d'Ernst. « Où as-tu pris ça ?

— Je l'ai pas volée. C'est grand-mère qui me l'a donnée.

— Je croyais que ces choses ne t'appartenaient pas.

— Ça, si.

— Et le reste ? »

Le nez d'Ernst se met à fondre comme la neige sur ses chaussures. Il goutte sans qu'Ernst y puisse quoi que ce soit.

« A et C, 1er mars 1929, lit Wassermann à voix haute. Une médaille de fiançailles ou de mariage, et tu veux me faire croire que c'est à toi ?

— Oui.

— Non seulement c'est un voleur, mais c'est aussi un incorrigible menteur, gronde le prêtre. Mettez-moi ça dehors ! »

Déprimé, Ernst regarde par l'étroite fente du soupirail de la cave. Parce que le cachot est devenu un abri, la fenêtre a été condamnée et obstruée par un sac de sable. Si seulement il avait changé de cachette. D'ailleurs comment l'ont-ils découverte ? Quelqu'un l'a-t-il trahi ? Mais personne ne pouvait savoir. Même à Johann il n'avait rien dit de son trésor. Quel merdier. Tout est parti. Tout son trésor. Surtout la médaille de maman. Il entend encore la voix de grand-mère : « Prends-en grand soin, ici ils volent comme des pies. » La fente de la fenêtre diminue, dehors la neige tombe et recouvre tout ce qui reste de l'endroit par où regarder.

Ce n'est qu'après le repas qu'Ernst a le droit de sortir du bunker. Dans le dortoir, il règne un silence de plomb. Emil regarde dans le vide et tourne dans sa main l'harmonica qu'il a récupéré. Il ne regarde pas Ernst. Les autres aussi font comme s'il n'était pas là. Johann lit son livre préféré *Histoires de la Luftwaffe*, Boule fait des nœuds à ses draps.

« Salut Boule. »

Silence.

« Hé, j'ai survécu au bunker.

— Ah, compliments.

— Hé, qu'est-ce qui se passe ?

— Ce qui se passe ? Voilà ce qui se passe ! Sigolina m'a rendu ça et devine d'où elle le tient ?

— Allez ! Pour quelques billes.

— Ce sont pas seulement les billes, dit Boule, hors de lui. Demande donc aux autres, allez, demande-leur ! Demande à Emil où était son harmonica, demande à Johann pour son canif. Tu peux demander à chacun, espèce d'escroc.

— Je… je voulais pas. »

Alors Johann s'en mêle. « Tu voulais pas ? T'as sans doute pas volé les affaires, tu les as trouvées par hasard et gardées, parce que tu savais pas à qui elles appartenaient. C'est bien ça, non ?

— Hé, je vais réparer, hein ? Je vous trouverai quelque chose de beau pour Noël, vous avez qu'à dire ce que vous voulez. »

Silence.

« Je vous promets de plus jamais rien vous prendre. Parole. »

Pendant un moment ils restent tous assis sur leur lit sans rien dire. Boule a mis la tête dans ses mains, Emil tournicote les boutons de son pyjama, Johann se cure les ongles avec son couteau.

« Je le crois, dit Emil. Oui, je le crois. Et pour Noël je voudrais une flûte, une belle flûte en bois. Et toi, Boule ? »

Boule écarquille d'abord les yeux, puis il dit : « Une grosse tablette de chocolat.

— Et toi ? »

Tous regardent Johann, après tout il est leur chef. Il se pince les lèvres. « Vous êtes… pfff. » Il secoue la tête, se retourne et se blottit sous la couverture. On entend à peine le son sourd de sa voix. « Allez tous vous faire foutre. »

11

Sigolina recompte les affaires : « Cinq maillots de corps, quatre slips, quatre paires de chaussettes, cinq pantalons, une veste rayée. On y est. » Elle ferme les boucles de la petite valise posée sur le bureau de la mère supérieure.

La supérieure finit d'écrire la liste. Puis elle envoie chercher le garçon. Une fois seule, elle tire un formulaire du tiroir. Elle inscrit la date : *jeudi 15 février 1940. Nom de l'élève : Lossa, Ernst. Âge : 10 ans. Destination du transfert : centre d'éducation*** *du Secours populaire NS à Markt Indersdorf. Raison du changement d'établissement* ? Elle hésite, regarde dehors dans le sombre matin d'hiver et écrit : *inéducabilité.*

Elle va chercher le médaillon dans le tiroir, le tourne dans ses mains. Elle ferme les yeux, entrelace les doigts, appuie ses pouces sur son front et prie.

En haut dans le dortoir, Ernst s'habille sans un mot, conformément aux ordres de Sigolina, pour ne réveiller personne. Il n'est pas encore cinq heures et personne ne bouge. C'est bien comme ça, il ne veut voir personne, ne veut parler à personne, ne veut rien avoir à dire, rien expliquer, il ne sait même pas lui-même ce qu'il lui arrive. Tout à coup, Boule ouvre les yeux et regarde Ernst comme un fantôme.

« Bah qu'est-ce que tu fais ?

— Je dois m'en aller.

— T'en aller ? Où ça ?

— Je sais pas, dans un autre foyer.

— Bon sang, pourquoi ? »

Ernst ne peut que hausser les épaules. Il boutonne sa chemise et regarde le lit en contrebas encore tiède. Son lit. Combien de temps est-ce que ça aura été son lit ? Cinq ans ? Six ? Presque sept. Il préférerait se recoucher, se blottir, la couverture par-dessus la tête, ne plus rien voir ni entendre. Mais il sait que, s'il s'y assied, si même il ne fait que l'effleurer, il se mettra à pleurer et ne pourra plus s'arrêter.

Boule s'est redressé sur son lit et ne cesse de répéter : « Bon sang, Ernst.

— Ferme-la, Boule, sinon tu vas réveiller les autres. »

Trop tard. Les autres s'étirent, bougonnent et veulent savoir ce qui se passe.

« Ernst doit partir », dit Boule.

Le silence est palpable. Tous le regardent d'un air endormi et penaud.

« Comment ça, partir ? demande Emil.

— Ben quoi, comment ça ? Partir, ça veut dire partir, s'en aller. Plus jamais revenir. Quelle merde !

— On peut te demander pourquoi tu t'énerves comme ça, Boule ?

— Parce que je veux m'énerver, mec. Parce que tout m'énerve. Le foyer m'énerve, et Sigolina, et tu m'énerves aussi, Emil. Ils font de nous ce qu'ils veulent, et vous restez là comme deux ronds de flan !

— Oh, la ferme ! Tu regardes aussi, toi, sans rien faire. Bougonner n'a jamais rien arrangé.

— C'est mieux que rien. »

Emil se tourne vers Ernst. « Et où est-ce qu'ils t'emmènent ? »

Ernst secoue la tête. « Aucune idée. Personne m'a rien dit. »

Il est là, debout, et se trouve bête avec son pyjama dans la main.

Ernst aurait bien aimé dire au revoir à Johann, qui s'est levé et est sorti, sans doute pour aller aux cabinets, et Ernst ne veut pas aller l'y rejoindre.

« Bon, faut que j'y aille. »

Les autres se taisent. Emil lui tend la main. « Au revoir, Ernst. »

Boule est toujours assis et ses yeux lancent des éclairs. Quand Ernst arrive à sa hauteur, il saute du lit, l'attrape et le serre contre lui, à lui en couper le souffle, puis le repousse. « Bon sang, Ernst ! »

Pour ne pas éclater en sanglots, Ernst s'enfuit du dortoir, se précipite dans le couloir sombre ; au moment où il va descendre l'escalier, une ombre surgit d'un coin obscur. Johann. Ernst ne voit que sa silhouette, il est juste là et ne dit rien. Alors Ernst sent une légère bourrade dans le bras.

« Fais attention à toi, dit Johann.

— Je... ça... je... »

Sans un mot il glisse quelque chose dans la main d'Ernst, c'est lisse et froid. Peu importe ce que c'est. Ernst n'en veut pas, cependant Johann lui referme la main. Ernst veut dire quelque chose, mais il ne parvient à émettre qu'un raclement. Alors Johann se retourne simplement et s'en va.

Ernst entend encore la voix de Johann en provenance du couloir sombre, on dirait qu'elle rit. « Allez, tire-toi, espèce de Tzigane ! »

Ernst dévale l'escalier, s'arrête quelques marches plus bas et crie : « Toi-même ! »

En bas, le père Wassermann attend devant le bureau de la supérieure, le visage pétrifié, exhalant son odeur caractéristique d'encens et de cigarette. Dans son costume noir et son lourd manteau d'hiver gris foncé, il ressemble à un géant gris.

« Il était temps », grommelle-t-il.

Il est nerveux, fume une cigarette, ne cesse de regarder sa montre et de se frapper la jambe avec la grande enveloppe brune qu'il tient dans sa main. Il regarde le pyjama d'Ernst avec un air de reproche. Celui-ci le met précipitamment dans sa valise et remarque alors qu'il a encore autre chose dans la main. Agenouillé au-dessus de la valise, il ouvre prudemment le poing. C'est le canif de Johann. Vite, il referme la main et fourre le couteau en douce dans la poche de son pantalon.

Puis ils restent là, et Ernst ignore ce qu'ils attendent. Soudain, Sigolina surgit de l'obscurité du couloir. Derrière elle, comme deux femmes de chambre, Malchen et Nanna. Dans leurs chemises de nuit claires et avec leurs grands yeux effrayés, elles ressemblent à deux fantômes aux trousses d'un spectre noir. La gorge d'Ernst se serre. Sigolina se place entre elles et dit d'une voix douce : « Allez, dites au revoir à votre frère maintenant, il va dans un autre foyer, tout ira bien pour lui là-bas. »

Derrière ses paroles s'ouvre un abîme. Le couloir sombre est inondé par la brume matinale. Elle engloutit l'espace, tout l'orphelinat, engloutit Wassermann et Sigolina, engloutit Ernst en personne.

Malchen et Nanna le regardent d'un air interrogateur et triste, et il les entend dire doucement : « Au revoir, Ernst. »

Il aimerait crier, mais l'air est aussi épais que du verre. Tout ce qu'il arrive à dire est un « au revoir Malchen, au revoir Nanna » monocorde. Il s'observe leur tendre la main à toutes les deux, il entend Wassermann dire : « Cinq heures et demie, on doit y aller », voit Sigolina lui mettre la main sur l'épaule et lui dire : « Sois sage, Ernst » et, bien que tout en lui crie et pleure et jure et dise non, non, je ne veux pas partir, je ne veux pas être sage, il se voit acquiescer.

Sigolina disparaît dans le couloir sombre avec les deux petits fantômes. Wassermann pousse Ernst vers la sortie.

Une fois qu'ils sont à la porte de la maison, la supérieure surgit tout à coup.

Elle fouille dans sa poche et sort le pendentif. « Nous avons demandé partout, ça n'appartient à personne. À qui as-tu volé ça ?

— Je l'ai pas volé. »

Elle pousse un profond soupir. « Ernst, mentir n'a plus aucun sens désormais.

— Je mens pas. La chaîne est à moi. Enfin, à vrai dire, elle est…

— À qui ?

— Ma mère. »

La supérieure regarde Wassermann.

« Mais tu ne l'avais pas à ton arrivée.

— Papa l'a donnée pour moi à grand-mère. »

La supérieure soupèse le pendentif et réfléchit.

« Bon, dit-elle alors, prends-la avant que je change d'avis ».

La chaîne lui brûle la main comme la première fois, quand sa grand-mère la lui a donnée.

Il referme le poing si fort que ça fait mal. Si mal qu'il ne sent plus les autres douleurs, qu'il ne sent plus ni son cœur ni les aiguilles à l'intérieur, qu'il ne peut plus penser, plus pleurer, plus crier, plus s'enfuir. Il n'y a plus que son poing et le médaillon à l'intérieur.

Wassermann ouvre la lourde porte d'entrée et le vent de février s'engouffre dans la maison. Il est glacial, Ernst commence à trembler, il grelotte à côté du prêtre et sent la brume du matin l'aspirer vers l'extérieur.

Livre III

Le rapport des experts

1

Ernst entend un léger bruissement près de lui dans l'obscurité, un raclement et un grattement. Puis tout à coup apparaît l'ombre d'une tête qui surgit le long de la fenêtre.

« Pssst ! Tu dors ?

— Non.

— C'est donc toi le nouveau. Tu veux faire un petit tour ?

— Où ça ?

— Juste comme ça, dans la maison, peut-être jusqu'à l'étage des filles.

— T'es cinglé.

— Je me disais bien que t'étais un lâche.

— Je le suis pas. »

Une voix dit à Ernst qu'il ferait mieux de laisser tomber, mais la curiosité est plus forte. Il se faufile en silence, emboîtant le pas à l'ombre. Il doit être bien après minuit et de toute façon il n'arrive pas à dormir. Presque vingt garçons dans le dortoir, à respirer, grogner et gratter. Dans la pièce haute de plafond, le moindre bruit résonne. Les images tournent dans la tête d'Ernst. Le voyage en train, l'arrêt à Munich, les magasins multicolores en ville, les nombreux uniformes dans la rue, l'agitation frénétique en dépit du froid cinglant, le père Wassermann dont on aurait dit qu'il avait mauvaise conscience pendant tout le voyage, puis

Indersdorf, le village paisible enneigé, la maison de correction toute grise dans le vieux couvent, les ordres dans les couloirs, les nombreux nouveaux visages qui le scrutent de haut en bas et le jaugent.

Au foyer, ça se passe toujours comme ça avec les nouveaux. Est-il plus fort que moi ou est-ce un dégonflé ? Va-t-il prendre ma place ? Que sait-il faire ? Quels sont ses défauts ? Peut-on s'entendre avec ? Puis les bonimenteurs qui dès l'arrivée de chaque nouveau roulent des mécaniques avec leurs bobards. Celui-là est O.K., en revanche méfie-toi de celui-là, fais gaffe ici, ferme-la là-bas, etc., jusqu'à en faire bourdonner les oreilles.

Le garçon qui le précède est beaucoup plus petit et plus mince que lui, une mauviette qui se déplace comme un chat dans les couloirs sombres. Son souffle forme de petits nuages blancs dans le froid. De quelques gestes de la main, il guide Ernst pour slalomer dans l'escalier, lui montrant où il doit poser le pied pour qu'aucune marche ne grince. En haut, il fait signe à Ernst de l'attendre là et disparaît derrière une porte. Pendant qu'Ernst fait le guet, il entend l'autre hanter la grande pièce, ouvrir des tiroirs et farfouiller en douce. Son cœur bat la chamade. Si quelqu'un se pointe, ce sera sa fête dès le premier soir.

Après un moment, la mauviette revient avec une gomme et un peigne. Sans piper, il reconduit Ernst au dortoir. Une fois qu'ils sont assis sur le lit, il tend la gomme à Ernst.

« Tu peux la prendre. Au fait, tu t'appelles comment ?

— Ernst.

— Moi c'est *Franz*. Tu viens d'où ?

— D'Augsbourg. J'étais à l'orphelinat.

— Tes parents sont morts ?

— Seulement ma mère.

— Et ton père, il est où ?

— Sur les routes avec la roulotte, pour ses affaires.

— Tzigane, hein ?

— Nous sommes pas tziganes.

— Chut ! Doucement, c'est bon, alors t'es pas tzigane.

— Nous sommes yéniches.

— Calme-toi, je dis plus rien. Pourquoi t'es là ?

— Aucune idée.

— Hum ? » Franz fait le geste de voler.

« Pas beaucoup, seulement des petits trucs.

— C'est ce que tout le monde dit. »

Bien qu'il fasse nuit noire, Ernst le voit ricaner. « Mais c'est vrai.

— C'est bon. Faut que je retourne au pieu. À demain. »

Franz disparaît de nouveau, aussi doucement qu'il est venu. Ernst reste étendu, éveillé, et écoute les souffles et les grattements.

Les garçons se tournent et se retournent dans leur lit, ils soupirent, cauchemardent, certains font au lit, d'autres pleurent en secret, et d'autres encore se glissent ensemble sous une couverture pour se tripoter mutuellement. Les uns sont couchés en position fœtale, d'autres sucent leur pouce, certains parlent en dormant et se redressent en sueur, puis ils scrutent la noirceur de la nuit et espèrent que ça ira mieux le lendemain.

Ernst s'évade par le rêve ; il survole l'établissement qui est bien plus grand que le foyer Saint-Joseph. Il plane au-dessus des deux tours du vieux couvent et regarde dans les nombreux bâtiments, les deux grandes cours intérieures, les remises et hangars derrière le foyer, et les jardins recouverts de neige. Il voit à l'intérieur les cages d'escalier aux rampes marron foncé, les larges couloirs où l'on pourrait se perdre, les salles de classe, les salles à manger et les salles de séjour. Puis le revoilà dans le dortoir des moyens, où on lui a donné un lit près de la porte.

Le dortoir voisin aussi est occupé par les moyens. Au fond du couloir, il y a le groupe des petits, entre six et huit ans. Les grands de douze à quatorze ans sont dans les chambres situées de l'autre côté de la cour. En tout, ce sont environ cent garçons qui vivent là, et ça augmente tous les mois. Et il y a en plus autant de filles, au deuxième étage, elles aussi réparties en petites, moyennes et grandes.

Chez les garçons, c'est l'éducateur *Menzel* qui est chargé de surveiller la nuit, mais il ne fait pas attention, tout occupé qu'il est, une fois de plus, à fumer une Mokri à la fenêtre. Côté rue, il y a le bureau du chef d'établissement, Goller, qu'ici personne n'appelle autrement que *Hausvater***. C'est encore allumé. Goller est assis avec Friedel, son adjointe, ils feuillettent des dossiers. Pour l'établissement d'éducation du Secours populaire national-socialiste, l'année 1940 n'a pas bien commencé. Les enfants sont de plus en plus nombreux et les éducateurs à peine assez car beaucoup sont enrôlés dans la Wehrmacht.

À deux pas du vieux couvent, de l'autre côté d'un petit cours d'eau, il y a Indersdorf. Le village est endormi, il n'est pas très animé, de jour comme de nuit, et ne veut rien savoir de ce qui se passe dans ce couvent, qui n'en est plus un depuis que les sœurs de la Miséricorde ont été chassées par les nazis et que le Secours populaire national-socialiste en a pris les rênes. Le village veut sa tranquillité et ignore les enfants qui y vivent, et chacun se félicite qu'il y ait entre le village et le monastère une distance suffisante, dans la mesure où les enfants du foyer ne sont pas très nets, des asociaux comme on dit, des gosses qui traînent, des propres-à-rien, des faignants.

C'est pourquoi ce vaste terre-plein qui sépare le foyer du village, avec la Glonn au milieu, est une bonne chose. À l'endroit précis où le Rothbach se jette dans la Glonn, il y a un pont qui permet d'accéder au village ; et quand on tourne tout de suite à gauche après le pont, on rejoint la gare où Ernst est descendu du train aujourd'hui en compagnie de Wassermann, avant de cheminer dans la neige jusqu'ici.

De dehors, la maison de correction est austère et peu engageante. L'église, avec ses deux hautes tours pointues sur le devant et sa petite tourelle à l'arrière, est peinte en gris à l'extérieur, mais à l'intérieur elle est surchargée de portraits de saints brillants comme de l'or. Attenant à l'église, au sud, il y a le bâtiment principal à trois étages du foyer, avec de grands portails en arc qui donnent sur la rue mais ne sont que mascarade, car derrière ce ne sont pas vraiment des portes, sauf, à l'angle sud, celle avec une fenêtre à guillotine juste assez grande pour permettre à la concierge de passer son visage grincheux.

C'est une maison triste. Bien que les pièces soient gigantesques, avec de grandes fenêtres et des plafonds en stuc, les enfants sont tristes, les éducateurs sont tristes, Ernst est triste. Il n'arrête pas de penser au foyer Saint-Joseph, à Johann, Emil et Boule, à Sigolina, qui en dépit de sa sévérité est plutôt brave. Peut-être qu'on l'y renverra, s'il arrête de voler et de faire des bêtises.

À quelques kilomètres seulement au sud d'Indersdorf, il y a Dachau. Le train s'y est arrêté, mais Ernst n'a pas vu le camp. Il aurait préféré descendre à Dachau, pour chercher son père et lui dire qu'il n'est plus à Augsbourg, mais tout près de lui.

Ce qu'Ernst ignore, c'est que Christian Lossa n'est plus à Dachau. Après deux années de captivité, on l'a libéré à Noël 1938. Depuis lors, il s'est réfugié chez des parents et tente de reprendre quelque commerce. Cependant il doit toujours être sur le qui-vive par rapport à la police et à l'administration. Il sait que, s'il leur tombe entre les mains en tant que commerçant ambulant, ils l'enfermeront de nouveau immédiatement.

Ernst rêve de s'élever dans les airs au-dessus du couvent d'Indersdorf et de se rendre à Dachau en volant. Il voit les prairies, les champs et les petits villages, puis la ville. Pourtant, plus il approche de Dachau et plus le ciel s'assombrit, un front de nuages noirs se forme, comme un orage, d'abord bleu encre, puis brun soufre, il plonge dans cette encre, et tout devient noir, jusqu'à ce qu'un sifflement aigu le réveille en sursaut.

Menzel est debout dans le dortoir avec son sifflet à roulette et crie. « Debout ! Tout le monde dehors ! »

Ernst saute du lit, faisant tomber la gomme juste devant les pieds de Menzel.

« D'où tu tiens ça ? »

Ernst se contente de le regarder innocemment, mais ça ne prend pas avec Menzel. Il saisit le garçon par l'oreille.

« Je t'ai demandé quelque chose.

— Je l'ai trouvée.

— Bon, bon... on apprécie. Première nuit ici et déjà une maraude. Ça commence bien. Attends un peu, galopin, on va t'en passer l'envie. »

Il prend la gomme et sort de la pièce. Deux lits plus loin, Franz lève les yeux au ciel comme pour dire : « Comment peut-on être aussi stupide. » Ernst s'enfonce de nouveau dans son lit, il aimerait par-dessus tout pouvoir se cacher, la couverture sur les oreilles, et ne plus rien entendre, ni voir. Rien n'y fait, le sifflet de Menzel à la porte appelle tout le monde aux lavabos. Tout à coup, Ernst sent des démangeaisons sur tout le corps, il pourrait passer son temps à se gratter. Il a des traces rouges de grattage sur les bras et les jambes. Avec l'eau froide, ça s'arrange un peu.

Au petit déjeuner, *Harald* s'assied à côté de lui. Il a onze ans, un an de plus qu'Ernst, il est frêle et mesure presque cinq centimètres de plus. Personne n'ose se frotter à lui. À cause de ses yeux noirs comme le charbon, qui lui permettent de lancer un regard sombre à son interlocuteur avec l'air de vouloir en découdre.

Entre les morceaux de pain qu'il mâchonne à la hâte, Harald présente à Ernst les garçons du groupe. Seuls quelques-uns ont encore leurs deux parents et, quand ils en ont, la plupart du temps ils ne leur manquent pas. Par exemple *Alfons*, qui a grandi auprès de sa mère et devait assister à ses ébats avec ses amants dans le lit voisin. Elle est morte il y a quelques mois, et apparemment il s'en réjouit. Ou *Stefan*, qui ne songe qu'à se faire la belle. Ou *Karl Ludwig*, un des plus petits du groupe. Il est arrivé au foyer avec son frère et, au début, il chiait toujours au lit. Les éducateurs lui en ont fait passer l'habitude, puis il a reçu la visite de ses parents et ça a recommencé. Ou *Leonhard*, arrivé au foyer avec six frères et sœurs parce que l'appartement était tellement infesté par la vermine que les enfants étaient couverts de piqûres de punaises de la tête aux pieds.

Pendant le petit déjeuner, Ernst observe Menzel, l'éducateur, qui arpente les rangées, et il pense à la gomme.

« Menzel est sans problème, dit Harald. Il fume cigarette sur cigarette et il est content quand il a la paix. Réjouis-toi que ce soit pas *Wintrich* qui ait été de nuit. Il fait pas bon avoir maille à partir avec elle. »

« Pourtant elle a l'air très gentille.

— Te laisse pas avoir. Elle vient de sortir de l'école d'infirmières et connaît tous les trucs. Elle prend toujours l'air aimable, mais quand elle s'y met, elle est très dure. Ça tient juste au fait que personne la prend au sérieux, à cause de son jeune âge. Dès qu'elle tourne le dos, on fait des blagues sur son gros cul.

— Maintenant Menzel va sans doute aller chez le directeur.

— T'inquiète pas. Pour une gomme, il va certainement pas en faire toute une histoire. Et Goller, tu le verras rarement. Il passe son temps en déplacement pour d'importantes réunions. Le vieux la joue toujours bon chrétien, même s'il est plus facile d'embobiner Friedel. C'est son adjointe, c'est elle qui dirige la maison quand le vieux s'absente.

— Et les enseignants ?

— Avec *Strobel* on s'en sort pas mal. Mais tu vas certainement t'en prendre une par les Josefa.

— Les quoi ?

— Les Josefa. L'une s'appelle *Klinger*, l'autre *Hausmann*. Elles ont pas seulement le même prénom, ce sont aussi les mêmes épouvantails, toutes les deux. Il faut vraiment être sur ses gardes, l'une comme l'autre cafetent tout de suite au vieux et ensuite elles notent tout dans ton dossier, jusqu'au moindre pet.

— Et alors ?

— Et alors t'en as de bonnes. Qu'est-ce que tu crois qu'ils font avec toi si tu réagis pas ? Ils te collent à l'asile de fous.

— Sottises !

— Je préférerais éviter d'en faire l'expérience. Ils ont envoyé *Wolfgang* à Ursberg, alors qu'il avait vraiment pas fait grand-chose. Il était un peu limité et chiait souvent au lit.

— Ursberg ? Qu'est-ce que c'est ?

— Un genre de foyer pour cinglés. Et maintenant il est qu'avec des débiles. »

Ernst regarde Harald avec de grands yeux, tandis que celui-ci avale son pain. Il lui faut de nouveau se gratter.

Harald rigole. « Tu finiras par t'y habituer.

— À quoi ?

— Aux poux. »

La pension est tellement grande que l'école est dans le même bâtiment. Les enfants ont juste à changer d'étage et à traverser quelques couloirs, et déjà les voilà en classe.

Comme Harald l'a prédit, Ernst se retrouve avec une des Josefa, Klinger, qui l'accueille d'un regard froid. Tout chez elle est austère : la couronne de cheveux tressés, le port de tête, les mains rugueuses, surtout les yeux, étonnamment petits derrière les grosses lunettes à monture d'écaille, toujours à scruter les environs avec méfiance. Elle frappe rarement, en revanche elle laisse les indociles au coin, à genoux sur une bûche, puis elle leur fait recopier le règlement jusqu'à ce qu'ils ne sentent plus leurs doigts.

On donne à Ernst une place au troisième rang. Comme ça il rejoint ceux qui sont sous surveillance extrême et dont Klinger se méfie particulièrement.

À côté de lui il y a *Paul*, en permanence occupé à dessiner et pendant ce temps-là à imaginer comment se tirer. Paul est un lévrier, un garçon frêle aux cheveux courts et noirs et au nez crochu, qu'il s'est cassé pendant un combat de boxe. Il a déjà fugué à plusieurs reprises. Chaque fois, ils l'ont rattrapé au bout de quelques jours, mais il ne dit jamais où il était. Il vit dans son monde à lui. Il se plonge dans des livres d'aventures et voudrait plus tard devenir chasseur de lions en Afrique ou écuyer dans un cirque.

Après la récréation, Klinger fait faire une dictée.

« Les raisons qu'a notre Führer d'aimer la jeunesse. »

Paul laisse Ernst copier sur lui, alors qu'il a lui-même du mal à s'en sortir.

Tout à coup, Klinger est à côté d'Ernst, elle lui enlève la feuille et grogne : « Tu es même trop bête pour copier convenablement ! Mais que peut-on bien attendre d'autre d'un Tzigane ? »

Ernst relève le nez et voit Franz rougir dans la rangée voisine, avant de replonger la tête dans son cahier.

Les autres rient, tandis que Klinger continue de l'insulter. « Mentir, duper, voler. Si tu crois y arriver ici, tu t'es trompé. File au coin. Et pour demain, tu me recopieras cinq fois le règlement. »

Pendant l'après-midi, Ernst se réfugie dans les lavabos pour pouvoir s'observer dans le miroir sans être dérangé. Dans son manuel, il a vu des photos de Tziganes, des gens à la peau noire, au nez de travers et aux yeux étonnamment argileux. Il ne retrouve aucune de ces particularités dans le miroir. Ses yeux sont d'un brun très ordinaire, il a la peau claire, il est presque pâlichon, et il a les cheveux blonds. Il examine tous les recoins de son visage pour y trouver la moindre particularité tzigane. Cela vient peut-être des oreilles…

2

Quand Hell débarque, c'est mauvais signe. Elle vient régulièrement de Munich et examine les enfants au sein même du foyer. Ce faisant, la doctoresse s'intéresse moins aux maladies physiques dont souffrent les enfants qu'à leur famille d'origine. Elle fait des tests, pose beaucoup de questions et observe le comportement des enfants. On peut ensuite se référer à ses conclusions dans le dossier constitué sur chaque écolier. Au foyer, chacun sait qu'il est important de faire bonne impression à madame le docteur Hell. Quiconque échoue avec elle a aussi du souci à se faire avec les éducateurs et les enseignants.

À chacun de ses passages, on aménage à son intention l'infirmerie au premier étage. Alors on accroche sur la porte un panneau sur lequel est inscrit « Dr K. Hell ».

Début août, les vacances viennent juste de commencer, Ernst est assis avec trois de ses camarades sur le banc devant la salle de consultation. Il a l'estomac tout retourné. À côté de lui, Harald raconte qu'il y a rarement du bon dans les rapports de Hell et qu'elle déteste les enfants d'Indersdorf, qu'elle déteste vraisemblablement tous les enfants.

Quand elle traverse la cour dans son élégante robe jaune, elle ne regarde ni à droite ni à gauche, mais toujours pardessus tout le monde, accrochée à son gros porte-documents, ne réagissant même pas quand on dit « *Heil Hitler* ».

En tout cas, il faut faire sacrément attention pendant la visite, met en garde Harald. « Réfléchis bien à ce que tu dis. Elle note chaque mot, chaque mauvaise réponse, elle inscrit si tu te cures le nez ou si ta chemise sort de ton pantalon, si tu te tiens de travers ou bien droit. »

Harald a déjà passé deux visites et aujourd'hui il y a droit une troisième fois, car son père s'est plaint. Son père est au front et il est médaillé de la croix de fer*. Harald lui a écrit en douce une lettre dans laquelle il se plaint qu'ici, au foyer, on le frappe et on le maltraite. Par conséquent, le père a écrit au directeur Goller que ça n'est pas tolérable, qu'Harald est le fils d'un soldat du front et mérite à ce titre d'être honorablement traité. Ce qui eut un effet considérable. Depuis, les éducateurs se retiennent avec Harald, qui marche en regardant de haut encore plus que d'habitude. Maintenant il doit aller voir Hell, ce qui d'après lui ne présage rien de bon. C'est pourquoi il est assis là lui aussi, comme un enfant de chœur, et il s'est même peigné.

Ça fait déjà une demi-heure que Siegfried est à l'intérieur. Habituellement, ça ne dure jamais aussi longtemps, dit Harald. Ça tient sans doute au fait qu'il n'y a jamais rien à tirer de Siegfried. La plupart du temps, il rêvasse, donnant une impression de maladresse et de lourdeur. Mais ce n'est qu'une ruse, en réalité Siegfried est un petit malin. Lors de la dernière quête scolaire, il a tout simplement effacé les montants dans son livre de caisse et en a inscrit de moins élevés. Comme ça, ce sont presque quinze marks qui lui sont restés. La connerie, c'est que Menzel a découvert les traces de gomme dans le livre de caisse, ce qui a valu à Siegfried une volée de coups et une semaine de corvée de bois.

Sinon, Siegfried se débrouille déjà fort bien dans l'art de gagner de l'argent. Un bandeau recouvre son œil gauche. Dessous, pas d'œil, juste une cavité vide. Il a perdu son œil au cours d'un accident au foyer pour enfants. Il ne raconte pas comment ça s'est passé. Quand on lui en parle, il demande juste : « Tu veux le voir ? » Pour regarder une fois, il réclame dix pfennigs. À cause du bandeau, tous l'appellent cap'taine Achab, comme dans *Moby Dick*. Siegfried déteste ce nom, en raison de sa consonance tellement juive. Mais il n'y peut rien.

« Tiens, voilà le capitaine, dit Harald quand Siegfried ouvre la porte. Alors, c'était comment ?

— Drôle de bonne femme », murmure Siegfried, puis il s'éloigne en traînant les pieds, sans mot dire.

Harald ricane : « Cap'taine Achab a raison, elle est vraiment bizarre. Je vous le dis, méfiez-vous d'elle. Elle prend des airs sympas, et puis dans la foulée elle te balance au directeur. »

La porte s'ouvre. C'est le tour d'Harald. Vite, il lisse encore ses cheveux noirs avec de la salive et fait un rapide clin d'œil avant d'entrer. Alors Ernst reste seul avec Franz et *Hansi*. En dépit de ses douze ans déjà, Franz, chétif et pâle, est un des plus petits du groupe. Il reste assis pendant des heures, réfléchit dans son coin ou regarde par la fenêtre avec ses yeux bleus pleins de larmes. Quand les autres veulent l'embêter, ils l'appellent « carabinier Franz », ça le fait quasiment pleurer. En effet, il y a deux ans, il a tué sa petite sœur de quatre ans d'un coup de fusil. Personne ne sait exactement comment ça s'est passé, on n'a que des rumeurs. Apparemment Franz aurait joué à la maison avec le fusil de son père et aurait appuyé sur la gâchette par inadvertance. Depuis, il se fout de tout. Si on le surprend à voler et qu'il reçoit des coups, il n'en a rien à faire, et quand il n'a pas fait ses devoirs, l'engueulade de Klinger le laisse indifférent.

Hansi est tout le contraire, toujours en mouvement, toujours sur le qui-vive. Sa petite tête au visage étroit ne va pas avec la robustesse de son corps. Hansi est effronté, ergoteur et coléreux. À quatre ans, il a mis le feu à une grange et depuis ils n'ont pas cessé de le prendre sur le fait en train d'allumer des feux. Une fois, il a fait brûler un nid plein d'oisillons, ce qu'il aime à raconter en clignant des yeux. Ensuite, au printemps dernier, il a incendié la ferme de ses grands-parents, qui sont parvenus *in extremis* à empêcher que la ferme ne brûle totalement. C'est le lendemain qu'ils l'ont placé. Quand bien même c'est interdit, Hansi a toujours des allumettes dans sa poche. Peu importe le nombre de fois qu'ils le fouillent et les lui confisquent, il s'en procure toujours de nouvelles.

« Tu crois qu'elle nous veut quoi, la mère Hell ? demande-t-il en sautant d'un pied sur l'autre comme s'il voulait immédiatement prendre la fuite.

— Savoir si tu fais encore au lit, répond Ernst.

— Fais gaffe, toi ! » Hansi serre les poings.

« C'était pour rigoler. J'en sais rien non plus. »

Hansi demande à Franz s'il a des allumettes pour lui.

« Nan, dit Franz sans lever les yeux. Tu veux de nouveau foutre le feu, c'est ça ? »

Hansi affiche un large sourire. « Je fais jamais ça, moi. »

Franz râle. « Pas plus tard qu'hier je t'ai vu mettre le feu au foin, derrière la grange.

— T'es qu'un sale mouchard. Si tu me balances, je te frappe. »

C'est alors qu'Harald ressort, l'air victorieux. « Je l'ai embobinée, elle m'a carrément mangé dans la main. Elle a dit que je me suis bien intégré, mais Hell est une vraie vipère. Je me demande bien ce qu'elle va noter dans son rapport.

— Tu crois qu'elle va te le montrer ? demande Ernst.

— Penses-tu ! Il part chez le directeur, t'en vois pas la couleur. Seuls Menzel et Wintrich en ont une copie. » Il lève un sourcil d'un air entendu. « Impossible d'avoir des secrets dans cette maison. »

De nouveau la porte s'ouvre, la tête du Dr Hell apparaît brièvement.

« Lossa ! »

Harald lui fait un clin d'œil.

Le Dr Hell, vêtue d'une blouse blanche, est assise au bureau. Quand Ernst referme la porte derrière lui, plein d'appréhension, elle cesse de fouiller dans ses papiers et l'examine du regard.

Ne sachant ce qu'il doit faire de ses mains, Ernst les malaxe dans son dos, puis devant son ventre ; il contemple ses ongles. Il sent le regard qu'elle promène sur lui de haut en bas, et qui le cerne officiellement. Elle note quelque chose sur le papier devant elle. Son stylo gratte la feuille et les cheveux d'Ernst se dressent sur sa tête.

Puis s'adressant au papier, elle dit : « Déshabille-toi.

— Hein ?

— Retire ta chemise et ton pantalon, et d'ailleurs on ne dit pas “hein”, on dit “comment, s'il vous plaît”. »

Elle lui adresse un regard sévère à travers ses lunettes. Ernst doit passer sur la balance, 26,3 kilos, puis sous la toise, 1,32 mètre.

« Lossa, voilà un nom qui est rare. D'où viens-tu ? »

Ernst doit se racler la gorge avant d'arriver à parler. Sa voix croasse. « D'Augsbourg.

— Tes parents sont d'Augsbourg ?

— Je sais pas.

— Il est écrit que tes parents sont tziganes.

— Nous sommes pas tziganes.

— Alors quoi ?

— Yéniches.

— Ah bon, bien sûr, c'est autre chose. » Elle lui prend la tension comme ils le font à l'hôpital, puis elle écoute ses poumons. « Est-ce que tu sais pourquoi tu es là ?

— Je suis pas tzigane.

— J'ai compris. Je veux savoir pourquoi tu es là.

— J'ai rien fait. »

Elle regarde ses mains et ses pieds, mesure son tour de tête, reprend des notes.

« Où étais-tu auparavant ?

— À Augsbourg.

— Où à Augsbourg ?

— Au foyer Saint-Joseph.

— Et pourquoi le foyer t'a-t-il envoyé ici ?

— Je sais pas. »

Elle feuillette. « Il est marqué que tu es *inéducable.*

— Non, je le suis pas. »

De nouveau, grattement sur le papier.

« Voilà maintenant six mois que tu es à Indersdorf. Ça te plaît ici ?

— Oui.

— Qu'est-ce qui te plaît en particulier ?

— Je sais pas. » Dans la tête d'Ernst, la voix d'Harald chuchote : « Attention, c'est une vipère.

— Tu fais déjà partie des JH ?

— Du *Jungvolk*, depuis avril.

— Et ? Ça te plaît ?

— Oui, on a entraînement deux fois par semaine. La semaine dernière, on a fait des manœuvres et j'ai terminé troisième au lancer de ballon. Notre chef de patrouille, Alfons, m'a même félicité, ce qu'il fait que rarement. Et pendant les vacances, on part toute une semaine en camp.

— Mme Klinger m'a dit qu'il t'arrive souvent de chaparder.

— C'est pas vrai.

— Mais Mme Klinger ne me ment certainement pas. »

Embarrassé, Ernst regarde par la fenêtre. La lumière vive de cet après-midi d'août l'aveugle.

« Tu sais pourtant que voler est interdit.

— Oui.

— Et tu le fais quand même.

— Juste de temps en temps. Moins qu'avant.

— Tiens, tiens, moins qu'avant. Dans le rapport du foyer, il est noté que tu voles tout ce qui est bon à prendre et qu'on doit se méfier de toi.

— C'est faux. C'est juste de temps en temps. Quand quelque chose me plaît.

— Quand quelque chose te plaît, tu le prends tout simplement, même si ça ne t'appartient pas ?

— Non, pas toujours.

— Tu sais que nous punissons sévèrement le vol ?

— Hmm.

— Et tu recommences malgré tout ?

— Je veux pas.

— Mais ?

— Mais alors je vois quelque chose qui me plaît. Et c'est qu'après coup que je pense que c'est interdit et que je vais encore avoir des ennuis. » Ernst se mord la lèvre. « Mais je me suis amélioré.

— Ah oui ? » De nouveau, grattement du stylo-plume.

« Oui. Quand Wassermann et moi, enfin… père Wassermann, sommes venus ici, on est allés à Munich. Et comme on avait une heure de libre avant le départ du train, on a eu le temps de faire un tour en ville, et là j'ai vu tellement de belles choses dans les magasins. Mais je me suis retenu et j'ai rien pris.

— C'était en février, voilà donc six mois. Entre-temps, on t'a repris plusieurs fois à voler. Mme Klinger dit que tu lui as même volé de l'argent dans son sac à main.

— C'était pas moi !

— Qui donc, alors ?

— Alfred. Il a dit qu'on avait qu'à prendre l'argent pour s'acheter quelque chose au village.

— On l'a trouvé dans ton cartable.

— Je l'ai juste gardé pour lui.

— Et sous ton oreiller, il y avait une montre qui appartient à Mlle Wintrich.

— J'ignore aussi comment elle est arrivée là.

— Puis M. Menzel t'a surpris en train de creuser une niche dans un mur et des trous dans le sol en guise de cachettes, pour y dissimuler ce que tu as pris.

— C'étaient mes affaires. Je les ai juste cachées, car les autres arrêtent pas de voler.

— Bon, bon… »

De nouveau, elle note quelque chose, son regard va de ses papiers à Ernst avant de revenir à sa feuille.

« Je vais m'améliorer et cesser de voler. Promis. »

Elle le regarde longuement par-dessus ses lunettes, puis elle sort un livre qu'elle ouvre devant lui. Il y a des illustrations étranges, comme si quelqu'un avait fait une tache d'encre sur une feuille et l'avait pliée par le milieu avant de presser les deux parties l'une contre l'autre.

Elle lui met les taches d'encre sous le nez, et il doit dire ce qu'il voit. D'abord il ne voit rien du tout, puis un aigle, un lion, une maison en flammes, un chat mort, un vieux monsieur, un dragon cracheur de feu, ça pourrait tout aussi bien être un diable ou un lutin. Elle inscrit toutes les réponses sur une feuille à part. Puis il a fini. Il a déjà la main sur la poignée de la porte quand elle dit : « Je reviens la semaine prochaine et je ne veux pas entendre parler de quoi que ce soit.

— Je vais faire des efforts, docteur.

— Je l'espère bien. » Elle le regarde en fronçant les sourcils.

Au moment où il sort, il entend le grattement de son stylo et ce bruit le prend aux tripes.

Il ne sait vraiment pas ce qu'a Hell. Ici, tout le monde vole.

Il y a quelques voleurs peu doués comme *Ludwig,* qui prend simplement les choses où elles sont pour les faire disparaître dans sa poche. Et des lascars raffinés comme Harald ou *Theodor.* Voilà seulement deux semaines que Theo est arrivé au foyer. Avant il traînait dans les rues où il a beaucoup appris, c'est surtout un remarquable pick-pocket.

Ernst a la ferme intention de se maîtriser. Mais, dès le lendemain, Leonhard pose sa montre à côté de lui, simplement. C'est plus fort que lui, il la met dans sa poche. Pareil avec le peigne de poche de *Simon* et la clé du casier de Paul. Avant le déjeuner, Ernst ouvre le casier de Paul et une paire de patins à glace attire son regard. Il les a déjà dans la main quand sa promesse lui revient à l'esprit : il les repose en soupirant.

Une semaine plus tard, pendant la deuxième partie de la visite, il confesse ses deux vols, bourré de remords. Mais il raconte aussi avec fierté au docteur qu'il n'a pas chapardé les patins à glace de Paul, parce que, finalement, il lui avait promis de s'améliorer. Le Dr Hell hoche la tête et prend des notes, et Ernst ignore si c'est bon pour lui ou pas.

Après son départ de la salle d'examen, le Dr Hell note dans son rapport : *Lossa est un enfant à la déviance étonnamment marquée et, de fait, il est asocial. Nous sommes en présence d'un psychopathe instinctif sans la moindre volonté, dépourvu de personnalité, et au niveau presque moyen. Il y a fort à parier qu'on ne parvienne pas à le corriger de manière notable.*

3

Depuis que, aux compétitions sportives du Reich, Ernst a remporté l'épingle de la victoire, même Alfons, chef de patrouille des *Pimpfe*, l'accepte. Alfons est un vrai rémouleur, dur et brutal, mais tous le vénèrent car il est fort comme un ours, insolent, un vrai casse-cou. Il a presque quatorze ans et espère que la guerre durera longtemps pour pouvoir y prendre part ; il veut dès que possible devenir soldat, pilote de préférence. Il fume en cachette et sait même déjà avaler la fumée. La plupart du temps, il fume des Trommler, parce que dans les paquets il y a des images d'uniformes allemands. Il a déjà collé presque toute la collection dans son album. Aux soirées du foyer, tous les mercredis, la première tâche d'Alfons est d'entourer de jalons la carte du pays dans la salle d'activités. Il place un petit drapeau là où l'armée allemande est présente et hachure patiemment au crayon à papier les régions conquises. 1940 était une bonne année, la surface grise a considérablement augmenté : on a d'abord ajouté la Norvège et le Danemark, puis la Hollande, la Belgique, le Luxembourg et la moitié de la France. Bientôt ce sera le tour d'Ivan*, dit Alfons en désignant le gigantesque espace à droite de la Pologne, où il est inscrit « Russie » en gras et qu'il a déjà prévu de hachurer. Mais d'abord, ça continue ailleurs, en Afrique, où le général Rommel* chasse les Anglais. Les

Pimpfe ont besoin d'une autre carte, car l'Afrique ne figure pas sur la leur.

Quand Alfons en a fini avec la carte, tous se tiennent au garde-à-vous pour le salut au drapeau, et parfois Alfons leur fait faire des exercices en salle. Puis ils font du bricolage ou préparent la prochaine collecte sur la voie publique : une fois pour les soldats du front, une fois pour le Secours populaire national-socialiste ou l'aide hivernale. Alfons a toujours une chanson pour accompagner, par exemple *Wir stürmen dem Feinde entgegen***, ou *Wir fahren gegen Engeland***. Sa chanson préférée est *Es zittern die morschen Knochen***. Maintenant, en hiver, ils ne font plus que rarement des jeux en extérieur. Alfons a trouvé un nouveau jeu de société. Il s'appelle *Dehors les Juifs !** et fonctionne à peu près comme les petits chevaux, sauf qu'au lieu de se sortir mutuellement du jeu, on doit chasser les Juifs de leurs maisons et de leurs commerces. Le premier qui arrive à expédier six Juifs en Palestine a gagné. Ernst n'a encore jamais gagné.

« C'est parce que t'es une chiffe molle. Peut-être même que t'es un ami des Juifs ? dit Alfons en plissant les yeux.

— Quelle connerie, répond Ernst.

— Oui, oui, ça se pourrait bien. Avec vous, on ne sait jamais.

— Qu'est-ce que ça signifie, "avec vous" ?

— Tu sais bien ce que je veux dire.

— Non, je sais pas.

— Et puis on s'en fout, allez, on continue. »

Mais Ernst n'a plus envie, il renverse les pions d'un geste de colère et s'en va.

Alfons lui hurle après : « C'est un refus d'obéissance, je vais faire un signalement. »

Ernst s'en moque.

Oui, il sait ce que veut dire Alfons. Il veut dire Tzigane, Yéniche, asocial. En même temps, ici, il n'y a que des asociaux : Franz qui a assassiné sa sœur, Hansi le pyromane endiablé, Siegfried avec son œil en moins, Leonhard sorti de l'appartement plein de vermine, même Alfons qui n'a pas de vrai père et dont la mère n'arrêtait pas d'aller avec d'autres hommes.

L'histoire de la mère d'Alfons qui recevait ses amants dans le lit voisin n'est racontée que sous le manteau, lui n'en parle jamais. En revanche il a des tas d'histoires dégueulasses en stock. Il a beaucoup d'expérience dans le domaine, il a déjà fait des choses avec des filles, il a espionné dans les cabines pour se changer à la piscine en plein air, et il a même réussi à mettre la main dans le chemisier de l'une d'elles. Chaque fois qu'Alfons raconte ses histoires, les soupirs et frottements dans le dortoir s'intensifient plus que jamais. Tout ce qui est grivois et osé fait forte impression sur les garçons. Alors Ernst leur raconte aussi l'histoire de *Traudl* du foyer Saint-Joseph.

« Elle était un peu bête, mais elle avait déjà de la poitrine. Et un jour on lui a donné un mark pour qu'elle s'allonge par terre et écarte les jambes. On pouvait voir sa culotte et même un peu du noir en dessous. »

Ce qu'Ernst omet de raconter est que, bêtement, ils s'étaient fait attraper par Sigolina qui leur avait collé une trempe.

Les garçons veulent sans cesse réentendre l'histoire, tous sont suspendus aux lèvres d'Ernst et veulent davantage de détails encore. Du coup, il en imagine quelques-uns. Chaque fois il enjolive un peu plus l'histoire, raconte comment, à l'orphelinat, il s'est faufilé dans le dortoir des filles, puis caché dans le placard d'où, par le trou de la serrure, il a regardé les filles se déshabiller. Comment par la fenêtre il a épié ce qui se passait dans les lavabos des filles. Comment, derrière la maison, il a embrassé *Christina*. Certes, tout ça c'est des bobards, mais ça leur convient, ils en sont vraiment friands. Bientôt, Ernst a la réputation d'être le plus grand bourreau des cœurs, et dans le dortoir on se branle à tout-va.

Jusqu'à la dégringolade. Une nuit, Wintrich est dans le dortoir, personne ne l'a vue ni entendue venir, car avec ses pantoufles elle se faufile comme un serpent. Elle écoute les gémissements pendant un moment, puis tire Leonhard du lit – c'est lui qui y va le plus fort. Elle l'attrape par l'oreille et allume la lumière.

« Espèce de porc ! Qu'est-ce que tu es en train de faire ? »

Leo n'arrive pas à parler et ce n'est pas nécessaire, vu la bosse dans son pantalon de pyjama.

Tous jubilent des malheurs de leur ami, ce qui met Wintrich encore plus en colère.

« Sortez, tous ! » hurle-t-elle d'une voix stridente. Elle expédie alors vingt garçons sous la douche froide. Quand ils se recouchent en grelottant, elle leur siffle : « Les choses n'en resteront pas là. »

Le lendemain, Ernst est convoqué chez Friedel. Elle le laisse mijoter un moment, debout devant son bureau, puis elle le regarde longuement, insidieusement.

Comme il ne peut pas la fixer droit dans les yeux, il regarde le portrait d'Hitler derrière elle, et le Führer le toise d'un air sévère. « Si le Führer savait ça », disent souvent les adultes quand quelque chose va de travers. Mais le Führer a tellement de pain sur la planche qu'il ne peut pas s'occuper de tout.

Friedel arrache Ernst à ses pensées. « Voilà maintenant plus d'un an que tu es ici. Quand je regarde les rapports qui sont là, tu n'as pas fait beaucoup de progrès. » Ses doigts tambourinent sur le plateau de la table.

« Es-tu à l'origine de cette masturbation au dortoir ?

— Non, c'était pas moi !

— Mlle Wintrich et tes camarades ont une autre version. Ils disent que tu ne cesses de raconter des histoires inconvenantes qui les poussent à des actes déplacés. » En parlant, elle s'est levée et s'avance maintenant vers Ernst, menaçante.

« J'y peux vraiment rien. Ils arrêtent pas de dire que je dois raconter quelque chose, alors j'invente des trucs.

— Tiens, tiens, et que dois-tu leur raconter ?

— Bah, des trucs quoi. Avec des filles, tout ça. »

Elle prend son élan et colle à Ernst une claque qui l'envoie valdinguer dans la pièce.

Ernst essaie de l'apitoyer. « Je veux pas, moi, sauf qu'ils aiment ça et arrêtent pas de supplier : “Ernst, raconte encore une histoire.” Alors je le fais. Mais je le referai plus, madame Friedel, promis.

— Et d'où sors-tu ces histoires ?

— Je les invente. »

Elle prend un nouvel élan, et Ernst supplie : « Non, vraiment, j'ai tout inventé. Parole. »

Elle le regarde longuement avant de dire d'un ton brusque : « Que je n'entende plus parler de quoi que ce soit de ce genre. La discipline est la règle numéro un dans cet établissement. Si tu sapes la discipline, je te secouerai les puces. Si j'entends encore parler de ça, je te transfère chez les grands où l'atmosphère est tout autre. Est-ce bien compris ?

— Oui.

— Et comme punition, tu recopieras le règlement dix fois et tu seras de corvée de bois pour la salle à manger pendant dix jours.

— Oui, madame Friedel. »

Quand il rejoint les autres, ils sont tous à ricaner et à faire des réflexions stupides à propos de sa joue toute rouge, et il sait qu'ils ont une fois de plus besoin d'un bouc émissaire.

Pourtant ça ne durera plus longtemps, ils pourront tous aller se faire voir, c'est bientôt le printemps, et alors il se tirera d'ici.

Ici il y en a toujours un qui fugue. Certains ont déjà quatre tentatives à leur actif. Le plus souvent, ça ne dure que quelques jours, puis la police les rattrape ou ils reviennent d'eux-mêmes, parce qu'ils ont faim ou qu'il fait trop froid dehors. Il n'y a pas longtemps encore, fin février, Leonhard et son pote Theo se sont enfuis. Un après-midi, ils devaient faire des exercices en guise de punition, au lieu de ça ils ont enfilé leur uniforme des JH, ils ont franchi la clôture et sont partis. Mais il faisait tellement froid qu'ils sont rentrés de leur plein gré le soir même.

La plus grande virée, ce sont Franz et Stefan qui l'ont faite. Pendant que le groupe était en forêt avec Mlle Wintrich pour ramasser des pommes de pin, ils se sont tirés, sont rentrés en douce et ont cambriolé la chambre de Menzel. Ils y ont pris tout ce qui avait de la valeur : l'argent des cassettes contenant les épargnes des différentes classes, dix montres dans un coffre, des cigarettes, des pralines, des gâteaux, du chocolat, des pellicules, un appareil photo, une lampe de poche et un poignard des JH. Ils ont tout mis dans leurs sacs à dos, ont enfilé leurs uniformes du *Jungvolk* et se sont rendus à la gare où ils ont pris un train pour Munich. Ils ont voyagé pendant deux semaines et ils ont réussi à atteindre le sud de l'Autriche où ils se sont fait prendre en train de voler.

Malgré tout, Ernst est sûr que ça ne lui arrivera pas. S'il se tire, ce ne sera pas pour aller en Autriche, mais définitivement, et de telle sorte que personne ne l'attrape, en Amérique. Ou en Afrique, là où Rommel est avec sa compagnie. Ernst connaît tout de Rommel, car Paul est l'un de ses plus fervents admirateurs. Paul achète toujours *L'Infanterie allemande*, il en est dingue. Parfois, Ernst est autorisé à en lire un numéro quand Paul a terminé.

Paul veut absolument, un jour, se faire enrôler dans l'Afrikakorps. Ernst ignore même s'il veut devenir soldat. Les exercices sans fin dans les compagnies des JH lui tapent sur les nerfs. D'Alfons, qui ne cesse de hurler s'ils ne vont pas assez vite pour se jeter dans la boue, se relever, se laisser tomber, courir, ramper, il en a plutôt marre. Alfons dit qu'Ernst ne deviendra jamais un héros. Et que s'il n'apprend pas la discipline et l'obéissance, il sera bientôt exclu des JH.

Le 1er mai, tous sont alignés dans la cour intérieure du foyer, les JH au premier rang. Les *Pimpfe* constituent la garde d'honneur du directeur Goller, toujours là en ces jours fériés à tenir des discours ennuyeux. Ils chantent *Unsere Fahne flattert uns voran***, et quand vient la phrase « Notre drapeau compte plus que la mort », Ernst est ému au point que des larmes lui montent aux yeux.

Il lève le regard vers le drapeau rouge qui flotte au-dessus de leurs têtes, on dirait que la croix gammée tourne dans le vent comme une hélice. Goller dit que le Führer sauve la patrie et que, ce faisant, il mise avant tout sur la jeunesse, parce que le Führer aime la jeunesse. Et celle-ci doit se donner corps et âme pour la patrie. Pendant ce temps-là, le drapeau claque, cramoisi, entre les mots du directeur.

Mais comment se dévouer quand on est enfermé ? Le drapeau tire sur sa corde et veut s'envoler. Ernst s'attend à chaque instant à ce que la corde casse. C'est un tapis volant qu'ils ont attrapé et ficelé, car s'envoler est interdit. Quiconque s'envole est corrompu et doit être enfermé. Pourtant il se défend. Le drapeau en colère, rouge, secoue la tête, claque et s'emballe si fort qu'on n'entend plus le directeur. Et la corde casse.

Le drapeau, rouge de colère, flotte au-dessus de la cour, il recouvre la totalité de la maison de correction toute grise, s'élève au niveau des nuages, plane par-delà l'église, le mur et le jardin, et se moque du directeur et des enseignants ; personne ne peut le retenir, personne ne peut le rattraper, il claque en direction de la forêt et bientôt on ne le voit plus. Il ne revient pas non plus, peu importe à quel volume le directeur crie. Et les jeunes chantent : *Allemagne,* *regarde-nous**, nous te dédions la mort comme infime acte. C'est le moins que nous puissions faire.*

Ernst ne cesse de fomenter des plans de fugue, qu'il garde cependant pour lui. Il veut attendre les vacances d'été, il y aura alors certainement de bonnes occasions. En attendant, il creuse de nouvelles cachettes pour ses affaires : de l'argent, des montres, un poignard, tout ce dont on a besoin quand on est sur la route.

Il pourrait peut-être emmener Paul. Paul ne pige pas grand-chose, un coup il collectionne les petits animaux et dresse des lézards pendant des heures, un autre il est de nouveau tout énervé, agité et querelleur. Quand il ne lit pas *L'Infanterie allemande*, il est pendu à Karl May, il lui arrive même parfois de lire son *Winnetou* en classe, sous le manteau.

À la récréation, ils se chamaillent pour savoir qui, d'Old Shatterhand** ou de Rommel, est le meilleur. Ernst est pour Old Shatterhand. Paul dit : « Rommel a plus de gens à ses côtés, c'est un vrai général, il est même lieutenant général. Là, Old Shatterhand est incapable de rivaliser.

— Mais il peut tuer ses ennemis d'un coup sur la tempe, il peut tirer avec le pistolet sur la hanche et trucider un ours à coups de couteau.

— Oui, mais Rommel a la croix de fer, première classe. »

Ils sont interrompus par Menzel, là tout à coup devant eux, qui dit qu'Ernst doit aller voir Friedel. Tout est fichu maintenant, pense-t-il. À coup sûr, quelqu'un l'a de nouveau balancé et ils ont trouvé ses cachettes aux trésors.

« J'ai rien fait, dit-il à titre préventif.

— Oui, oui, je sais bien, file quand même chez madame la directrice.

— Mais il faut que je retourne tout de suite en classe.

— Je vais prévenir Klinger. Tu as de la visite.

— J'ai quoi ?

— De la visite. Allez, file !

— Qui ?

— Aucune idée. Je dois juste t'envoyer à l'étage. Allez, va. Ils t'attendent. »

Ernst monte jusqu'au bureau de Friedel, son cœur bat la chamade ; il n'a encore jamais eu de visite. Plus depuis la mort de grand-mère. C'était en 1937. Il calcule rapidement, ça fait bientôt quatre ans.

Peut-être a-t-il finalement le droit de retourner à Saint-Joseph ? Et Wassermann est venu pour le récupérer, car sa mauvaise conscience le torture et qu'il a vu son injustice ?

Ce n'est pas Wassermann dans le bureau de la directrice, mais un petit homme mince, déguenillé, aux yeux las, qui tient son chapeau à la main. Ça ne peut pas être sa visite. Pourtant, à part lui, il n'y a personne dans la pièce. Ernst regarde Friedel, qui ne dit rien, personne ne dit rien, jusqu'à ce que le silence de la pièce soit trop pour elle.

« Et ? » Friedel regarde comme pour l'exhorter l'homme qui, d'un air embarrassé, tourne son chapeau dans ses mains. Il se racle la gorge, Ernst ignore ce qui se joue là, mais c'est étonnant, il a l'impression qu'on le fait marcher et il a très envie de repartir. Maintenant, voilà que l'homme lui sourit, un sourire d'un seul côté, de la moitié gauche du visage, et alors il sait. Son cœur s'arrête. Il ne peut ni parler ni bouger, voudrait courir et s'accrocher à lui, très fort, mais c'est impossible. Il n'a plus de forces dans les jambes, il se sent faiblir, tout tourne et il ne peut que chuchoter :

« Papa ?

— Bonjour, Ernst. »

4

Friedel les conduit tous deux au parloir, une petite pièce avec une table et deux chaises. Mais papa préfère sortir dans le jardin.

« Comme vous voulez », dit la directrice en le regardant d'un œil critique, comme si elle avait peur que dehors il lui vole les framboisiers du jardin.

C'est un drôle de sentiment de marcher à côté de papa, à la fois si familier et si étranger. Il a tellement rêvé de papa, enfin là, dans les bras duquel il pourrait sauter en riant. Mais là, c'est oppressant et sa visite fait peur à Ernst. Peur qu'il parte et ne revienne plus jamais, peur qu'il apporte une horrible nouvelle, peur qu'il le rejette car il a trop fait des siennes, peur qu'il le laisse, peur qu'il l'emmène.

À moins que ce ne soit pas du tout son père, mais une erreur, une confusion. Peut-être ont-ils juste cherché quelqu'un qui lui ressemble pour lui faire la morale afin qu'il arrête ses bêtises. En réalité l'homme ne ressemble pas à quelqu'un qui veut mettre Ernst sous pression, il a plutôt l'air perdu, absent, transparent.

C'est quand même bizarre. Il a passé son temps à souhaiter que son père vienne et, maintenant qu'il est là, Ernst se sent plus seul encore que d'habitude. Revoilà l'aiguille dans sa poitrine, toujours à piquer quand il se passe quelque chose de terrible. Cette sensation de brûlure, éprouvée la première fois quand on est venu l'arracher à sa maison, ça lui rappelle le jour de l'enterrement de maman, grand-mère disparaissant dans la brume d'hiver, Malchen et Nanna dans leurs chemises de nuit blanches. Toujours quand quelqu'un part, toujours quand quelqu'un disparaît.

Pourtant cette fois, personne ne disparaît, au contraire papa est de retour. Ernst devrait être heureux. Peut-être qu'être heureux se ressent ainsi, peut-être que ne plus savoir où on en est fait partie du truc, et qu'alors le nez coule et le monde est irréel comme dans un rêve. Peut-être que l'ombre en fait partie, avec la peur, le trouble et le nœud dans la gorge.

Ils ont besoin de toute la largeur du couloir, Ernst à gauche, papa à droite, à une distance suffisante pour qu'il y ait toujours des élèves qui passent entre eux et les regardent bêtement. Dans le souvenir d'Ernst, papa a toujours flâné, maintenant il marche droit à côté de lui et traîne un peu une jambe. Il était toujours si élégamment vêtu et le voilà dans un vieux costume déformé, flottant sur ses jambes. Lui qui était toujours si dynamique et si gai est maintenant silencieux et abattu, et donne l'impression qu'il préférerait être très loin. Il a remis son chapeau, et parce qu'il est maigre comme un clou, il paraît encore plus grand qu'il ne l'est déjà. Dans le jardin, il s'allume une cigarette et aspire profondément la fumée.

Ernst voudrait lui poser tant de questions. Pourquoi il est resté absent si longtemps. Pourquoi il n'est pas venu, à l'époque, à Noël, et après non plus. Comment c'était dans le camp de travail. S'il fait de nouveau des affaires. Si maintenant ils partent ensemble pour l'Amérique. Mais il n'ose pas, par crainte que papa se fâche ou devienne encore plus triste. Ils vont dans le fond du jardin, là où il y a les grands arbres et où commencent les champs, et ils s'asseyent sur un banc. Il faut toute une cigarette avant que papa dise enfin quelque chose.

« Vous avez un beau foyer ici.

— Mmm.

— Les éducateurs sont gentils ?

— Mmm.

— Et il y a un tas de garçons de ton âge, ça doit être chouette.

— Mmm.

— Comme tu as grandi, tu as carrément poussé très vite. Dans pas longtemps tu seras presque aussi grand que moi.

— Mmm.

— Pour un peu, je t'aurais pas reconnu. La dernière fois, tu étais encore un petit bouchon. Laisse-moi réfléchir. Tu avais quatre ans. Bon sang que le temps passe vite. Maintenant tu en as onze et tu es déjà si grand.

— Mmm.

— Je sais, je suis un mauvais père, je me suis vraiment pas assez occupé de vous. Mais j'étais... pas moyen de faire autrement... je pouvais pas. Tu comprends ?

— Mmm.

— D'ailleurs, j'ai été au foyer Saint-Joseph, où ils m'ont dit que tu étais ici maintenant. Tu as le bonjour d'Anna et Amalie.

— Mmm.

— Elles vont bien. Mon Dieu comme elles ont grandi ! Il y a un mois, Anna a eu neuf ans. Je la vois encore dans ses langes en train de brailler. Bon sang, c'était une gueularde. Et Malchen a dix ans. Ils ont dit qu'il faut faire quelque chose pour ses hanches. Elle va peut-être aller dans un hôpital ou un sanatorium. Ils ont dit que c'est rien de grave, de nos jours ça se répare, juste une petite intervention et elle pourra marcher normalement comme tout le monde. Sœur Sigolina te donne son bonjour, elle espère que tu te comportes bien. Elle dit qu'elle prie souvent pour toi. »

Silence.

Papa s'en est rallumé une, il est assis là, les coudes sur les genoux, le menton appuyé sur les mains, des mains qui étaient si fines et douces et sont maintenant pleines de callosités et de cicatrices. Son regard passe sur les champs où les épis de blé se balancent comme un océan vert. Dans les arbres, les grives entonnent leur chant pour se mettre en garde mutuellement contre le busard qui tournoie au-dessus de l'établissement. Pas un bruit ne provient du foyer, car à cette heure-ci tous sont retournés en cours. Seul le vent froisse les chênes et les peupliers, un vent frais, Ernst relève ses jambes et les entoure de ses bras.

« Tu m'emmènes, maintenant ?

— Mon garçon, c'est impossible.

— Pourquoi ?

— Je ne peux pas subvenir à tes besoins, j'ai à peine assez pour moi. Ici tu as de la chance, on te donne assez à manger, tu as un toit sur la tête, tu as des camarades de jeu et des amis.

— Pfff, des amis ! Pour eux je suis qu'un Tzigane.

— Ah, cesse d'écouter ces sornettes.

— Je veux pas rester ici. Je préfère faire la route avec toi et dormir dans la roulotte.

— Voilà déjà bien longtemps que j'ai plus de roulotte. Depuis que maman est morte, tout est si… C'est juste que je traverse une mauvaise passe actuellement.

— Alors on n'a qu'à partir en Amérique.

— Qu'est-ce que tu veux faire en Amérique ?

— Tu as dit qu'on irait quand tu reviendrais et que tu aurais assez d'argent. Tu l'as promis.

— L'Amérique… il va te falloir encore un peu de patience. En ce moment, les affaires marchent pas très bien, tu sais ?

— Est-ce parce que le Führer aime pas les gens du voyage ?

— Fais plutôt attention à ce que tu dis. Sinon, ils t'enfermeront toi aussi.

— Comment ça ? Qui d'autre ils ont enfermé ?

— Ah, personne.

— Grand-mère a dit que tu étais à Dachau.

— C'est ma mère tout craché, elle a jamais su tenir sa langue.

— Elle a dit la même chose de toi.

— En tout cas, maintenant je suis ressorti et rien au monde m'y fera retourner. Alors t'inquiète pas.

— Elle m'a aussi donné votre médaille, à maman et à toi.

— Tu l'as encore ?

— Bien sûr. » Ernst ouvre sa chemise et lui montre la chaîne qu'il porte autour du cou afin que personne ne la lui vole. « J'ai encore beaucoup d'autres trésors dans ma cachette. J'ai aussi de l'argent, cinquante marks précisément.

— D'où tu les tiens ? Tu as volé quelque chose ?

— Non, j'ai économisé.

— Me raconte pas d'histoires à dormir debout. La directrice m'a dit que tu es assez filou et que tu lui donnes du fil à retordre.

— Ah, Friedel, cette peau de vache !

— Non, non.

— C'est vrai. Toujours à me soupçonner. Chaque fois qu'il y a un vol, on dit : c'était Lossa. Et quand je dis que c'était pas moi, personne me croit. C'est toujours moi qui trinque, c'est vraiment pas juste.

— Il doit y avoir un peu de vrai si elle le dit.

— Même toi, tu me crois pas.

— Si, si, je te crois. Viens, sois pas triste. Parle-moi plutôt de tes amis et de ce que tu fais avec eux la journée.

— Oh, y a pas grand-chose à raconter. C'est tous les jours pareil. Lever à six heures et, après la toilette, activité physique matinale. À Augsbourg, le matin on devait aller à l'église, je préférais, on pouvait continuer à roupiller un peu, maintenant on doit se rassembler et faire de la gym et des trucs du genre, et ça avant le petit déjeuner ; je trouve ça stupide. Klinger m'aime pas, c'est notre institutrice. Elle dit que je suis pas sportif et que je manque de discipline, alors que j'ai eu l'épingle de la victoire aux compétitions du Reich. Elle contrôle toujours l'arrière de mes oreilles et mes ongles et, si c'est pas impeccable, elle m'engueule comme du poisson pourri devant toute la classe. Jamais elle fait ça avec les autres. Par exemple avec Siegfried. Il a qu'un œil, mais il est rusé malgré son air innocent. Elle dit jamais rien quand il s'endort en classe, et à moi oui. Si je regarde par la fenêtre, elle me tire par l'oreille et me fait mettre à genoux au coin. Et Paul, qui est assis à côté de moi et vaut pas mieux que moi, il est toujours mieux noté. Au fait, Paul veut partir en Afrique rejoindre Rommel, et si c'est pas possible il veut aller dans un cirque pour monter les chevaux, et les chameaux, et les éléphants. Et Franz veut devenir pilote. On l'appelle toujours "carabinier Franz", parce qu'il a tué sa petite sœur d'un coup de fusil, pas volontairement hein, plutôt par mégarde, et je crois que ça lui fait de la peine, pourtant c'est quand même un enfoiré, car il passe son temps à rapporter. »

Ernst parle à papa de tous les garçons de son groupe, il n'arrête pas de parler, mais papa n'écoute absolument pas. Il reste là, assis, à observer l'horizon par-delà les champs, comme s'il regardait un film en train de se dérouler dans sa tête. Il se réveille juste au moment où Ernst lui dit : « Et au fait, je suis dans les JH maintenant.

— Quoi ? Toi chez les bruns ? » Papa tressaille carrément.

« En fait, je suis encore dans le *Jungvolk,* on porte déjà des uniformes aussi : pantalon noir, chemise brune, ceinturon, foulard, etc. J'aime pas beaucoup défiler, mais les activités de plein air, oui. La semaine dernière on a joué, les rouges contre les bleus. Chacun porte un foulard de couleur autour du bras. C'est le fil de la vie, que tu dois pas te laisser prendre, sinon t'es mort. J'étais dans les bleus et on a carrément démoli les rouges. On a commencé par les encercler dans un petit bois, et on y est allés un contre un jusqu'à ce qu'il en reste plus aucun. Il y en a même qui ont pleuré. Et Alfons, notre chef de patrouille, était très fier de nous et il a engueulé les autres comme du poisson pourri, parce qu'ils avaient été stupides et avaient pas fait attention. Ensuite, il les a carrément affûtés pour leur apprendre à mieux se battre. Il faut se battre, car seuls les forts ont le droit de vivre. »

Papa avale sa salive. Il n'a pas l'air d'être fier. « Et qui a payé l'uniforme ?

— Aucune idée. C'est l'école qui fournit tout. » Papa se mord la lèvre inférieure et secoue la tête doucement sans rien dire. Puis il se lève précipitamment, fait une grimace et frotte sa jambe, comme s'il était rouillé.

« Qu'est-ce que tu as à la jambe ?

— Ah, rien. Un petit accident, ça va revenir. Bon, je dois y aller.

— Où tu vas ?

— Je remonte en direction de Nuremberg, je vais rejoindre un collègue.

— Pour faire des affaires ?

— C'est ça, pour faire des affaires, mais plus avec des boutons ou des élastiques de culotte, aujourd'hui ça suffit plus, j'ai autre chose en vue, de plus grand, plus à la petite semaine. Si ça marche, je serai tiré d'affaire.

— Si quoi marche ?

— Je peux pas te dire, c'est un secret.

— Ça a à voir avec la guerre ?

— Fous-moi la paix avec la guerre. J'espère que cette foutue guerre sera bientôt finie.

— Pourtant on arrête pas de gagner, on a les meilleurs soldats au monde et Hitler est le plus grand général en chef de tous les temps.

— Oui, oui, c'est bon. »

Il s'accroupit devant Ernst pour pouvoir le regarder dans les yeux et le prend par les épaules. Il a l'air tellement fatigué. Cependant, il ne veut pas le montrer et affiche un air joyeux, même si ses yeux le trahissent, ils sont tristes, absents, et on y lit la peur.

« Sois sage et te laisse pas abattre.

— Papa, emmène-moi s'il te plaît. Je sais déjà bien subvenir à mes besoins tout seul et j'ai pas besoin de grand-chose. Et je pourrai t'aider dans tes affaires.

— Ça n'est pas possible. Essaie de comprendre, c'est mieux si tu restes ici.

— Je veux pas que tu t'en ailles.

— T'inquiète pas. Je reviendrai et alors on s'en ira tous les deux.

— En Amérique ?

— Pourquoi pas en Amérique. Promets-moi de pas faire de bêtises jusque-là. Je reviendrai à l'automne, au plus tard au printemps prochain, et alors on se tirera tous les deux. »

Son sourire unilatéral a l'air faux. Lui-même ne croit pas à ce qu'il raconte, il ne croit pas qu'il viendra, ni à l'automne ni au printemps. Et Ernst ne le croit pas non plus. Il le regarde, et d'un coup il a la certitude qu'il ne reverra plus jamais papa. Cette pensée lui serre la gorge.

« Faut pas que tu partes, papa. S'il te plaît, pars pas, va pas à Nuremberg, partons plutôt tous les deux, n'importe où, loin.

— Aie pas peur, je maîtrise tout. Tu verras, dans six mois, le monde sera très différent. »

Alors Ernst se dégage, s'enfuit en courant sans se retourner, traverse le jardin, court comme s'il avait le diable à ses trousses, et sans même se retourner il voit papa toujours accroupi sur place, ses bras qui tombent, son visage qui tressaille comme s'il avait envie de pleurer ; il le voit se relever, frotter la jambe qui lui fait mal, en regardant autour de lui si quelqu'un l'a observé. Ernst traverse les couloirs vides en courant, il entend résonner ses pas, grimpe les escaliers jusqu'au dortoir où il est interdit de se rendre en plein jour, ce qui à cet instant précis lui est bien égal. Papa s'essuie le visage de la main, inspire profondément et s'en va, sans traverser la maison, en faisant le tour par l'extérieur le long du mur jusqu'à la rue principale, où il n'y a ni roulotte ni valise, parce qu'il fait maintenant de tout autres affaires, et n'a rien, à part lui, sa jambe qui lui fait mal, son costume usé jusqu'à la corde, son chapeau gris, et plus de fils, car il est perdu lui aussi. Ernst se jette sur son lit et donne des coups de poing dans son oreiller, jusqu'à épuisement.

5

Trois mois plus tard, le 10 octobre 1941, Christian Lossa tombe aux mains de la police à Nuremberg. Les autorités constatent qu'il n'a pas de résidence fixe, qu'il se déplace en tant que commerçant ambulant, et qu'il a déjà passé deux ans au KZ* de Dachau. Après trois jours de prison, la police l'expédie au camp de concentration* de Flossenbürg.

Entre-temps, Ernst a été transféré dans le groupe des grands, chez les garçons. Il regrette désormais de ne pas avoir fugué pendant l'été. En fait, après la visite de papa, il a tout simplement ajourné ses projets, dans un premier temps. Comme papa l'avait dit : « Je reviendrai à l'automne, au plus tard au printemps prochain, et alors on se tirera tous les deux. » On est maintenant en novembre, et papa n'est pas venu.

La pluie tambourine sur les vitres de la salle de séjour, ça fait déjà des jours. On dirait qu'elle veut emporter le foyer, le village, et tout le pays. Il ne fait jamais vraiment jour, toujours le même gris, et les enfants ne sortent quasiment pas. Le matin Ernst est à l'école, l'après-midi dans la salle de séjour, et il s'ennuie. La plupart du temps, il reste assis à la fenêtre, à regarder les gouttes de pluie glisser le long de la vitre, et il rêvasse. Il est de mauvaise humeur, car il n'a plus de copains avec lesquels jouer. Friedel a dit qu'il constituait un danger pour ses camarades et ne pouvait plus être toléré dans le groupe des moyens. Mais chez les grands, à douze ans à peine, il est le plus jeune et le plus petit, les autres le traitent comme de la merde, l'insultent en l'appelant propre-à-rien, raté, dégonflé, tire-au-flanc et crétin. Même Harald, qui dans l'intervalle est passé chez les grands, ne lui est d'aucun secours. « C'est comme ça, dit-il, celui qui est au-dessus s'en prend à celui qui est en dessous. »

« Celui qui est au-dessus », ici, s'appelle *Gregor.* C'est le meneur du groupe, gras, fort, avec une flopée de boutons sur le visage. Dès le premier soir, il dit : « Quand la lumière sera éteinte, tu viendras me rejoindre au lit. »

Harald a prévenu Ernst que Gregor chope de préférence les petits, qui doivent alors le branler. Ernst n'imagine pas branler cette tronche boutonneuse, et quand on éteint la lumière il fait semblant de dormir. Peu après, ils sont à trois autour de son lit.

« Tu te crois donc meilleur, dit Gregor.

— Va te faire foutre, répond Ernst avec l'espoir de les voir repartir tous les trois.

— Tu vas tout de suite voir qui va faire foutre qui. »

Gregor fait un signe à ses comparses. D'une secousse, ils retournent Ernst dans son lit. Il veut crier, mais Gregor lui saute sur le dos et lui enfonce la tête dans l'oreiller, les deux autres lui enlèvent son pantalon de pyjama et lui frappent les fesses à tour de rôle avec de longues règles. Ernst gigote, seulement Gregor est assis sur lui tel un roc et lui enfonce la tête encore plus profondément, au point qu'il n'arrive presque plus à respirer. Quand ils arrêtent, Ernst ne sent plus ses fesses. Quand il passe la main dessus, il ne sent plus que de la chair insensible et gonflée.

Le lendemain, les cochonneries à son encontre ne cessent de pleuvoir. « Alors, petit, t'as mal au cul ? Pourquoi tu marches de travers comme ça ? Regardez, il en a plein la culotte. »

Après le dîner, Gregor passe près d'Ernst, comme par hasard, et lui souffle : « À plus tard, tu sais pourquoi. »

Un peu après, il est assis, tremblant, dans son lit. Il attend de voir ce qui va se passer, pourtant rien ne bouge. Il écoute les ronflements, les gémissements et les râles, personne ne vient. Ils ont visiblement renoncé. Il est déjà minuit passé quand il finit par s'endormir.

Une heure plus tard, il se réveille car tout autour de lui est trempé et il entend pouffer et ricaner. Ils ont versé un pot de pisse dans son lit. Il pousse un cri et, peu après, la lumière s'allume et Mlle *Jäger* arrive. En voyant son lit, elle dit : « Dehors, espèce de cochon. » Elle l'envoie aux lavabos et change les draps en jurant. Le lendemain matin, il se fait engueuler et se voit infliger une semaine de corvée de chambre pour avoir fait au lit.

Les journées ne sont qu'une longue schlague. Les comparses de Gregor lui donnent des coups dans les bras ou le ventre quand ils passent devant lui, puis l'un d'eux lui fait un croche-pied ou le bouscule quand il va chercher à manger, si bien qu'il en renverse la moitié. Il n'a de tranquillité qu'à l'école, car il est alors dans son ancienne classe, mais Hausmann l'a dans le collimateur. Entretemps, la deuxième Josefa est devenue son institutrice, et elle ne vaut pas mieux que Klinger. Hausmann le traite de faignant et de tire-au-flanc. L'après-midi, les embêtements continuent chez les grands.

Le printemps arrive et papa n'a pas encore donné signe de vie. Il est peut-être au front, comme le père d'Harald qui est désormais en Russie, aux portes de Moscou, ainsi qu'il l'a fièrement écrit. Depuis la lettre, Harald est encore plus arrogant qu'avant, et il est même persuadé d'avoir vu son père dans le *Wochenschau**.

Parfois, Ernst pense que papa l'a oublié et qu'il a déjà quitté le pays depuis longtemps. Le soir, il s'en plaint à maman qui lui dit de ne pas être injuste et de se montrer patient. Comment pourrait-il se montrer patient quand ils sont tous après lui, qu'il a peur la nuit, que ses malheurs l'empêchent de dormir et que pour cette raison il dort en classe et se fait punir par Hausmann ? Comment pourrait-il se montrer patient quand on l'appelle Tzigane alors qu'il n'en est pas un ? Maman lui dit d'avoir confiance en Dieu, et que tout s'arrangera. Alors il demande à Dieu de punir Gregor et ses complices, de les frapper d'un éclair ou de les faire tomber dans un escalier pour qu'ils se rompent le cou.

Mais Dieu a un autre plan. La semaine qui suit Pâques, Ernst est convoqué chez le directeur. Goller va et vient derrière son bureau. Il commence tout doucement, puis se met en colère et hurle de plus en plus fort.

« Qu'est-ce qu'on va faire de toi ? Je suis très tolérant, mais ma patience a des limites. Et tu viens de les atteindre. Depuis ton arrivée au foyer, tu ne fais que des bêtises. Tu voles comme une pie et par-dessus le marché tu racontes des cochonneries à tes camarades de groupe. J'espérais que ça s'améliorerait une fois chez les grands, et je ne vois aucun progrès, au contraire, ça empire de jour en jour.

— J'ai rien fait.

— Tu sais exactement de quoi je veux parler. » Il désigne son bureau où est posée une trousse. « C'était dans ton cartable et tu sais à qui c'est.

— Aucune idée.

— Tu vas arrêter de mentir. C'est la trousse de Mme Hausmann, tu la lui as volée.

— Je recommencerai plus.

— Oui. Pendant combien de temps ? Deux jours ? Une semaine ?

— Non, vraiment, je le promets. Parole d'honneur. Je vais vraiment faire des efforts. Vous pourrez aussi dire à mon père que je m'améliore et que je fais des efforts.

— À ton père ?

— Il a dit qu'il viendrait me chercher, au plus tard au printemps. »

Goller s'arrête, se touche le nez, pensif, puis il s'assied à son bureau, regarde les papiers devant lui et laisse ses doigts tambouriner sur le plateau. Il met l'autre main devant sa bouche, comme pour empêcher qu'un mauvais mot n'en sorte.

« Ton père, hum, qui sait quand il viendra. » Il le dit davantage pour lui-même que pour Ernst. Puis Goller referme la chemise et se ressaisit. « En tout cas, ça ne peut pas continuer. Le Dr Hell l'avait prédit, il y a un an, mais j'ai toujours été d'avis que nous devions essayer. Et Dieu sait si nous avons essayé, nous n'avons cessé de te redonner ta chance. Et qu'avons-nous eu en remerciement ? Des vols à la chaîne, des incivilités, des mensonges, des grossièretés, des bagarres. À cela s'ajoutent tes misérables résultats scolaires, ta paresse lors des activités de groupe. Cela n'est plus supportable pour notre foyer. Nous avons demandé ton transfert. La décision est arrivée. Lundi tu seras conduit dans un autre foyer.

— Lundi, déjà ?

— Lundi prochain, oui.

— C'est pas possible. C'est l'anniversaire du Führer. Je suis de service avec les JH. Je dois participer le dimanche soir à la cérémonie d'intronisation des *Pimpfe*. Alfons a tout préparé, je porte un flambeau. Et lundi nous avons défilé et lever du drapeau dans la cour intérieure.

— Ça peut très bien se passer sans toi. » Goller réfléchit brièvement. « Pour moi, tu peux faire ton service le dimanche soir, mais tu feras tes bagages au préalable. »

Livre IV

Les enfants oubliés

1

Il règne une pénombre crépusculaire et l'air est confiné dans le wagon. Ernst aurait volontiers enlevé l'épaisse veste de laine qu'il porte par-dessus son pull-over chaud. Dehors, le soleil point et quand, au sud de Munich, le train commence à traverser les champs, des taches dorées se mettent à glisser furtivement sur le visage des voyageurs. En face de lui Menzel qui allume une Mokri, à côté de lui deux soldats en permission de retour dans la patrie, un jeune qui ne cesse de parler de la Russie et un autre qui pourrait être son père et a rabattu son calot sur son visage et somnole. Derrière, il y a des paysannes aux paniers remplis de légumes, de boîtes d'œufs, de bidons à lait et de poulets vivants dont l'un se promène négligemment sous les sièges.

Menzel discute avec les soldats. Ernst ouvre la fenêtre, offre son visage au vent et au soleil printanier. Le train chemine entre des arbres en fleur, de petites forêts de bouleaux chargés de leurs premières feuilles vertes, des champs bruns dans lesquels des femmes travaillent avec des bœufs attelés, une ferme isolée et des enfants qui jouent devant.

Justement aujourd'hui. Pourquoi fallait-il qu'il parte justement aujourd'hui, le 20 avril, quand personne ne va à l'école et qu'au foyer il y a une belle fête en l'honneur de l'anniversaire du Führer ? Lors du lever du drapeau, il devait se tenir au deuxième rang, juste derrière les *Pimpfe* qui ont intégré les JH la veille au soir. Hier soir c'était très solennel. Son flambeau et cent autres éclairaient la cour intérieure, et Ernst était très ému quand les nouveaux ont prêté serment : « Les garçons du *Jungvolk* sont durs, silencieux et fidèles. Les garçons du *Jungvolk* sont de bons camarades. Ce qui prime chez les garçons du *Jungvolk*, c'est l'honneur. » Il y a un an, il était à leur place.

Un village surgit et passe doucement, des maisons, des cours, une église, un groupe des Jeunesses hitlériennes attend à un passage à niveau. Ils sont au garde-à-vous et lèvent le bras droit. Ernst leur tire la langue. Aujourd'hui, tout ceci lui semble mensonger. À cause du « silencieux et fidèles ». Aucun de ses camarades n'a levé le petit doigt en apprenant qu'il devait partir. Tous se sont contentés de fixer le sol ; en revanche, plus tard, ils lui ont cassé du sucre sur le dos. Qu'ils aillent se faire voir avec leur foutu honneur.

Toutes les gares où ils font halte sont décorées de croix gammées. C'est à Munich que c'était le plus beau. Comme ils avaient un peu de temps, Menzel et Ernst sont allés jusqu'à un bureau de tabac, en empruntant quelques rues transversales. Partout des uniformes. Majoritairement des JH, ainsi que des SA* et SS*. Tous en route pour Königsplatz, afin de célébrer l'anniversaire d'Hitler.

À cette heure, dans la maison de correction, ils doivent tous former une haie dans la cour, chanter, jouer du tambour et hisser le drapeau. Il aimerait bien y être. Pas pour l'ennuyeux discours de Goller, mais parce que tout est tellement solennel, et qu'ils ont droit à un repas de fête après coup. Rôti de porc et *Knödel*, une rareté. Malgré tout, Goller ne s'est pas laissé fléchir. Ernst a même dû laisser son uniforme.

Dans le wagon enfumé, Menzel a étalé un mouchoir sur ses genoux. Avec un canif, il coupe un saucisson en fines rondelles, déballe des tranches de pain beurré. Il met un bout de pain sous le nez d'Ernst, qui n'a pas faim. Il préfère continuer de regarder par la fenêtre, hume le parfum de la terre et la première chaleur printanière, et laisse défiler les images devant lui. Il y a un vieux paysan en lisière d'un champ, avec voiture et cheval. Quand le train laisse échapper un bref sifflement, le cheval se cabre et le vieil homme a du mal à le tenir.

À l'aube, tandis que les autres enfilaient fièrement leur uniforme, Ernst avait dû faire sa valise. Menzel se tenait à côté pour s'assurer qu'il n'en profite pas pour piquer quelque chose. Mais Ernst avait anticipé et fait disparaître la veille tout ce qu'il avait caché dans son casier. La seule chose qu'il avait conservée, c'était la médaille de maman qu'il portait toujours à son cou. Les autres garçons dans le dortoir l'ont regardé faire sa valise en ricanant et y sont allés de leurs commentaires stupides. « Amuse-toi bien à l'asile de fous, Lossa ! » Ils grimaçaient et Gregor imitait le singe, lançant des « houhouhou », jusqu'à ce que Menzel les chasse tous.

Les montagnes émergent maintenant de la brume. Le train se dirige droit sur elles. Bien qu'elles soient très loin, on voit leurs cimes blanches. Le nouveau foyer est-il dans les montagnes ? Peut-être même à côté du *Berghof* d'Hitler, dont ils ont déjà tellement entendu parler à l'école. Est-ce que le Führer tolérerait un établissement de soins à proximité de chez lui ? Un asile psychiatrique, c'est ainsi que s'appelle l'endroit où l'on conduit Ernst, avait dit Goller.

Harald avait plissé le front et sifflé doucement. « Gaffe, mon garçon, c'est un asile de fous ! » Puis il avait ri. « Ils vont peut-être t'extraire le cerveau ou autre chose. » Ce faisant, il avait pincé Ernst entre les jambes.

Avant le départ, ils durent se rendre brièvement chez le directeur. Goller était absent, il préparait certainement son discours. Friedel donna une grosse enveloppe à Menzel. Elle serra la main d'Ernst par convenance et soupira. « J'espère que tu t'amélioreras et qu'on fera quand même de toi un homme convenable. Ernst, tu n'es pas bête pourtant. Alors reprends-toi et commence par arrêter de voler. Kaufbeuren est dans tous les cas l'endroit idéal pour toi. C'est là qu'ils seront le plus à même de s'occuper de tes dispositions et de te corriger. »

Alors ce serait un camp disciplinaire ? Quoi comme « dispositions » ? Ernst trottinait derrière Menzel, sa petite valise à la main, avec l'impression qu'on le conduisait à l'abattoir. C'était vraisemblablement une de ces maisons de correction dans lesquelles on mettait les garçons qui avaient quelque chose à se reprocher. Pourtant, ces derniers temps, il n'avait quasiment plus rien volé, mis à part quelques babioles. Mais ce n'est pas à cause d'un peigne et d'une montre qu'on arrive en camp disciplinaire, et encore moins en hôpital psychiatrique.

Impossible de tirer quoi que ce soit de Menzel. Il fumait beaucoup et admirait le paysage, apparemment réjoui par l'excursion. En quittant le foyer, il sifflotait même *Lili Marleen***.

Il démarra à un rythme soutenu et Ernst avait du mal à suivre. Sa valise pendait à son bras comme une pierre, lui heurtant les genoux à chaque pas.

Ça serait comme ça quand il traverserait le pays avec son père, par un beau matin de printemps : le soleil brillerait, les grives chanteraient au-dessus de leurs têtes, ils feraient du porte-à-porte et vendraient des ceintures, des vêtements et des boutons. Néanmoins l'homme qui ce matin le conduisait en sifflant à travers le village n'était pas son père, mais un éducateur l'amenant en camp disciplinaire ou à l'asile. D'un coup il sentit en lui le vide et le creux, Indersdorf, village endormi, lui sembla misérable ; il était seul et désemparé. Il n'existait pas au monde d'enfant plus perdu que lui, ni d'enfant plus triste. Et en prime Menzel sifflotait *Auf der Heide blüht ein kleines Blümelein***.

Les deux soldats du compartiment ont maintenant eux aussi déballé leur déjeuner, et ils ont même sorti une flasque. Avec Menzel ils échangent de la saucisse contre des œufs et des cigarettes contre du schnaps. Ils arrivent de Russie où ils ont donné du fil à retordre à Ivan, dit le jeune soldat. Son camarade plus âgé somnole et se contente d'acquiescer d'un air las quand le jeune fanfaronne : « Attendez un peu la fin du printemps et on prendra Moscou. Quand les Russes voient nos chars, ils détalent comme des lapins. »

Le vieux soldat ouvre un œil avec ennui et le referme.

« J'ai ouï dire que les Russes sont de vrais monstres, dit Menzel.

— Bon sang, je te le dis, ce sont des sous-hommes*. S'ils t'attrapent, ils te font cuire à la broche et te mangent », répond le plus jeune en riant. Puis il se tourne vers Ernst. « Alors te laisse pas attraper par les Russes, mon garçon. Mais n'aie pas peur, nous sommes là. Karl et moi, on fait fuir Ivan. » Il s'étire. « Enfin, pour l'heure, on va commencer par une permission. Et vous, vous allez où ?

— À Kaufbeuren, dit Menzel, je conduis le garçon au centre.

— À Kaufbeuren ! » En ricanant le garçon fait tourner sa main devant son visage. « Tu leur ressembles pas le moins du monde.

— Te fais pas avoir, dit Menzel, il prend un air angélique, et avant que t'aies tourné les yeux, il aura piqué ton portefeuille. Ce garçon n'a rien d'autre que des bêtises dans la tête. »

Honteux, Ernst regarde le sol, où le poulet picore les miettes. Le soldat lui colle une bourrade.

« Hé, t'as tiré le bon numéro ! Là-bas tu peux faire des conneries toute la journée. Personne remarque. »

Tous se mettent à rire et, malgré sa gorge serrée, Ernst les accompagne d'un rire incertain.

2

La gare de Kaufbeuren ressemble aux autres, partout des drapeaux à croix gammée, des fanions et des guirlandes, des hommes en uniforme, des voyageurs, des paysans. Sur le quai, Ernst est pris en charge par une infirmière au visage rond et à la coiffe pointue. Elle est à peine plus grande que lui, elle a la quarantaine et s'appelle *Erika*.

Ils traversent un parc et entrent dans la vieille ville de Kaufbeuren. Les maisons ont des façades grises et les gens ont l'air fermés. Par contre, dans les rues étroites, il y a plein de boutiques intéressantes et de belles vitrines.

Erika entre avec lui dans une petite boutique qui sent les pays étrangers et les épices inconnues. Pendant qu'elle achète un paquet d'Overstolz, Ernst regarde avec étonnement les sortes de tabac, les cigarettes en paquets cartonnés ou en boîtes de métal, les pipes sur les étagères. Mais l'infirmière Erika est pressée, ils quittent la vieille ville et grimpent une montagne escarpée.

« Il y a de grandes chances que tu viennes chez nous, dans le pavillon des enfants, dit-elle. C'est monsieur le directeur qui doit encore en décider. Pour l'instant, on va commencer par le bain, puis la visite. Et à midi ce sera le déjeuner. »

Après une petite montée, ils arrivent à l'entrée d'un grand parc. Au milieu, face à eux, s'étire un bâtiment de trois étages. Il est majestueux, on pourrait penser qu'il s'agit d'un manoir ou d'un petit château. Seules les fenêtres à barreaux et la façade gris-jaune dénotent. À l'entrée, il y a un grand panneau portant l'inscription : *Asile psychiatrique* – et dessous un second, plus petit, sur lequel est écrit : *Attention, risque de typhus – accès interdit aux personnes sans autorisation.*

Ils passent sous les drapeaux pour rejoindre l'entrée principale, où Erika tire de sa poche un anneau avec de nombreuses clés et choisit la bonne, d'une main experte. Les voilà dans un large couloir avec une loge de concierge. Erika referme la porte de l'intérieur et donne au portier l'enveloppe que Menzel lui a remise à la gare. Les papiers doivent tout de suite être transmis au chef, dit-elle. Puis ils traversent de longs couloirs aveugles, sans personne. Leurs pas résonnent sur le sol carrelé. À part ça, pas un bruit. Un silence oppressant. Tout à coup, de loin, parvient un long cri. On dirait un animal blessé. Ernst sursaute et s'arrête machinalement. Erika le pousse.

« Ne t'inquiète pas, c'est juste *Fritz*. Il a une nouvelle crise.

— Il a le typhus ?

— Quelle idée, pourquoi ? Ah oui, à cause du panneau à l'entrée. Non, non, il y a longtemps qu'on n'a pas eu de cas de typhus. »

Ernst se demande pourquoi ils ont quand même laissé le panneau à l'entrée. Peut-être est-ce pour faire peur aux curieux. Le cri qui enfle puis cesse comme une sirène pendant une alerte aérienne lui donne la chair de poule. Il s'attend à voir le dingue de Fritz débouler et leur tomber dessus. Tout à coup le cri cesse, comme interrompu. Le silence est encore plus inquiétant.

Alors des pas résonnent depuis une entrée adjacente et Ernst se prépare à bondir ; ce Fritz va certainement surgir sur-le-champ comme une bête sauvage, les yeux rougeoyants, la bouche béante et dégoulinante. Mais ce n'est qu'un homme d'un certain âge en blouse à carreaux bleus et blancs qui tourne l'angle, affichant un sourire aimable. Erika lui donne une poignée de main.

« Voici Ernst Lossa. Nouvelle admission. Bonne lucidité. Tu prends le relais ? Après, il doit aller voir le chef pour la visite.

— Tu m'as apporté les cigarettes ? »

Elle sourit et farfouille dans sa poche pour en sortir le paquet d'Overstolz. « Ce truc te mettra sur la paille.

— Accorde-moi encore ce vice. À part ça, je n'ai plus aucun plaisir dans la vie, dit l'homme en ricanant tandis qu'il lui donne l'argent.

— Et je devrais te croire ? » Elle se sauve dans le couloir en souriant. Quelques mètres plus loin, elle se retourne encore une fois. « Et regarde ses cheveux de plus près. Je crois qu'il a des poux. »

L'infirmier *Jakob Scheuwald* pousse Ernst dans la salle de bains. Il lui faut se déshabiller, entrer dans la baignoire. Scheuwald le frotte de haut en bas. Il voit alors sa chaîne et hausse les sourcils.

« Beau pendentif, fais attention que personne ne le pique. »

Puis il inspecte ses cheveux et plisse le front. « Ça m'a pas l'air bien, mon garçon. Ma parole, tu débarques tout droit de ta roulotte de Tzigane. »

Le mot en T ne vient apparemment à l'esprit des gens que quand ils ont quelque chose à reprocher. Quand quelqu'un vole : Tzigane. Quand quelqu'un roule quelqu'un d'autre : Tzigane. Quand quelqu'un ment : Tzigane. Quand quelqu'un a des poux : Tzigane.

« Je viens du centre d'éducation d'Indersdorf, dit-il, rétif.

— Bah on dirait qu'ils ne sont guère à cheval sur l'hygiène. C'est toujours pareil, ça fait des manières, et quand on y regarde de plus près, y a rien derrière. » Il jure doucement. Il disparaît un instant et revient très vite, avec une brassée de vêtements neufs et un rasoir. D'une main experte, il manie l'appareil. Ernst voit ses cheveux blonds tomber sur le sol et il touche son crâne chauve, d'un air triste.

« Ils repousseront vite, le rassure Scheuwald. Habille-toi maintenant, nous devons aller voir le chef. »

En haut, au troisième, ils entendent de loin le vacarme d'une voix d'homme. « Je ne tolère pas ça, vous le savez bien ! »

La voix en colère résonne à travers une porte à la vitre opaque. Scheuwald vient de lever la main pour frapper, mais il interrompt son mouvement. Tendu, Ernst regarde de la porte à Scheuwald et retour. Sur la plaque est inscrit : Dr Faltlhauser, directeur médical.

On entend la voix fluette d'une femme, puis de nouveau la large voix de basse de Faltlhauser : « Quiconque ne peut ou ne veut travailler est transféré – fin de la discussion. »

Une petite infirmière rondouillarde ouvre la porte. Sur son visage, on lit tristesse et déception.

Tandis qu'elle se faufile hors du cabinet, elle indique à Scheuwald d'un mouvement d'yeux que le moment est mal choisi pour parler avec le directeur. Scheuwald lui pose la main sur l'épaule d'un geste qui se veut apaisant.

De l'intérieur, Faltlhauser crie par la porte ouverte. « Quoi encore ? » Scheuwald prend une profonde inspiration et pousse Ernst dans la pièce.

Faltlhauser est installé derrière un imposant bureau noir. C'est un homme d'un certain âge et de belle allure, aux tempes grisonnantes, il porte des lunettes cerclées de métal et un costume noir sous une blouse blanche. Il a une raie et des cheveux raides comme si on les avait collés à son crâne avec de l'eau sucrée. Il lance à Ernst un regard perçant pardessus la monture de ses élégantes lunettes.

Scheuwald annonce : « Le nouveau venu Lossa, Ernst Lossa. Il est arrivé aujourd'hui d'Indersdorf. »

Faltlhauser fait un geste de la main. « Je n'ai pas le temps pour l'instant. Emmenez-le au Dr Ottmann. Wörle a-t-elle été avertie ? Qu'elle prépare un lit. Qu'Ottmann le lui envoie après la visite.

— Bien, monsieur le directeur. »

Un couloir plus loin, Ernst doit attendre dans une pièce. L'infirmier referme la porte à clé, de l'extérieur.

Ernst regarde autour de lui. Aux murs sont accrochés des croquis de corps humains, sur l'un on voit les muscles, sur l'autre les organes. Il y a un petit bureau avec une chaise, dans un autre coin un divan médical, avec à côté un petit guéridon où sont posés différents instruments médicaux qu'Ernst ne connaît pas : pinces, tenailles et instruments de mesure. Il attrape une pince et s'en sert pour mesurer sa jambe, puis son bras, puis le pied de la chaise. Soudain, dehors, la clé tourne dans la serrure. Vite, Ernst repose la pince. Un homme blond en blouse blanche entre avec difficulté. Il n'a qu'une jambe et, aidé de béquilles, il boitille jusqu'au bureau.

« Déshabille-toi, grogne-t-il, enlève tout, sauf le slip. »

Il a des cheveux blond clair et des taches de rousseur, il cligne des yeux derrière ses lunettes. Ernst est sûr d'avoir déjà vu le médecin, mais il ne se rappelle plus où. Pendant qu'il pose ses affaires sur le lit, le médecin feuillette le dossier rouge foncé qu'il a apporté. Soudain, Ernst voit l'ombre sur le mur, une ombre unijambiste avec des lunettes sans cesse remontées sur le nez, une ombre qui feuillette un dossier et fait gratter la plume de son stylo. Maintenant il sait d'où il le connaît.

C'est le médecin qui était venu en visite à Augsbourg. Le Dr Ottmann. Et il a vexé maman, peu avant qu'on vienne chercher Ernst. Ernst revoit clairement la scène, lui avec Malchen et Nanna et Christo à côté de maman près de la table dans la cuisine humide et sombre, et le docteur hautain assis en face d'eux.

« Quel âge as-tu ? »

Ernst ne parvient pas à parler. Il se contente de regarder l'ombre.

« Hé, tu entends mal ?

— Moi ? Euh, douze ans.

— Alors tu vas encore à l'école ?

— Mmm. »

Ce n'est pas un bon sujet, pense Ernst. Pourvu que l'homme ne lui pose pas de questions sur ses notes et les appréciations dans son carnet.

« Je ne t'ai pas compris.

— Oui ! »

Ottmann regarde tantôt le dossier rouge, tantôt Ernst.

Puis il demande : « Combien font sept fois huit ? »

Manquait plus que ça ! Ernst réfléchit fébrilement, mais il ne cesse de s'embrouiller. Plus ça dure, plus il devient nerveux.

« Alors ? »

Il commence à transpirer et remarque combien il rougit. Il décide de deviner. « Quarante-neuf. »

On dirait bien que c'est juste, car il entend le médecin marmonner doucement. Ottmann continue de feuilleter, puis semble avoir trouvé quelque chose d'intéressant.

« Je le savais bien. Je suis venu vous voir un jour dans votre appartement à Augsbourg. Des conditions déplorables. Ta mère est morte peu après, c'était prévisible. Quant à ton père… » Ottmann marque un temps d'arrêt et hausse les sourcils. « Il est toujours vivant.

— Oui, il est en Amérique, il a une immense maison. Et il est très riche.

— Tiens, tiens. En Amérique. Pourtant, ici, il est marqué autre chose. Tu ne veux pas plutôt rester dans la réalité ? »

Ernst regarde par terre et se tait. Qu'est-ce qui peut bien être marqué sur cette feuille ? Où papa peut-il bien être ? Ernst n'aurait pas dû prendre la fuite lors de sa dernière visite. La voix de papa résonne dans sa tête comme dans une église : « Je reviendrai à l'automne, au plus tard au printemps prochain, et alors on se tirera tous les deux. »

Ottmann referme le dossier. Ernst doit ouvrir grand la bouche et sent un bâton de bois s'enfoncer profondément dans sa gorge, jusqu'à ce qu'il en ait la nausée. Le médecin le palpe, prend des notes. Il examine la tête d'Ernst, ses yeux, ses oreilles, sa bouche, son corps en entier, il mesure tout, prend sa tension, l'ausculte, tape sur son genou à l'aide d'un petit marteau, lui chatouille l'aine avec un bâtonnet.

Pendant qu'Ottmann remplit les papiers, Ernst contemple la montre à gousset en argent que le médecin a posée à côté de lui sur la table. Une pièce d'une rare beauté. Puis Ottmann commence son prêche. C'est toujours pareil quand on est nouveau dans un foyer. Ernst doit bien se comporter et ne pas faire de bêtises, etc. Il n'écoute pas vraiment, tant la montre le fascine. Elle a un clapet en argent, ouvert, et un cadran blanc sur lequel sont gravés de gros chiffres noirs.

« C'est compris ?

— Oui, docteur. »

Ottmann se lève, claudique jusqu'à la fenêtre.

« Si tu observes les règles, tu seras très bien ici. Chez nous, on ne frappe personne. »

Il parle, toujours tourné vers la fenêtre, s'appuie sur une béquille, tient ses lunettes dans la lumière et les frotte. Ottmann, le type qui a humilié maman. C'est sans doute lui aussi qui l'a calomniée auprès des services à l'enfance pour qu'on vienne les chercher. D'un geste rapide, Ernst s'empare de la montre et la fourre dans son slip.

« Ici, c'est un établissement de soins, une sorte d'hôpital. Nous attendons de nos patients qu'ils soient disciplinés et obéissants. Ici on ne ment pas, on ne vole pas et on ne se bat pas. C'est compris ?

— Oui, docteur.

— Il faut écouter soigneusement ce que disent les médecins, les infirmiers et les infirmières. Il est interdit de quitter l'enceinte de l'établissement sans la compagnie d'un membre du personnel. Les horaires de visite sont stricts. As-tu quelqu'un qui pourrait venir te rendre visite ?

— Non.

— Bon. Rhabille-toi. On va commencer par te mettre chez les enfants, puis on avisera. »

Dehors dans le couloir, Ernst entend de nouveau le hurlement de loup, et il est sûr qu'il s'adresse à lui. Sans doute est-ce ce dingue de Fritz qui l'attend pour le dévorer tout cru. Si tel est le cas, il ne restera que la montre.

3

Voici les enfants oubliés. Personne ne vient jamais les voir, aucun père, mère, oncle ou tante n'apporte de gâteau ou de veste de laine tricotée à la main. On les a déposés ici et on les a perdus. Comme on les a oubliés, ils disparaissent, maigrissent de plus en plus, deviennent de plus en plus transparents. Et arrive un matin où leur lit est vide, alors on y met un nouvel enfant.

Une fois seulement, une maman est venue, rendre visite au petit *Martin.* Elle ne cesse de regarder autour d'elle et avance, légèrement courbée, entre les rangées de lits, comme un voleur qui ne voudrait pas être vu. Elle a honte de Martin qui passe ses journées au lit, à se balancer, prenant appui sur ses petites jambes arquées pour se repousser du bord, puis revient dans sa position initiale, se repousse et revient dans sa position, comme un mobile. Martin a neuf ans, mais il est malgré tout allongé comme un nourrisson dans un berceau, il se lèche sans arrêt le dessus de la main gauche et n'arrête pas de baver partout. À l'arrivée de sa mère, il se calme d'un coup, cesse de basculer, de rebondir et de se lécher, comme si on avait appuyé sur le bouton « arrêt ». Puis sa maman lui caresse la tête et il suit sa main de ses grands yeux. Elle reste assise là une heure sans doute. Elle ne cesse de se passer son mouchoir sur le visage. En partant, elle donne un paquet à

Wörle. Martin recommence à se balancer, à rebondir, à baver, pire qu'avant.

Wörle tapote le bras de la mère et lui dit de ne pas se faire de souci, son petit Martin est ici en de bonnes mains et bien traité, et la mère rajoute cinq marks au paquet.

Mina Wörle est l'infirmière en chef du pavillon des enfants. Elle est petite, corpulente et toujours aimable avec les visiteurs. Le reste du temps, elle est coincée et sévère, n'échangeant que le strict minimum avec les autres infirmières. Les autres critiquent la chef et ses attitudes, seulement quand elle n'est pas là. D'entrée, Ernst trouve Wörle bizarre, surtout à cause de ses yeux froids.

Le pavillon des enfants est situé à l'autre bout du parc, à une centaine de mètres du bâtiment principal. De temps en temps, Ernst a le droit d'aider l'infirmière Erika à aller chercher le repas ou à débarrasser du linge. Erika dit qu'Ernst est le seul du service à qui l'on puisse demander ce genre de choses. Sur ce point Erika a raison, car les autres n'ont pas toute leur tête, sont infirmes, paralysés, aveugles, ou tout à la fois. Il y a quarante enfants dans le dortoir et beaucoup ne quittent pas leur lit de toute la journée ; on doit les langer, ils restent là à regarder la couverture ou crient comme des nourrissons. On les nourrit de bouillie et Ernst a parfois l'autorisation d'aider.

De temps à autre, il fait aussi manger Martin. Martin est le chouchou des infirmières, car il a la tête blonde et bouclée d'un petit ange, même s'il ne cesse d'aller et venir en se balançant. Le nourrir n'est pas chose facile, parce qu'il n'arrête pas de gigoter et ne reste jamais étendu sans bouger. De plus, il bave, et quand Ernst parvient à lui mettre une cuillère dans la bouche, la bouillie ressort de chaque côté.

Un jour, Ernst observe Faltlhauser assis sur le lit de Martin et lui caressant la tête. C'est le meilleur moyen de calmer Martin un moment. Le directeur passe deux fois par semaine en visite, l'infirmière chef trottinant sur ses talons comme un petit chien et prenant des notes sur une feuille.

Une fois, le directeur est accompagné de plusieurs messieurs, les uns sont en uniforme, les autres portent des blouses blanches de médecin. Le directeur leur fait visiter le service et vante les infirmières et l'établissement, disant combien c'est propre et comme les enfants ont de la chance en dépit de leur malheur.

Puis il conduit les visiteurs jusqu'aux enfants les plus estropiés, *Elsa* et *Richard*. Elsa a quatre ans et est atteinte d'une hydrocéphalie de la taille d'une citrouille, alors que le reste de son corps est petit et frêle. Tête et torse ne vont pas du tout ensemble. Elle ne fait que rester alitée toute la journée et pousser des gémissements. Parfois elle émet un cri aigu, venu de nulle part. Richard a six ans et est difforme, ses pieds et ses mains sont de tailles différentes ; de plus, comme il louche, on ne sait jamais où il regarde, et il ne fait que pousser de petits sons gutturaux. On ne l'entend faire que des « ouh ouh » et, quand il s'énerve, ils deviennent plus forts.

« Il nous faut réfléchir à la question de savoir si une telle vie vaut la peine d'être vécue », dit Faltlhauser.

Les autres abondent dans son sens. Seul un jeune médecin interroge : « Devons-nous donc décider de qui peut vivre et qui ne le peut pas ? Qu'est-ce qui nous donne le droit de nous prendre pour Dieu ? »

Faltlhauser s'assied sur le lit d'Elsa, lui caresse l'hydrocéphalie, et elle cesse un moment de gémir. Il dit : « Dans un cas comme celui-ci, ce serait pourtant une délivrance.

— Qui ne nous incombe pas », dit le jeune docteur.

Faltlhauser s'indigne. « Bien sûr que si, ça nous incombe, cher collège, nous avons le devoir de choisir. Il vaut mieux réserver nos connaissances médicales pour les patients qui ont une chance de guérison. Les autres ne sont que des tas de viande vagissants dépourvus d'esprit.

— Nous sommes médecins, pas juges.

— Vous êtes jeune et idéaliste. Vous verrez dans quelques années. Quand vous serez dans l'établissement depuis aussi longtemps que moi, vous penserez autrement. »

Le jeune docteur est silencieux et semble pensif. Faltlhauser, toujours occupé à caresser l'hydrocéphalie d'Elsa, fait un signe à Wörle qui enlève la feuille de suivi de la pince au bout du lit. Martin, qui est deux lits plus loin, pousse un cri et se met à se balancer très vite, Faltlhauser y va, lui prend la main et lui dit des paroles apaisantes qui le calment tout de suite. Wörle regarde le directeur d'un air interrogateur, mais il secoue la tête. Puis les hommes s'en vont.

Le lendemain, Elsa va mal, elle ferme les yeux comme si elle dormait, elle respire difficilement, en faisant du bruit. L'après-midi elle se met à pousser des râles, une heure plus tard elle ne fait plus aucun bruit.

« Elle a cessé de souffrir désormais », dit Wörle en recouvrant Elsa.

Une fois qu'elle est partie, Ernst retourne voir Elsa et enlève la couverture. Elle semble différente, elle est presque transparente. Avec précaution, il touche l'hydrocéphalie, elle est toute froide. Effrayé, il retire la main. Ses gémissements incessants et ses cris l'ont souvent rendu nerveux, pourtant son silence est plus grave encore.

Pendant la nuit, il fait un cauchemar. Il est au lit, autour de lui tout est gris. Aucun air ne provient de la fenêtre, pas de lumière, pas de jardin. Les murs dépassent la maison. Il veut crier mais il a de la bouillie plein la bouche. Une grosse infirmière le nourrit à longueur de journée. Il voudrait se défendre, mais il est trop gras, avec des bras comme des pattes d'éléphant, on dirait une saucisse sur le point d'éclater. Elsa se tient devant lui, avec son hydrocéphalie, et le regarde d'un air triste. Personne n'a jamais été aussi délaissé que lui. Personne n'est autant dépourvu de mère, dépourvu de père, abandonné, damné. Il voudrait s'enfuir, il se cogne aux portes. Alors la grosse infirmière arrive, l'immobilise et l'étrangle.

Trempé de sueur, Ernst se réveille et regarde autour de lui, effrayé. Dans le dortoir alentour ne règnent que les habituels ronflements, apnées et gémissements. *Leni* et *Fanni*, les infirmières de nuit, sont assises dans la salle de garde adjacente au dortoir ; depuis leur petite table, par la porte ouverte, elles ont un œil sur tout. Leur lampe de table projette un cône de lumière étroit dans la rangée de lits du milieu. Ernst se faufile près d'elles, il peut les entendre faire des mots croisés et la causette.

« J'ignore ce qu'elle peut bien trouver à Frick », dit Leni.

Frick, c'est l'administrateur, un nain de jardin avec une jambe de bois qui aime se balader en uniforme SA et écrase le personnel à la moindre occasion. La plupart ont peur de Frick, parce qu'il est membre du Parti et crie et jure facilement.

Fanni glousse : « Celui-là, avec sa blessure de guerre et ses grands airs, je n'en voudrais à aucun prix.

— En fait, il court après les femmes comme un jeune godelureau. »

Les infirmières de nuit échangent des commérages. Puis Leni raconte que son ami lui a écrit qu'il souhaiterait l'épouser dès son retour du front. Tout à coup, Fanni met un doigt devant sa bouche. Toutes deux se penchent de nouveau sur les mots croisés.

On entend des pas dans le couloir. Vite, Ernst se cache dans son lit. Wörle arrive. Pourtant elle n'est pas de garde. Elle parle brièvement aux infirmières, puis va entre les rangées de lits. Son ombre est deux fois plus grande qu'elle. Elle s'arrête à la hauteur de Richard, s'assied près de lui et lui caresse doucement la tête. Il pousse un petit ouh, elle lui soulève la tête et lui donne quelque chose à boire. Une fois qu'elle est partie, Ernst va voir Richard, il dort de nouveau paisiblement. Et il sent le sirop de framboise. Ernst ne peut plus dormir et se faufile dans le lit à côté de *Rudi.* Il manque peut-être une case à Rudi, mais à part ça, il a tout. Rudi se réveille et demande ce qui se passe. Ernst lui dit de se taire et de le branler. Rudi ne comprend pas, Ernst lui prend donc la main et lui montre ce qu'il doit faire. Rudi retire sa main, du coup Ernst lui promet d'aller lui chercher un morceau de sucre le lendemain dans la cuisine, alors il le fait.

Le lendemain, on n'entend plus le ouh ouhhh de Richard. Il est étendu dans son lit, va et vient sans ouvrir les yeux, et il halète comme s'il avait de la fièvre. Il fait ça toute la journée et le jour suivant. Au matin du troisième jour, Richard est calme, paisiblement étendu dans son lit, il ne fera plus jamais ouh ouhhh.

Ernst dit à Rudi : « Wörle fait quelque chose aux enfants. »

Rudi lève les yeux au ciel et ricane. Puis il ajoute : « Des comprimés dans le sirop de framboise.

— Quoi ? Pourquoi dans le sirop de framboise ?

— C'est meilleur.

— Et après ?

— Après, crac ! » Rudi frotte ses poings l'un contre l'autre et ricane. Malgré son air idiot, Rudi ne l'est pas du tout. « D'une façon ou d'une autre, ils finissent par mourir », dit-il.

Et là, il a raison. Rien qu'en mai, une douzaine de nouveaux enfants arrivent, qui tous passent leur temps à somnoler et avec lesquels on ne peut communiquer. En juin, la moitié sont morts. Les lits sont vite remplis, parce que des tas de nouveaux enfants leur succèdent.

Ernst s'est adjoint les services de Rudi et de deux autres petits, qui volent parfois pour lui, lui donnent une partie de leurs repas ou mentent pour lui. La nuit, il continue de se faufiler dans le lit de Rudi. Tout à coup, au meilleur moment, l'infirmière Fanni est près d'eux. Elle tire la couverture d'un coup sec et voit Rudi en train de branler Ernst. Elle en fait tout un plat. Le lendemain, elle rapporte tout à Wörle qui, elle, rapporte tout lors de sa visite suivante chez le directeur. Ernst n'entend que des bribes de la conversation.

« Ça ne va plus avec lui… il met tout le service sens dessus dessous… totalement vicié… rien à en tirer… ment et vole… les meilleurs morceaux des repas du personnel soignant. »

L'histoire du repas, c'était hier. Depuis, les infirmières en ont après Ernst, même Erika qui a toujours pris sa défense. Il est monté chercher le repas dans la cuisine et, en route, dans la gamelle destinée aux infirmières, il a découvert de beaux morceaux de viande. Comme il avait faim, il en a immédiatement goûté un, puis un autre, et quand il est arrivé en bas au pavillon des enfants, il ne restait plus que quelques petits bouts de viande. Les infirmières ont d'abord pesté contre les radins des cuisines, mais le pot aux roses a fini par être découvert dans la soirée.

À la fin de la visite, Faltlhauser fait signe à Ernst de s'approcher.

« J'entends des choses qui ne me plaisent guère. »

Ernst se mord la lèvre inférieure.

« Je ne te le dirai qu'une fois. Si on me rapporte encore une seule plainte à ton sujet, il y aura de graves conséquences. Tu as compris ?

— Oui, monsieur le directeur. »

Malheureusement, deux jours plus tard, c'est jour de grand ménage dans le service. Tout est aéré, suspendu à l'extérieur, les lits sont faits à fond. C'est là que l'infirmière Erika tire de sous son matelas un trousseau de clés qu'Ernst lui a piqué la semaine précédente pendant le service de nuit. Erika est tellement fâchée qu'elle ne veut plus rien entendre. Ce qu'il dit, qu'il râle ou braille, importe peu, elle n'a aucune pitié. Elle l'attrape par l'oreille et le tire hors du dortoir.

Puis elle écrit un rapport pour le directeur, dans lequel elle dresse la liste de tous les méfaits d'Ernst. Une semaine plus tard, début août, elle emballe ses affaires et le conduit au bâtiment principal. Sur la porte de l'unité, il y a marqué « Service C2 ». À l'intérieur, c'est Scheuwald qui l'accueille, le soignant qui lui a donné le bain le premier jour.

« Fais bien attention au loustic, le met en garde Erika.

— On va bien le prendre en main, ici on a d'autres gaillards, dit Scheuwald en poussant Ernst dans le couloir austère. Bon, allons-y. »

4

Scheuwald pousse une porte et un brouhaha de bruits de bouche, de conversations, de rires frappe Ernst en plein visage. L'air est chaud et poisseux, et ça sent fort la nourriture et la sueur. Plus de trente hommes sont assis à de longues tables de bois et mangent du goulasch et de la purée de pommes de terre à la cuillère. Scheuwald va chercher une assiette en métal et une cuillère, et fait asseoir Ernst entre deux hommes sur le banc de bois.

« Fais un peu de place, Gustav, voilà un nouveau. »

Gustav ne semble pas du tout l'entendre. Il fourre goulûment un croûton de pain dans sa bouche et nettoie son assiette avec les doigts et la langue. Puis il voit que l'assiette d'Ernst est encore pleine et l'attrape. Mais Scheuwald est plus rapide, il lui donne une tape sur les doigts et le gronde. Gustav est vexé et marmonne.

Le second voisin d'Ernst se met à rire et ne cesse que quand Scheuwald lui met la main sur l'épaule et lui dit doucement : « C'est bon, *Horst*, calme-toi. Lui, c'est Ernst, il reste ici avec nous maintenant et vous deux vous allez vous occuper de lui un petit peu. Je peux vous faire confiance, n'est-ce pas ? »

Ernst observe les deux drôles d'oiseaux à côté de lui du coin de l'œil. Ce sont précisément ces deux-là qui doivent s'occuper de lui ? À les voir, on dirait plutôt que ce sont eux qui ont besoin d'une nounou.

Horst doit bien faire un mètre quatre-vingt-dix ; il est costaud. Il a des mains comme des battoirs, un menton en galoche et aussi de petits yeux malins. Quand il rit, on croirait entendre cliqueter un seau en fer. Il est en permanence fourré avec Gustav, même si tous les deux se disputent violemment au moins une fois par jour, sans toutefois jamais rester fâchés plus de cinq minutes. Gustav n'est pas beaucoup plus grand qu'Ernst et a le ventre de quelqu'un qui aurait avalé un ballon. Il sourit en permanence en regardant dans le vague, il a une voix de fausset et bégaie. Plus il s'énerve, pire c'est.

« Tt... tu vi... viens avec moi au ja... jar... jardin après ? » demande-t-il à la fin du repas.

Ernst ignore s'il a le droit. Ils demandent à Scheuwald et il dit oui. Scheuwald est plutôt débonnaire, tout le contraire de son collègue, *Pusch*, un type grognon et chauve, qui fait toujours une tête de six pieds de long.

Au jardin, on charge d'abord Ernst du désherbage des navets, mais le champ est gigantesque et il fait chaud, l'envie lui passe rapidement. Scheuwald lui dit : « Ce n'est pas en te contentant d'être là que tu vas faire disparaître les mauvaises herbes », et il l'envoie arroser les fleurs.

Ça se passe comme ça tout l'été et jusqu'à la fin de l'automne. Carottes, radis, betteraves, épinards, salades, oignons, choux-raves, choux, pommes de terre, partout la mauvaise herbe pousse plus vite qu'on la désherbe. Entretemps les patients doivent mettre de l'engrais, arroser, arracher, récolter, puis ramasser les baies, plus tard les pommes, les poires et les prunes. Horst et Gustav sont infatigables, ils montrent à Ernst comment biner, ratisser et tailler, comment couper les roses, repiquer les oignons, cueillir les pommes sans les meurtrir. Le seul point positif dans tout ça, c'est qu'on peut toujours arriver à grignoter quelque chose au passage. Les infirmiers ne voient pas ça d'un bon œil, mais, comme dit Horst, ils ne sont pas obligés de tout voir.

Le service est constitué d'une grande salle commune, où dorment trente hommes, et d'une enfilade de petites chambres à trois ou quatre lits. Au début, on met Ernst dans la salle commune, et par la suite on l'autorise à aller dans la chambre que Horst et Gustav partagent avec *Dieter*. Dieter est un jeune homme manchot qui semble tantôt tout à fait normal, tantôt regarde dans le vide à longueur de journée. Il est menuisier qualifié. Horst raconte qu'il a mis son bras dans la scie circulaire, et que ce n'était pas un hasard, parce que chez lui l'ordre d'incorporation de la Wehrmacht était déjà sur la table. Toutefois, la scie a coupé plus que prévu, et quand Dieter est rentré de l'hôpital, sa femme était partie parce qu'elle ne voulait pas rester avec un estropié et un lâche. Alors il a perdu la boule, il a saccagé l'appartement, jusqu'à ce que la police arrive et l'amène ici. Parfois, il se réveille la nuit et crie et, de la main qu'il lui reste, il tape à la porte comme un sauvage.

Il n'y a pas de poignée aux portes, il faut une clé pour entrer et sortir. Si quelqu'un doit aller aux toilettes la nuit, il doit faire dans un seau, d'où l'odeur pestilentielle dans toutes les chambres. Seule la salle commune est équipée de toilettes. Elles sont séparées par une cloison de bois à mi-hauteur et sont ouvertes sur le devant et sur l'arrière pour que les soignants puissent, de leur place, voir les hommes faire leurs besoins.

Le service regorge de secrets. Chacun a un endroit où il stocke, l'un son chocolat, l'autre son tabac, le troisième son schnaps. Chacun a quelque chose à troquer et tous désirent de l'argent. Horst en a surtout besoin pour son tabac qui empeste. Pour avoir quelque chose à troquer, il collecte les pièces de vélo. Il est toujours à la recherche de vis, de câbles, de rayons. Avant, il travaillait à l'atelier de l'établissement, mais il a tellement piqué qu'on l'a transféré au jardin.

En hiver, il n'y a plus grand-chose à faire dans le jardin, alors Ernst est affecté au transport de charbon. Le charbon est récupéré à la gare par des camions qui sont déchargés dans une cour réservée. De là, il faut le transporter dans la chaufferie à l'aide de brouettes et de seaux. Les seaux de charbon sont si lourds que les mains d'Ernst en sont toutes calleuses et pleines d'ampoules. Horst dit qu'il pourrait épargner à Ernst la corvée de porter les seaux, de telle sorte qu'il n'ait plus qu'à pelleter, seulement en échange il doit lui donner quelque chose. Alors Ernst pique le tabac dans la poche de pantalon d'un vieux patient tout bossu. Horst est content et s'en roule une tout de suite. Pendant que les autres transportent, Ernst peut regarder les flocons de neige se mêler aux boules de charbon pour faire une bouillasse brune.

Le lendemain, l'affaire du tabac est dévoilée, car le vieux bossu est allé se plaindre aux infirmiers qui ont immédiatement suspecté Ernst.

Ernst prend son air innocent et offensé, pourtant c'est peine perdue. Pusch dit qu'il ne doit pas mentir comme ça, que ça va être inscrit dans le registre des patients, et qu'il doit prendre garde sinon… Il ne finit pas sa phrase.

Le passe-temps favori des patients est le jeu de cartes. Tant que les soignants sont dans les parages, ils jouent des cigarettes, puis dès qu'ils sont entre eux ils misent de l'argent et trichent, si bien que ça finit en grabuge. Horst est passé maître dans l'art de tricher, il connaît tout un tas de trucs et finit toujours par tromper son monde.

Un samedi de décembre, une nouvelle dispute éclate. Gustav peste de sa voix de fausset, parce que Horst a truandé une fois de plus. Horst bougonne que Gustav n'est qu'un mauvais perdant. Ils se provoquent un bon moment et Gustav hausse de plus en plus le ton, jusqu'à crier : « Il va encore f… fa… falloir te cho… cho… quer. Quand Ot… Ottmann arrivera demain, je lui dirai que Ho… Horst doit absolument se faire choquer.

— Et toi il faut qu'ils viennent te chercher avec leurs bus gris ! Tu verras alors », rétorque Horst. De colère, il jette sa feuille et dit qu'il n'a plus envie. Il s'assied avec Ernst, deux tables plus loin, et boude un moment.

Alors Ernst dit : « J'ai bien vu que tu as caché deux cartes sous la table. » Et il lui promet de ne pas le trahir, en échange d'une cigarette.

« T'es encore trop jeune pour ça.

— J'ai déjà treize ans.

— Hoho, déjà treize ans, alors. » Il en roule une pour Ernst et une pour lui, tout en continuant de marmonner.

Ernst sait ce que « choquer » signifie. Ils en ont tous peur. Peur de voir entrer les infirmiers l'appareil à la main. Ça n'arrive pas aussi souvent qu'au C3 où ils font quotidiennement des électrochocs. Ici c'est juste à l'occasion, quand quelqu'un est pris de folie ou quand quelqu'un ne fait que traîner en regardant dans le vide. Les soignants apportent alors l'appareil dans la salle commune, installent un paravent pour que les autres ne voient pas ce qui se passe pendant le traitement. Ernst a quand même déjà regardé quand ils ont choqué *Hermann.*

Hermann est un pauvre bougre qui vit dans son monde et n'a pas vraiment de contacts avec les autres. La plupart du temps, il parle tout seul. Mais parfois il entend des voix, alors il commence à crier sans qu'on puisse le calmer.

Un jour où c'était de nouveau très grave, Scheuwald et Pusch sont venus avec l'appareil. Ils ont posé deux parties métalliques sur les tempes d'Hermann, comme une grosse pince dans laquelle on met la tête. Ils lui ont d'abord passé de la crème sur les tempes, lui ont enlevé son appareil dentaire et collé une cale en caoutchouc dans la bouche. Ils se sont mis à deux pour le tenir et ont branché le courant.

Horst a dit qu'il est important de tenir, que sinon les gens se brisent les os, à cause des secousses. Et grâce à la cale qu'ils ont dans la bouche, ils ne peuvent pas se mordre la langue. Hermann a juste poussé un cri bref, c'était plus un son étouffé. Puis il s'est redressé d'une telle force que Scheuwald et Pusch ont eu bien du mal à le maintenir sur le lit. Après ça, on aurait dit un autre homme, il a dormi longtemps, il était calme comme un agneau et ne savait plus ce qui se passait.

Personne ne veut être choqué, même si Ottmann dit toujours que c'est le meilleur moyen de calmer les gens. Ernst comprend que Horst n'ait aucune envie d'être choqué. Mais qu'a-t-il bien pu vouloir dire avec les bus gris ?

Quand Ernst le lui demande, Horst commence par recracher la fumée et agite la main. « Ça fait longtemps qu'il en est plus venu.

— Quoi ? Des bus ?

— Le dernier est venu l'an passé, en été, je crois que c'était en août.

— Et qu'est-ce qu'ils font ?

— Ils t'emmènent. Et alors… » Il approche son petit œil d'Ernst. « Alors on te gaze.

— Quelle sottise !

— Demande aux autres, si tu me crois pas, ou demande à Scheuwald, il le sait aussi. Ils ont pas arrêté de venir, pendant une année environ, et ils ont emmené des gens d'ici, parfois un bus, parfois deux. Ils y ont fait monter les malades, seulement ceux qui étaient complètement débiles, qui pouvaient plus travailler, ou ceux qui étaient gravement estropiés. Puis ils sont partis.

— Où ça ?

— Aucune idée. Il a toujours été question d'un simple transfert. Seulement on est pas fous. La deuxième fois que les bus sont venus, il y avait des caisses à l'intérieur, avec les affaires de ceux qu'ils avaient emmenés la première fois. On a plus jamais entendu parler d'eux, ils les ont simplement fait disparaître quelque part dans un endroit secret ; encore des morfales en moins. Depuis, ici, on a tous la trouille de voir revenir les bus. Pourtant, tant que tu travailles, t'as rien à craindre, ils peuvent se servir de toi. Mais quand tu fais plus rien et que tu te fais entretenir… », Horst fait tourner sa main devant les yeux d'Ernst, « alors ça devient dangereux ».

Ernst est certain que Horst a juste inventé l'histoire pour lui faire peur. On raconte tellement de bêtises ici, c'était encore une de ces histoires à dormir debout. Le lendemain, pendant la pause, il demande à Scheuwald si l'histoire des bus gris est vraie.

L'infirmier le regarde d'abord d'un air effrayé, puis fait un geste. « Ce sont de vieilles histoires, ne t'inquiète pas, petit. »

Deux semaines plus tard, Hermann entend de nouveau des voix, et cela empire. Il se débat et ne laisse personne l'approcher. Dès que quelqu'un vient vers lui, il commence à hurler, qu'ils ne sont que des bêtes et veulent tous sa mort. Alors Scheuwald et Pusch viennent avec l'appareil. Contre les deux robustes infirmiers, Hermann n'a aucune chance, pourtant il crie comme si on l'embrochait. Alors Pusch dit : « Toi, on aurait mieux fait de te coller dans le bus. »

Cela n'a aucun effet sur Hermann qui ne comprend plus rien du tout, mais les autres alentour rentrent la tête dans les épaules. Ernst sait alors que Horst n'a pas menti.

5

Depuis le début de l'année, ils doivent tous régulièrement se rendre dans l'abri antiaérien. L'abri est sombre et gigantesque, traversé de part en part par une allée centrale bien nette. Il est si long que les artisans qui doivent y travailler prennent un vélo pour se rendre d'un bout à l'autre. Tous les dix mètres seulement, il y a une petite lampe opaque. Dans l'intervalle, il fait très sombre et il y a des scarabées noir et brun partout.

En cas d'alerte aérienne, les malades sont descendus et répartis selon les services dans les pièces de l'abri par le personnel soignant. Beaucoup doivent être portés et regardent autour d'eux, perplexes, car ils ne comprennent pas pourquoi ils doivent sortir de leur lit. L'an passé ce n'étaient que des exercices, mais maintenant que Munich est de plus en plus fréquemment bombardée, ce sont de vraies alertes.

Ils se retrouvent entassés entre de vieilles caisses et des étagères. L'air est poisseux et ça pue, car les malades n'arrêtent pas de se faire dessus. Bien que rien ne se passe, la tension est palpable, de nombreux malades ne le supportent pas, se mettent à trembler ou à parler tout seuls, d'autres gémissent, veulent ressortir et doivent être tenus de force à distance des portes. D'autres s'accrochent aux infirmiers et pleurent comme des petits enfants.

C'est dans l'abri antiaérien qu'Ernst voit pour la première fois Fritz, celui qui l'avait tant effrayé le premier jour avec ses hurlements. C'est un type immense à la stature de champion de boxe et au visage de petit garçon. Il jette un coup d'œil inquiet autour de lui dans la pièce bondée, puis s'assied dans un coin et se ronge les ongles tandis que ses yeux errent. Soudain, il se met à souffler fort, l'infirmier près de lui veut le calmer, mais Fritz se lève et veut sortir. Quand l'infirmier le retient, Fritz a les yeux qui commencent à se révulser, au point qu'on n'en voit plus que le blanc, puis il se met à geindre comme un animal blessé, sans pouvoir s'arrêter. L'infirmier veut le faire rasseoir, alors Fritz, qui a une tête de plus que lui, l'attrape, le soulève et le projette contre une étagère. Immédiatement, trois infirmiers se précipitent sur Fritz et le plaquent au sol. Ce n'est que quand ils lui font une piqûre qu'il cesse de crier.

Trois jours plus tard, nouvelle alarme, mais Fritz n'est plus là. Au déjeuner, Horst raconte qu'ils ont transféré Fritz à Irsee. C'est l'établissement voisin, distant de cinq kilomètres environ.

« C'est à Irsee qu'on met les cas graves, dit Horst, seulement ceux qui sont complètement barrés.

— Ce... c'est p... pas vrai, contredit Gustav, Irsee est un ssan... sanat... orium, avec des religieuses qui sont ggg... gentilles avec les gens et et... là-bas iiils travaillent moins que nous et leur nourriture est mmm... meilleure que la nôtre.

— Encore heureux, marmonne Dieter. Vous devriez voir le genre de bouffe que reçoivent ceux du C1. Ça te retourne l'estomac.

— Mais ils foutent rien non plus, dit Horst, ils attendent que ça se passe. C'est normal qu'on leur donne moins. »

Dieter secoue la tête. « Il n'y a plus que du bouillon clair de raves et du chou, midi et soir, et pas même un bout de pain. Ils ont tous la courante et beaucoup ne vont même plus chier. J'y ai été hier pour faire quelques lits. Je vous dis pas de quoi ça a l'air. Les hommes sont totalement décharnés, certains errent, on dirait des cadavres ambulants.

— En temps de guerre chacun doit savoir consentir à des sacrifices, dit Horst. Pense un peu aux gars à Stalingrad, ils seraient contents d'avoir un tel repas. »

Les infirmiers aussi se plaignent des nouvelles directives d'alimentation. Depuis octobre, seuls les malades aptes au travail reçoivent une alimentation normale. Tous les autres sont mis à la diète. Partout on voit des gens décharnés, aux joues creuses, déambuler dans les couloirs, quémandant un peu de pain à tous ceux qu'ils croisent. Dans la cour à charbon, Ernst entend Scheuwald et Pusch se plaindre de la privation de nourriture**.

« Du chou, des raves et du bouillon sans gras, pas étonnant que les gens attrapent la dysenterie ou le typhus, dit Pusch.

— C'est précisément là l'intention, dit Scheuwald. Comme ça, il se libère de nouveau quelques lits.

— Ne dis pas ça tout haut. Tu as entendu le chef pendant la réunion générale du personnel ?

— Oui, plus de valeur nutritive pour le personnel et ceux qui sont aptes au travail, me fais pas rire, dit Scheuwald. Maintenant que les bus ont cessé de venir, ils réfléchissent à une autre méthode.

— Tais-toi, bon sang ! » Pusch a découvert Ernst, alors tous deux se taisent et le chassent.

Ernst se demande s'il doit avoir mauvaise conscience d'avoir quelque chose dans son assiette, quand bien même il ne s'agit que d'un mélange de pommes de terre et de petit-lait, alors que ceux du C1 n'ont qu'un bouillon maigre et ceux de Stalingrad rien du tout. Voilà des semaines qu'à la radio on parle de Stalingrad et, la semaine passée, les journaux ont annoncé en gros titres que la Wehrmacht avait capitulé devant les Russes. Le Führer a ordonné trois jours de deuil national ; devant l'établissement les drapeaux ont été mis en berne. La radio passe des marches funèbres et un discours où le ministre du Reich Goebbels dit qu'un malheur a frappé le peuple allemand, parce qu'on a perdu Stalingrad. Les infirmiers ont l'air sombres et secouent la tête.

Dans la chambre d'Ernst, l'ambiance n'est pas meilleure. Le cas de Dieter empire. À chaque alarme, ses yeux se révulsent et il est pris de tremblements. Un jour, après le petit déjeuner, au moment où tous vont dans la cour à charbon, Dieter a disparu. Pendant la matinée il règne une grande agitation et au déjeuner ils apprennent qu'il est allé en chaussons dans le bâtiment administratif où, sans se faire remarquer, il est monté au troisième, d'où il a sauté. Autour de son corps tout tordu il y avait une grande flaque de sang. Mais avant de sauter, là-haut, il a soigneusement enlevé ses chaussons.

Après cela, Horst se replie sur lui-même et reste silencieux. Gustav s'inquiète qu'il y ait bientôt encore moins à manger. Il est bien avec la cuisine, alors il arrive toujours à magouiller, cette fois il a même eu un jambon. Ernst sait exactement où se trouve la réserve de Gustav. À la première occasion, il se glisse sous son lit et soulève prudemment une latte du parquet. Seulement le jambon se met à lui titiller les narines et sent si bon qu'il mord immédiatement dedans. Parce qu'il ne veut pas remettre le jambon dans lequel il a mordu, il le fourre sous sa chemise et se tire. Le lendemain, Gustav se met à brailler, sans pouvoir se plaindre aux infirmiers, sous peine de révéler sa cachette. L'après-midi, ils vont tous au jardin. Ernst se met à l'écart sous un arbre qui porte déjà les premières pousses vertes. Il se sent mal d'avoir mangé autant de jambon. Il ferme les yeux et somnole, quand tout à coup Gustav s'assied sur lui et le prend à la gorge.

« T… t'as volé mo… mo… mon jambon.

— Non, c'est pas moi, je te promets », arrive à sortir Ernst.

« Je… je le s… ss… sais bien. J'ai trouvé ça sous t… tt… to… ton matelas. » Gustav dégaine l'os presque entièrement rongé et l'agite d'un air menaçant au-dessus de la tête d'Ernst. « Je v… vv… vais te le fourrer d… dd… dans la gueule, espèce de de s… ss… salaud. »

On peut lui faire confiance pour mettre sa menace à exécution, alors Ernst s'écrie vite : « Attends, je vais te donner quelque chose en échange. »

On dirait que ça fonctionne. Curieux, Gustave demande : « Ah bon ? Qu… Quoi donc ?

— Quelque chose de beau, mais tu dois d'abord me lâcher.

— Dis d'ab… bord ce qu… que c'est.

— Une montre. Une superbe montre en argent. »

Gustav réfléchit, tandis qu'Ernst étouffe presque sous son poids. « D'accord… g… gg… gare à toi si… si tu mens. » Il lâche Ernst.

Ernst dit à Gustav de l'attendre là et se dirige vers le fond du parc, où se trouve sa cachette, sous le tilleul, juste à côté du mur. C'est vraiment dommage pour la montre, il aurait pu en tirer un bon prix en la vendant. Mais avant que Gustav ne le tue, il préfère lui donner la montre.

Gustav s'en réjouit comme un enfant. Il accroche immédiatement la montre à sa ceinture et parade avec.

C'est précisément ce soir-là qu'Ottmann vient en visite et voit Gustav parader avec la montre. Ottmann ne remarque d'abord pas qu'il s'agit de la sienne, puis Gustav se sent obligé de montrer la bonne affaire. Cinq minutes plus tard, Ottmann se plante devant Ernst, ses tout petits yeux le transpercent. Il écume et lui agite la montre sous le nez. « Attends un peu, mon garçon, voilà qui aura des conséquences. »

Le soir, Ernst demande à Scheuwald si on va le choquer maintenant, et l'infirmier dit à Ernst qu'il n'a pas de souci à se faire. Par ailleurs, dit Scheuwald en ricanant, personne n'a encore jamais osé voler la montre d'un docteur, surtout celle d'Ottmann, que tout le monde déteste. Ernst a quand même peur de l'étrange appareil et il regarde constamment en direction de la porte pour voir s'ils n'arrivent pas avec malgré tout.

Pendant la nuit, il rêve qu'ils arrivent à trois pour le tenir et lui mettre l'appareil à électrochocs sur les tempes, alors il a chaud et froid à la fois, il claque des dents et son corps est secoué de spasmes. Le lendemain, il est vanné. Gustav est assis sur le lit et le regarde tristement.

« T'en fais pas, dit Ernst, je te trouverai une autre montre ».

Mais Gustav se contente de secouer la tête et pointe la salle de garde du menton. Quand Ernst se retourne, il voit Ottmann parler avec les infirmiers. Puis Pusch arrive et se campe devant lui.

« Eh bien, mon garçon, tu t'es définitivement grillé ici. »

LIVRE V

Drôle d'endroit

1

Le 5 mai 1943, Ernst quitte Kaufbeuren. C'est un jour de printemps de toute beauté, avec de petits nuages dans le ciel bleu. Les arbres, les buissons et les fleurs veulent tous éclore en même temps après le long hiver sans fin, de toutes parts jaillissent feuilles et bourgeons. Ernst est assis sur la plate-forme de chargement d'un petit camion et laisse le vent lui souffler sur la tête où un duvet blond recommence à pousser. Il hume les parfums qui enveloppent le paysage.

Le monde sautille et se balance au rythme des nids-de-poule. Des images de jadis surgissent et le souvenir le rend triste. Le balancement, la lumière vive, le bourdonnement dans l'oreille, l'odeur des prés et des champs qui défilent en dansant. La dernière fois qu'il a voyagé dans la roulotte, c'était il y a bientôt dix ans ; tout était simple et beau alors. Et maintenant tout est chamboulé et fou. Et ça va être encore plus fou, tout du moins s'il en croit les prévisions alarmistes de ses camarades qui ont dit qu'à Irsee il n'y a que les plus grands débiles, ceux qui sont totalement idiots, et les cas désespérés.

Le chauffeur s'appelle *Toschek*, c'est un hurluberlu grincheux qui porte une casquette de gavroche et dont les sourcils sont joints.

Chaque matin, il parcourt dans sa voiture de livraison les cinq kilomètres en direction d'Irsee, apporte du pain, de la viande, de la charcuterie, des fruits et légumes, du café d'épeautre, du riz, des pâtes ou de la semoule, ainsi que du bois, des pièces de rechange et des médicaments, et au retour il rapporte des pommes de terre, du lait et du fromage à Kaufbeuren.

Toschek commence par entrer dans la ville, s'arrête devant une épicerie et disparaît par la porte qui s'ouvre et se ferme avec un son de cloche. Dans la petite vitrine, il y a un panneau de réclame pour du savon de Marseille et à côté une grande affiche où l'on voit le Führer en conversation avec trois jeunes garçons des JH, la main posée avec fierté sur l'épaule de l'un d'eux. En dessous, sur un étal, il y a, impeccablement alignés, des allumettes, des lacets, un sachet de lithinés, du café de figue, du sel et un petit carton de sucres d'orge de couleur. Ernst n'a goûté qu'une fois de telles friandises. Papa était revenu de sa tournée et avait dit que, pour célébrer ses bonnes affaires, il allait lui offrir quelque chose. Ils étaient allés en ville et Ernst avait eu le droit de choisir un sucre d'orge. Quand Toschek revient, Ernst demande s'il peut rester assis derrière sur la plate-forme de chargement.

« Si tu as l'intention de te tirer, tu vas avoir des problèmes », menace Toschek qui finit pourtant par accepter. Il est content d'avoir sa tranquillité à l'avant et allume une cigarette.

Quand ils sortent de la ville, le cahotement du chargement se met à augmenter au point que les caisses de légumes ont des sursauts et que les sacs de céréales bougent sur la plate-forme. Ernst regarde les dernières maisons de Kaufbeuren disparaître derrière un rideau d'arbres. Puis la traînée de poussière du camion l'empêche de voir. Il se fait une couche de deux sacs bien mous de céréales, attrape une pomme dans la caisse et savoure l'agréable chaleur du soleil de mai. À chaque nid-de-poule, les nuages au-dessus de lui sursautent en tous sens. Le soleil fait du bien, le vent fait du bien, il apporte les senteurs de terre fraîche et d'herbe coupée. Ernst souhaiterait que Toschek continue, toujours plus loin.

Ils tournent ; le camion grimpe une montagne, plonge dans une forêt et, au sortir d'un virage, Ernst voit les flèches de deux clochers surplomber les arbres. Elles se dressent comme deux têtes blanches de dragons au-dessus d'un océan d'arbres.

Peu après apparaît le panneau qui signale l'entrée d'Irsee. Ernst aimerait bien voir le village, mais Toschek tourne immédiatement après le panneau et s'arrête devant un portail de bois. Derrière se dresse un bâtiment gigantesque, mi-château mi-couvent, recouvert de la même peinture de camouflage gris, vert et jaune que l'établissement de Kaufbeuren, pour les protéger des attaques aériennes. Il est quand même bizarre que les tours de l'église qui surplombent tout derrière la maison aient été laissées en blanc éclatant. Si on a peur des avions, on devrait peindre les tours en premier.

Toschek appuie deux fois sur le klaxon et bougonne, car personne ne se précipite pour ouvrir. Il klaxonne une nouvelle fois et au même moment les deux battants s'ouvrent. Ernst s'agenouille sur les sacs de provisions et garde les yeux rivés entre les battants. Tout autour de la cour se jouxtent plusieurs bâtiments de ferme, des granges, des stalles, des ateliers, des remises. Sur la droite il y a un jardin bien agencé où l'on distingue clairement des arbres, des arbustes, des serres et un jardin potager. Tout semble très soigné et propre.

Un infirmier d'un certain âge, reconnaissable à sa blouse à carreaux bleus et blancs, est appuyé à une porte latérale et surveille un groupe de patients en train de charger les poubelles sur une brouette. Quand il voit le camion, il approche tranquillement. Il est de taille moyenne, mince, presque sec, et cligne des yeux avec bienveillance.

« Bonjour, Erwin, tu as de l'aide aujourd'hui ? » demande-t-il à Toschek.

Il porte la main à sa casquette et sourit d'un air las. « Ce serait bien. On m'a demandé de vous l'amener, un nouveau candidat pour vous. »

L'infirmier s'avance vers Ernst et lui serre vigoureusement la main. « Je m'appelle Max Ries. Et qui es-tu ?

— Je m'appelle Ernst. »

Max fronce les sourcils et interroge le chauffeur qui s'allume une cigarette. « Tu es sûr qu'il doit venir chez nous ? »

Toschek hausse les épaules, va chercher une enveloppe marron dans la voiture et la remet à l'infirmier. « Ils m'ont dit de le déposer ici. Et de me méfier qu'il ne me vole rien. »

Ries prend l'enveloppe, dit à son groupe de continuer à travailler sans lui, et conduit Ernst dans la maison. Pendant qu'ils traversent les vieux couloirs hauts de plafond, Ries le questionne. Il garde la tête de travers et repose souvent ses questions, il doit être sourd. Il veut savoir dans quel service se trouvait Ernst, combien de temps il a passé à Kaufbeuren, quel âge il a. Quand Ernst lui dit qu'il a treize ans et demi, l'infirmier le regarde, incrédule.

« Je t'aurais donné quinze ou seize ans. Là, nous allons voir le Dr Gärtner, c'est le médecin-chef de l'établissement, et il va décider où tu vas aller. »

Gärtner a dans les trente-cinq ans, c'est un type bizarre avec une grosse tête et peu de cheveux et, s'il ne portait pas sa blouse blanche, on pourrait tout à fait le prendre pour un des patients.

Au départ, le Dr Gärtner ne sait pas trop ce qu'il doit faire d'Ernst, puis il l'envoie en M2, avec les hommes aptes au travail. Le grand dortoir ressemble à celui de Kaufbeuren, sauf qu'il y a plus de lits. Il doit y en avoir une quarantaine, disposés en trois rangées. On donne à Ernst un lit près d'une fenêtre. De là, on a vue sur le jardin, sur les arbres, les murs de pierre rouge et les allées de gravier.

Quand arrive le premier déjeuner, il se retrouve, déboussolé, dans le grand réfectoire austère et observe le chaos. C'est un chaudron de sorcière bouillonnant. Des hommes défigurés ou gesticulant nerveusement sont installés aux tables. Des hydrocéphales qui bavent, des insensibles qui se curent le nez, des fous qui se balancent ou tapent sur leur table avec leur écuelle en fer-blanc. Certains l'observent avec des visages impassibles, d'autres ricanent bêtement.

L'un d'eux jette son écuelle sous la table et rampe après elle pour lécher la sauce à même le sol, un autre barbote sauvagement dans son assiette, un troisième crie car son voisin lui a pris une pomme de terre. Les deux infirmiers et la religieuse qui servent le repas ont toutes les peines du monde à faire cesser le désordre.

Soudain un garçon costaud aux allures de géant s'avance vers Ernst, le prend par la main sans le moindre mot, le conduit à une table et le pousse à côté de lui sur le banc.

Il se présente, « Oïa », c'est un jeune homme grand et fort comme un ours. Mais la religieuse avec la nourriture l'appelle *Florian* et Ernst se rend compte que le géant est juste incapable de prononcer correctement son nom. « O-i-a », dit-il d'une voix gutturale, lentement, comme il fait tout du même rythme lent. Oïa est très content qu'Ernst soit assis à côté de lui, et pendant le repas il n'arrête pas de lui tapoter le bras. Assis en face d'Ernst, il y a un garçon à peine plus âgé que lui, qui ressemble à un tire-bouchon. Qu'il arrive à manger avec ses mains vissées tient du miracle. À côté du tire-bouchon, il y a un gros type avec une tête de bouledogue, un énorme bec-de-lièvre et des dents de travers qui lui sortent de la bouche.

« Tu es nouveau ? » demande le tire-bouchon. Ernst acquiesce.

La tête de bouledogue le regarde, tend soudain la main par-dessus la table et essaie d'arracher la chaîne d'Ernst.

Le tire-bouchon lui tape immédiatement sur les doigts et crie. « Arrête, Willi, bas les pattes, c'est mon ami ! »

Celui qui s'appelle Willi lâche tout de suite et regarde son voisin, effrayé, puis il recommence à manger, comme si de rien n'était.

Ernst rajuste sa chemise et dit au tire-bouchon : « Je suis pas ton ami. Je te connais pas du tout.

— Hé, je t'ai sauvé de Willi. Regarde un peu : Willi, il fait comment le chien ? »

Willi commence à grogner, montrant ses dents de travers. De la salive coule de sa bouche, son visage s'approche de plus en plus.

Ernst a un mouvement de recul. « C'est bon, Willi, c'est bon. »

Seulement Willi ne s'arrête que quand son voisin se met à crier : « Arrête ! Couché ! »

Willi obéit tout de suite et replonge dans sa nourriture.

« Comment tu t'appelles, au fait ? veut savoir le tire-bouchon.

— Ernst Lossa, et toi ?

— *Josef Göbitz* », marmonne-t-il dans sa gamelle.

Ernst avale de travers et se met à tousser. « Joseph Goebbels ? Tu te fous de moi. »

Josef fait la grimace. « Göbitz, je m'appelle Göbitz. »

Ernst secoue la tête. « Un discours, tu dois faire un discours. » Il donne une bourrade à Oïa. « Tu as entendu, le Dr Goebbels fait un discours. Dites-nous comment ça se présente sur le front ? Que donne l'arme miracle* ?

— Ta gueule, espèce d'idiot. » Josef semble vexé et Ernst ne peut pas s'arrêter de rire.

L'après-midi, ils sont tous dans le jardin. Ernst est assis au soleil sur les marches devant la maison, pendant que devant lui quelques hommes offrent un bruyant spectacle. Ils se réjouissent sans doute que ce soit enfin le printemps.

Le printemps, ça veut dire que papa reprend la route. Est-il toujours fâché après lui ? Peut-être qu'il l'a oublié et qu'il part maintenant rien qu'avec Malchen et Nanna en Amérique – et qu'ils le laissent là, parce qu'il n'a pas été sage.

Son nez se met à couler et il l'essuie sur la manche de sa veste. Tout à coup, quelqu'un lui tend un mouchoir. C'est Max Ries, qui s'est assis à côté de lui.

« Le premier jour est toujours dur. »

Il s'adresse au jardin, sans regarder Ernst, et il continue de regarder dans le vide.

« La plupart se sentent seuls et perdus et leur famille leur manque. Je peux tout à fait comprendre que tu penses à ton chez-toi. »

Sans tourner la tête, Ernst lui dit : « J'ai pas de chez-moi.

— Voilà qui est bien triste. Et tes parents ? »

Ernst continue de faire comme si l'infirmier n'était pas là et se sert de nouveau de sa manche pour s'essuyer le nez. Ries veut remettre le mouchoir dans sa poche, mais Ernst le lui prend des mains et le fourre dans la poche de son pantalon.

« D'où viens-tu ? » demande Ries.

Ernst le regarde pour la première fois. Pourquoi demande-t-il ? Il le sait bien. « De Kaufbeuren. C2.

— Et avant ?

— J'étais dans un foyer.

— Et avant ?

— Dans un autre foyer.

— Et avant ?

— Sur la route.

— Sur la route ?

Ernst hoche la tête, avec l'impression d'être un vieil homme sage qui se penche en arrière sur une vie déjà longue.

Ries le regarde, curieux, et attend qu'il poursuive. Au même moment, une dispute éclate devant eux. Deux hommes qui jouaient à la marelle ont commencé à s'empoigner. L'un crie comme si on l'embrochait et jette au sol l'échiquier et tous les pions dans un geste de colère. L'autre est sur le point de se précipiter sur lui. Ries bondit pour s'interposer et Ernst n'a pas à poursuivre. Le tumulte devant lui s'atténue et seules les voix des deux coqs lui parviennent comme de très loin…

Il voit une place de village et entend les cris, puis les poings qui tambourinent sur la bâche de la roulotte, jusqu'à ce que papa les sauve et les conduise hors de la ville, roule jusqu'à ce qu'il trouve une bonne place pour faire un feu de camp, raconter des histoires, chanter et jouer de l'harmoneya. Ils se serrent fort les uns contre les autres, c'est si doux, si chaud, et maman chante et illumine la nuit.

2

Gustav avait raison. À Irsee, la vie n'est pas aussi dure qu'à Kaufbeuren, on ne les fait pas travailler autant, le personnel soignant et les religieuses sont plus chaleureux, on dirait une grande famille. Et les nonnes chargées de la cuisine préparent de meilleurs repas.

Mais uniquement pour les patients qui travaillent. Ici aussi les autres n'ont droit qu'à une soupe de légumes bien claire, et quémandent à manger auprès des membres du personnel qui détournent un peu de leur propre ration à leur intention ou leur apportent à manger de chez eux.

Cela fait maintenant trois mois qu'Ernst est ici. Il connaît le moindre recoin de la maison et toutes les ruelles du village, car il lui faut, comme de nombreux autres patients, faire de petits travaux ou des courses pour le personnel soignant ou les paysans. Il a de nouveaux amis et surtout il a Max, son infirmier préféré. Max Ries est un des infirmiers les plus âgés de l'établissement et voilà déjà plus de trente ans qu'il travaille à Irsee. Il est pour lui comme un père, Ernst a souvent l'autorisation de lui donner un coup de main et, de temps en temps, Ries lui apporte un bout de pain de chez lui.

Maintenant, Max sait aussi que le père d'Ernst est marchand ambulant et que sa mère est au ciel. Quand Ernst l'aide à battre les tapis, à réparer les lits en métal ou à balayer la salle de garde, il parle à Max des Yéniches, du voyage, de la vente ambulante et de la fête, de sa grand-mère à Buchau qui fait les meilleures crêpes du monde et de grand-mère Babett qui a habité un peu partout et a restauré les églises. La seule chose qu'il ne raconte pas, c'est que papa a été dans un camp de travail.

Ries lui raconte qu'il a une femme et deux enfants, qu'il sera bientôt à la retraite et qu'en fait il a suivi un apprentissage de coiffeur, ce qui explique pourquoi une fois par mois, il fait le tour pour couper les cheveux et tailler les barbes.

La plupart se réjouissent quand Max vient couper les cheveux, surtout quand il apporte sa lotion capillaire parfumée. D'autres doivent être immobilisés et crient, comme si on les massacrait. Pourtant il n'y a vraiment rien à craindre de Max. Il n'attrape jamais personne trop brutalement. Il y en a d'un tout autre genre parmi les infirmiers, quelques-uns semblent prendre plaisir au fait de pouvoir frapper fort, ils savourent leur pouvoir et aiment voir les patients ramper devant eux et leur lécher les bottes. Max dit toujours qu'on n'a pas le droit de passer ses humeurs sur les malades.

Un de ces jours, il ferait bien de le dire à Heichele qui arpente toujours la salle de garde en claudiquant avec une mine de lait tourné. Heichele est petit, avec presque plus de cheveux et un ventre proéminent, et il traîne un peu la patte. Il est en charge de l'infirmerie et du service des enfants par-dessus le marché. Il ne parle pas beaucoup. La plupart du temps il est grincheux et renfermé. Josef dit qu'Heichele n'est pas un mauvais bougre, qu'il suffit de savoir le prendre et qu'alors il est tout à fait affable. Quand les autres soignants se rassemblent pour bavarder ou pour fumer une cigarette, Heichele est rarement de la partie. En revanche, on l'appelle souvent pour des entretiens dans le bureau du chef quand Faltlhauser et Frick y sont. Alors les autres critiquent et lèvent les yeux au ciel, ce qui en gros signifie : « Encore en train de faire de la lèche. »

Tout le monde respecte Faltlhauser. Quand il fait irruption dans un service, tout le monde se lève et crie « *Heil Hitler*, monsieur le directeur ! » Faltlhauser s'en délecte, à la différence du Dr Gärtner qui murmure toujours : « C'est bon. C'est bon. » Gärtner est difficile à cerner. Parfois il est aussi loquace que les religieuses de la cuisine, l'instant d'après il se referme et est absent. Tout le monde sait la tragédie qu'il a vécue. En septembre 1939, quand la guerre a éclaté, il a décidé de mourir en compagnie de sa femme. À eux deux, ils ont avalé quatre tubes de tranquillisants. Gärtner a survécu, mais pas sa femme. Quand il a recouvré la santé, on l'a transféré à Irsee. La plupart des soignants et des patients aiment bien Gärtner, surtout parce qu'il n'a pas une once de cette arrogance de la race supérieure* qu'ont les autres médecins.

En revanche, Frick est craint. Dès qu'ils l'entendent clopiner avec sa jambe de bois dans les couloirs, tous rentrent la tête dans les épaules. Certes, le Dr Gärtner dirige Irsee, pourtant c'est Frick qui, mine de rien, est le chef de l'établissement. Il est en charge de l'intendance et mène à la baguette les religieuses des cuisines.

Quand il les surprend à mettre des bouts de gras ou du bouillon de viande dans les légumes, toute la maison l'entend hurler. Il a même défendu qu'on fasse cuire des os en même temps que la soupe.

Dans le grand dortoir des hommes, c'est Ernst qui, quasiment tous les jours, est le premier réveillé, et il attend que l'infirmier de jour en service vienne pour le réveil. On commence alors par détacher les hommes qui sont attachés à leur lit pendant la nuit, car sinon ils déchirent leurs draps ou passent leur temps à se promener. Les autres se traînent aux toilettes ou s'habillent comme ils peuvent. Seul Henning Peutner bondit hors de son lit et se met au garde-à-vous. C'est un type svelte, aux cheveux blancs en dépit de ses trente ans seulement. Jusqu'à il y a six mois, il était soldat, et on raconte qu'il a été atteint par un éclat d'obus et est resté enseveli trois jours dans son bunker. Il a frappé comme un dingue sur son casque jusqu'à ce qu'on l'entende et qu'on le déterre.

Ernst reconnaît les soignants de loin, à leur pas. Il y a le *clac-fff-clac* d'Heichele avec sa jambe estropiée, alors que Max a une démarche chaloupée et que ses talons font *tap-tap* sur le sol de pierre. Parfois, ça fait *tac-toc*, c'est Frick et sa jambe de bois.

Aujourd'hui c'est le *clac-fff-clac* qui vient. Il est accompagné d'un deuxième homme qui apparemment porte des semelles de caoutchouc, car on entend juste un petit *hip-hip*. Heichele est déjà là, comme une ombre large et sombre dans l'encadrement de la porte. Toutefois, derrière lui ce n'est pas un homme, mais une femme, qui le dépasse d'une demi-tête.

« Debout tout le monde ! » hurle Heichele.

Henning saute de son lit, lève le bras droit et se met à bredouiller. Les autres continuent à dormir ou se retournent en marmonnant. *Ludwig Gortz,* qui est paralysé des deux jambes mais a toute sa tête, se redresse, chausse ses lunettes et esquisse un sourire édenté. Il faut du temps pour que tous soient debout. Entre-temps la femme regarde autour d'elle avec curiosité. Elle porte un gros chignon sombre et a des yeux doux.

Heichele la présente : « Voici l'infirmière en chef Braun. C'est la nouvelle infirmière en charge de notre service et elle s'occupera également de vous. Je lui ai déjà dit quel ramassis de bons à rien vous faites, alors ressaisissez-vous. Je ne veux pas entendre de plaintes à votre sujet, sinon…

— Sinon quoi ? » déclare Gortz.

Avant qu'Heichele puisse répondre, Oïa commence à ricaner tout seul. C'est tellement contagieux que tous s'y mettent les uns après les autres. Heichele crie « Silence ! ». Pourtant tous continuent à rire, sans bien savoir ce qu'il y a de drôle.

Heichele prend Oïa en ligne de mire, alors l'infirmière Braun l'attrape par l'épaule et lui dit : « Laissez, je m'en occupe. »

Heichele s'en va en renâclant.

La porte se referme bruyamment, le *clac-fff-clac* résonne dans le couloir, alors le rire cesse comme sur commande. Oïa tripote son pantalon, Gortz nettoie ses lunettes. Les autres sont assis, fatigués, sur leur lit ou traînent dans les parages. Seul Peutner est encore au garde-à-vous, le bras tendu, l'air ridicule dans son slip. L'infirmière s'avance vers lui, lui baisse doucement le bras qu'il garde en l'air et lui tend la main. « Je suis l'infirmière Kreszentia. »

Perplexe, Peutner regarde sa main, toute flasque dans celle de la religieuse.

Ernst se met à côté d'eux et explique : « C'est Henning Peutner. Il était soldat quelque part en Russie et tout à coup une grenade est arrivée et boum, ils étaient tous morts, sauf Henning. Il a un peu pété les plombs, mais il sait très bien tresser les paniers et quand on désherbe les légumes il n'oublie aucune mauvaise herbe. » Ernst se précipite vers Oïa auquel il tourne la tête vers le haut afin que l'infirmière Kreszentia puisse voir son visage rond. « Et voilà Oïa, mon ami. Il est très fort. » Il lève le bras d'Oïa et montre ses muscles. Puis il se glisse jusqu'à Josef, qui fait immédiatement la tête par crainte qu'il l'appelle de nouveau Goebbels. Ernst dit juste : « C'est mon ami Josef, il connaît et sait raconter les histoires les plus belles, seulement il ne faut pas croire tout ce qu'il raconte. »

Entre-temps chacun est sur son lit à rire des présentations d'Ernst. « Et voici Willi qui est bien moins atteint qu'il en a l'air. Et là, c'est Ludwig Gortz, quand on lui prend ses lunettes, il est myope comme une taupe, par contre il est meilleur que tout le monde à la machine à coudre. » Il passe ainsi de l'un à l'autre et tout le monde applaudit gaiement.

Kreszentia, qui s'est assise sur un lit, secoue la tête en riant. « Et toi, qui es-tu ?

— Je suis Ernst. Je suis bon en gymnastique et je peux vous aider. » Pour le prouver, il fait la roue et tous applaudissent comme au cirque.

« À quoi veux-tu m'aider ?

— N'importe, je sais tout faire. »

Kreszentia réfléchit : « Alors peux-tu veiller à ce que tous les hommes soient le plus vite possible au petit déjeuner ?

— Et qu'est-ce que j'aurai en échange ?

— Tu auras un super gros petit déjeuner. »

C'est une parole. Ernst s'habille, puis il aide Oïa qui continue de tripoter son pantalon. Il secoue les hommes pour réveiller ceux qui se sont rendormis, aide Josef à mettre ses bras en tire-bouchon dans sa chemise, puis sa veste. Kreszentia s'occupe de ceux qui ne peuvent se lever et ne cesse de regarder Ernst avec étonnement.

3

Tous ceux qui ne vont pas travailler à l'extérieur restent dans la grande salle à l'étage pendant la journée. Le matin, un infirmier passe avec des malles en fer pleines de chutes de tissu. Elles sont réparties sur les tables et les patients doivent les trier. À la fin, il ne reste que des chiffons qui seront distribués aux ateliers.

Kreszentia est d'avis qu'Ernst peut faire mieux que trier les tissus. Elle veille à ce qu'il arrive à l'atelier de couture. L'atelier de couture est une longue pièce bordée de fenêtres sur toute une longueur et près desquelles il y a des machines à coudre. Gortz est assis sur une chaise et fredonne au rythme des machines. Les patients doivent coudre ganses et épaulettes sur les vestes d'uniformes. Gortz est dans son élément. Il montre à Ernst comment on assemble les bouts de tissu, mais celui-ci préfère regarder par la fenêtre. L'infirmier *Eisele*, chargé de la surveillance, traite Ernst de faignant, cependant Gortz dit qu'Ernst est son apprenti et a encore besoin d'un peu de temps. Eisele se contente de faire un geste las.

Eisele a l'habitude de déposer ses clés sur la table réservée aux infirmiers. C'est un gros trousseau avec un tas de clés.

Un jour où Eisele ne fait pas attention, Ernst passe comme par hasard à côté de la table, et hop ! deux clés sautent dans la poche de son pantalon. Elles ont de petites étiquettes, sur l'une il est inscrit « réserve d'outils », sur l'autre « réserve de pommes ».

La réserve d'outils est dans la remise voisine. Ernst dit qu'il doit vite aller aux toilettes et traverse la cour jusqu'à la remise. Une secousse suffit à ouvrir la serrure et voilà Ernst au paradis. On a accroché au mur, bien rangés, des marteaux, des scies, des pinces, des rabots, des haches, des forets, des truelles, des tournevis, des limes, des règles graduées et plein d'autres choses qu'il ne connaît pas.

Ernst réfléchit à ce dont il pourrait avoir besoin et à ce qui tiendrait encore dans sa boîte à trésors. Depuis qu'il est ici, sa planque s'est bien remplie. Un peigne, un canif au manche gravé, une pipe et des allumettes, une flasque, un livre de prières de la chapelle de l'établissement et la photo qu'on a faite de lui à Kaufbeuren. Sur la photo, il a encore le crâne rasé et ses oreilles d'éléphant dépassent. Mais c'est l'unique photo de lui, et c'est mieux que rien.

Il a caché son trésor dans une des niches du mur. Tout au fond du jardin des hommes, près de l'église, une tuile du mur est mal fixée. Derrière elle, il y a un espace vide, tout juste assez grand pour la petite boîte en fer-blanc qui contient ses trésors. Le seul hic, c'est qu'Eisele n'a pas les yeux dans sa poche. Deux fois déjà, il a surpris Ernst en train de voler et il l'a prévenu : si ça se reproduit, il lui faudra dormir à l'infirmerie.

Vite, Ernst fourre une règle graduée dans sa poche et se dépêche de retourner à l'atelier de couture. Eisele l'attend à la porte.

« Donne-moi la clé.

— Quelle clé ?

— Ne fais pas l'innocent. Je t'ai vu sortir de la remise là-bas, alors donne. »

Ernst la lui donne docilement. Mais ça ne satisfait toujours pas Eisele. Palpant d'un geste le pantalon d'Ernst, il trouve la règle graduée.

« Si je t'y reprends, mon garçon, tu vas le sentir passer. »

Ernst sent la deuxième clé dans la poche de son pantalon. Il ferait mieux de la rendre sur-le-champ. Mais c'est celle de la réserve de pommes, une telle occasion ne se représentera pas de sitôt, surtout maintenant que la nourriture diminue de jour en jour.

Il faut attendre une semaine avant que le moment propice n'arrive. Au dîner, Peutner a une crise, tombe du banc, jetant du même coup son assiette par terre, sa tête heurtant le sol. Tout le monde court dans tous les sens, les infirmiers aussi. Dans le chaos, personne ne remarque qu'Ernst fait une petite escapade.

La réserve de pommes est à la cave, sous la cuisine. Les stocks y sont entreposés dans de petits réduits de bois séparés par des parois de planches. De l'extérieur, on peut voir entre les planches ; il y a un compartiment avec les boîtes de conserves, un avec les bocaux, un pour le pain. Dans la cave d'après on a entreposé des légumes et des pommes de terre. Après quelques mètres dans le couloir sombre, Ernst voit les pommes briller à travers les planches. Il tourne la clé dans la serrure et entre dans le réduit. Devant lui il y a un tas d'étagères avec des pommes jusqu'au plafond, le parfum est divin. Il en chaparde une immédiatement et la goûte. Dans un coin, il y a un sac de jute où dissimuler son butin.

Soudain, la lumière s'allume, des pas résonnent dans la cave. Un *tac-toc* dur : pas de doute, c'est Frick. Ernst referme le réduit avec soin et se colle contre les étagères dans le coin le plus au fond. Les pas cessent. Frick a sans doute entendu quelque chose et il guette. Puis il continue et se retrouve en plein devant la réserve de pommes. Il regarde à travers les rainures, Ernst retient son souffle.

Frick ouvre la porte du réduit voisin, celui où sont stockées plein de bouteilles. À travers les lattes de bois, Ernst voit Frick y entrer. Maladroitement, il prend un panier qu'il remplit de bouteilles de vin, le pose devant le réduit, ferme la porte et sort. Ernst n'a encore jamais vu personne du service boire du vin. Frick a sans doute besoin de ces bouteilles pour l'une de ces fêtes dont on se raconte les anecdotes dans l'établissement.

Quand le *tac-toc* a cessé, Ernst met des pommes dans le sac et le remonte dans le dortoir par la cage d'escalier. Tout est si simple et va si vite que personne n'a remarqué son absence. Il peut tranquillement mettre son butin sous sa couverture. Plus tard, il passe d'un lit à l'autre en proposant sa marchandise. Ils aiment tous beaucoup les pommes, mais seuls ceux qui peuvent payer y ont droit. Josef traite Ernst d'égorgeur, car il demande dix pfennigs par pomme. Pourtant il finit par payer. Willi en prend cinq d'entrée et paie un mark, car Ernst dit qu'il n'a pas de monnaie. Oïa aimerait bien une pomme, lui aussi, mais il n'a pas d'argent. Comme c'est son ami, Ernst lui en offre une.

Le lendemain, alors qu'Ernst est à l'atelier de couture en train de trier des galons pour les casquettes des soldats, Eisele se plante devant lui et son visage n'augure rien de bon.

« Je t'ai prévenu, Lossa, et tu ne veux rien entendre. Donne-moi la clé.

— J'en ai pas.

— Ne mens pas, je sais parfaitement que tu étais dans la remise à pommes.

— J'y étais pas.

— C'est ce qu'on va voir. Viens ! »

Il conduit Ernst au bureau du Dr Gärtner, situé juste au-dessus du portail. Gärtner, Heichele et Frick l'y attendent et lui passent un savon pas piqué des vers.

Willi, le débile, a stocké les pommes sous son oreiller et Heichele les a trouvées. Puis il a cuisiné Willi et, malheureusement, le sac de jute vide a été trouvé sous le lit d'Ernst.

C'est Frick qui vocifère le plus. Il traite Ernst de menteur, de voleur, de brute, d'asocial parasite bon à enfermer.

Pour l'heure, Ernst n'a plus le droit de participer aux travaux à l'extérieur. Et afin qu'on puisse le surveiller la nuit également, il dormira désormais à l'infirmerie.

4

Ce qu'Ernst préfère, c'est rester assis avec Oïa et Josef sur le grand escalier de pierre dans la cour des hommes. Même maintenant, en hiver, ils profitent de chaque belle journée et clignent des yeux, éblouis par la neige au soleil.

Parfois, Josef raconte une des nombreuses histoires de la vie de l'établissement qui lui sont un jour arrivées aux oreilles.

Cela fait sept ans qu'il est là et il s'y connaît. L'établissement était bien mieux avant, plus confortable, dit-il. Aujourd'hui on dirait presque un camp militaire. Les patients doivent se mettre au garde-à-vous, même les infirmes. De son bras droit Josef fait un salut hitlérien* maladroit. Il est la risée de tous. Même les plus gros débiles ont appris le salut hitlérien et lèvent le bras, car ils ont tous peur.

« Ici ils n'ont pas besoin d'avoir peur », dit Ernst.

Josef secoue la tête. « Regarde-les donc : quand le directeur vient en visite, ils font tous dans leur froc. Et tu devrais voir ce que ça donne quand des visiteurs étrangers se pointent dans la maison. Les gens ici font alors des crises à tour de rôle. Ça a commencé il y a trois ans, quand les “voitures de l'Ascension**” sont venues pour la première fois. Tu en as certainement déjà entendu parler. »

Ernst rapporte ce que Horst lui a raconté à Kaufbeuren.

« Tu aurais dû voir ça, dit Josef. Les bus arrivaient le soir et repartaient à l'aube. Ils n'entraient jamais par le portail principal, mais pénétraient dans la cour intérieure de la ferme. Les patients s'avançaient, prêts pour le voyage, on leur avait mis leurs plus beaux habits et dit qu'ils allaient être transférés dans un bel établissement neuf. Pour chacun, on avait écrit son nom et un numéro sur un pansement adhésif qu'on lui avait collé dans le dos. Puis ils sont partis, et ils étaient même contents. Pourtant quelques semaines plus tard, le linge de ces gens est revenu. Les vêtements étaient tous à l'envers, coutures à l'extérieur, tout tachés et puants. Si tu me demandes, je te dirai qu'ils les ont tous tués.

— Mais ça fait deux ans, et maintenant il vient plus de bus, dit Ernst.

— Tu peux jamais être sûr. Ils peuvent être là demain. Et c'est pourquoi ils ont tous peur, ici. Chaque semaine, il court de nouveaux bruits. À présent, on raconte qu'on laisse les pauvres diables mourir de faim. Et qui sait ce qu'ils vont encore imaginer. Si je pouvais, je me tirerais dès cette nuit. »

Aux mots « se tirer », Oïa est toujours pris d'un léger strabisme et lance un regard rêveur au loin. Oïa est un homme au rythme d'escargot. Pour cette raison, et parce qu'il ne dit que quelques mots, tous le croient complètement idiot. Mais Ernst pense qu'il ne fait que simuler. Il a déjà vu Oïa lacer ses chaussures et se comporter tout à fait normalement quand personne ne l'observe.

« Veux aussi partir », dit Oïa de son rythme très lent.

Josef rit : « Toi, partir ! Tu n'arriveras même pas à parcourir cent mètres, espèce d'escargot. »

Alors Oïa se tait et replonge dans ses rêveries.

« Par contre toi, dit Josef à Ernst, tu pourrais facilement t'en aller. Qu'est-ce que tu fais ici d'ailleurs, t'es pas fou ?

— Toi non plus.

— Moi aussi je serais content de sortir d'ici. Seulement regarde-moi, avec cette silhouette je peux oublier, je n'arriverai jamais à franchir le mur. »

Ernst hausse les épaules. Pourquoi devrait-il se tirer ? « Qu'est-ce que tu veux faire dehors, Josef ? Ici tu peux paresser, on te donne assez à manger, et quand tu fais une bêtise, personne te tape dessus.

— Quand même.

— De toute façon je suis plus là pour longtemps, mon père va venir me chercher.

— Et il est où, ton père ?

— En Amérique. Là-bas il a une ferme gigantesque et une grande maison de vingt pièces, des domestiques, et tous les jours il y a de la viande au déjeuner et du chocolat au dessert.

— Bien sûr. Et mon père est l'empereur de Chine.

— Tu me crois pas ? Tiens, regarde ! »

Ernst lui montre la chaîne brillante de maman autour de son cou.

« Et alors ?

— Mon père me l'a offerte quand il a pris le bateau pour l'Amérique. C'est de l'or véritable.

— Et ta mère, elle est où ?

— Maman est un ange. »

Parfois Ernst songe aussi à se sauver, surtout en hiver quand les jours sont si longs. Il a peur de devenir fou à son tour ici.

Quand il regarde un arbre, il voit d'abord l'esprit de l'arbre, et il l'entend converser avec les autres arbres, avec l'air et le ciel. Et quand il voit un ruisseau, il sent l'esprit de l'eau et entend toute l'eau avec laquelle le ruisseau est en lien. Il peut tellement bien voir à l'intérieur des choses, qu'il devient lui-même arbre ou ruisseau, ou bien ciel, vent ou pluie.

Quand il le raconte, tout le monde croit que ce sont des mensonges, même Max avec qui, habituellement, il peut parler de tout. C'est pourquoi Ernst ne raconte plus à personne ce qu'il voit, entend ou sent. Parfois, il peut même voir les pensées des autres personnes, en images réelles.

Max n'est pas seulement coiffeur et infirmier, il est en plus chargé des autopsies de l'établissement. Ça signifie qu'il doit s'occuper des cadavres. Quiconque meurt dans la maison passe d'abord entre les mains de Max. Il va chercher le cadavre et l'amène à la morgue. C'est un petit bâtiment, caché côté nord entre l'église et le mur du jardin des hommes.

Elle est composée d'une petite antichambre et d'une pièce principale avec une longue table dont l'épais plateau est en marbre. Sur les murs froids, la peinture s'écaille. La lumière provient d'un vasistas et de deux tubes lumineux. D'un côté de la table il y a un évier, de l'autre une civière noire pour le cercueil et une caisse de bois pour les serviettes et les outils. Le plus intéressant est la table. Elle a une armature métallique et deux tuyaux d'écoulement qui donnent sur un égout. Au centre du plateau de marbre, il y a un creux pour l'évacuation du sang et de l'urine du cadavre. L'autre tuyau arrive d'un petit bac situé sous l'extrémité de la table, côté tête.

Max expose les morts et les ouvre pour que le Dr Gärtner constate ce qui a causé la mort. Après, il les habille de propre et les met dans un cercueil. Ernst a déjà eu le droit d'aider à plusieurs reprises, mais juste pour mettre dans le cercueil. Quand Max incise, il doit se tourner, car ça n'est pas beau à voir. Puis le Dr Gärtner arrive et énonce une quelconque maladie dont est mort le patient, et Max l'inscrit sur une feuille. Quand Max a fini et prépare les gens, Ernst a le droit de les peigner, d'ajuster leur chemise ou d'aider à les mettre dans le cercueil. Alors ils sont beaux, ils ont les yeux clos et le visage détendu, comme s'ils dormaient.

Maintenant, en hiver, Max a beaucoup à faire dans la morgue froide. Ce faisant, il secoue toujours la tête, comme s'il n'était pas d'accord avec la mort.

Fin janvier, ils se retrouvent autour de la table de pierre et Max tire le drap blanc qui couvre le visage du mort. Alors Ernst laisse échapper un cri d'effroi.

« Tu le connais ? » demande Max.

Ernst doit déglutir. « C'est Fritz, il était à Kaufbeuren avant. »

Max vérifie sur un bout de papier. Fritz Kottengruber, transféré à Irsee en 43, il y a tout juste un an.

Fritz est tellement grand que ses jambes dépassent de la table et pendent dans le vide. Son visage d'enfant est paisible, la seule bizarrerie étant l'écume qui a séché autour de sa bouche. Que cette bouche ait pu pousser des cris aussi étranges est à peine croyable. Encore aujourd'hui, Ernst attrape la chair de poule quand il repense à son premier jour à Kaufbeuren. Max grogne tout seul, irrité. Quand il ouvre Fritz, Ernst doit se retourner. C'est alors qu'arrive le Dr Gärtner.

« On m'en a encore collé un, marmonne Max en colère.

— Un quoi ?

— Vous savez bien.

— Sottise, Ries !

— Et l'odeur forte, vous ne la remarquez pas ?

— Ça vient de… »

Ernst louche par-dessus son épaule et voit le Dr Gärtner faire de la main le geste de celui qui avale des cachets.

Max fait claquer le scalpel sur la table en pierre. « C'est vraiment…

— Écoutez, Ries. » Gärtner pose la main sur l'épaule de Max et baisse la voix. « Cela ne nous regarde pas. C'est décidé en haut lieu. Je vais vous donner un bon conseil : faites votre travail et fermez-la. Cette année, vous n'allez pas en manquer… » Gärtner se retourne pour partir rapidement, comme s'il en avait déjà trop dit.

Max lui lance : « Et qu'est-ce que j'écris sur le certificat de décès ?

— Écrivez broncho-pneumonie, comme d'habitude », crie le docteur depuis l'extérieur avant de disparaître.

Max bougonne tout seul. « Pneumonie, ouais, si ça c'est une pneumonie… »

Ernst l'entend trafiquer. Puis il a le droit de se retourner.

Max demande : « Tu veux le peigner ? Fritz voudrait certainement être beau pour aller au ciel.

— Comment tu sais qu'il va aller au ciel ?

— Parce que Dieu aime les enfants et les fous.

— Alors j'irai au ciel, moi aussi. »

Max lève les yeux, étonné. « Toi ? Mais tu es en bonne santé et tu as toute ta tête. »

5

Dans les discours du jour de l'An à la radio, 1944 avait été annoncée comme l'année des représailles. Or sur le visage des infirmiers rassemblés autour du *Volksempfänger* n'était passé qu'un sourire amer. C'est toujours comme ça quand il est question de victoire finale*.

Même si personne ne le reconnaît à voix haute, plus personne n'y croit ici, à l'exception de Frick peut-être. Bien qu'il soit constamment question de représailles, les attaques aériennes se succèdent à quelques jours d'intervalle. Peut-être que l'ennemi n'écoute pas la radio.

La semaine dernière, ils ont bombardé Augsbourg. Ernst a vu brûler la ville en rêve. En ce moment, il cauchemarde toutes les nuits. Il vole au-dessus de la campagne ensevelie sous des montagnes de neige, de la neige à perte de vue. Seules les maisons dépassent, et des arbres auxquels le vent d'est glacé a infligé des gélivures. Il vole jusqu'à Augsbourg, veut voir l'institut Saint-Joseph. Mais de loin déjà, il voit brûler Augsbourg. Le centre-ville n'est qu'un océan de flammes, les maisons ne sont plus que des ruines, partout il y a une fumée noire et il ne parvient pas à trouver le foyer.

Malchen, Nanna et les autres enfants ont vraisemblablement déjà été déplacés. Ils emmènent tous les enfants à la campagne, pour les mettre à l'abri des bombes. De nombreux établissements sont dissous, pour être utilisés comme hôpitaux militaires. Presque chaque semaine, de nouveaux patients qui viennent de loin sont acheminés en bus à Irsee. Au terme du long voyage, beaucoup arrivent à peine à marcher, il faut les soutenir ou les porter. Malgré le froid de canard, ils ne portent que de minces pyjamas, ils ont l'air maigres et affamés et observent leur nouvel environnement en baissant les yeux. La maison est tellement surpeuplée qu'il faut installer des lits superposés dans le grand dortoir.

Plus il y a de gens qui arrivent, plus il y en a qui meurent. À la morgue, Max n'arrête pas de bougonner tout seul parce que les cercueils commencent à manquer. Quand, dans ses rêves, Ernst survole Irsee, il voit une brume grise recouvrir la forêt, comme les ailes d'un grand oiseau. La brume avance doucement vers l'établissement. Quand l'oiseau gris approche trop près de lui et tente de l'attraper, Ernst se réveille.

Dans le cimetière du village, en haut près de l'église Saint-Étienne, il n'y a plus de place, alors l'établissement doit aménager son propre cimetière. Pour ce faire, ils ont choisi une prairie en pente raide juste derrière l'église du couvent, entre la morgue et la forêt. Comme la prairie est très en pente, il faut créer de petites terrasses pour les tombes. C'est un travail fastidieux, au début tout est encore gelé et à la fonte des neiges il pleut des semaines sans interruption. Tous jurent en travaillant, et Ernst trouve qu'il n'est pas de bon augure pour un cimetière qu'avant même le premier enterrement chaque pelletée de terre soit accompagnée de jurons.

En faisant le ménage et les lits, il entend Max se plaindre à l'infirmière Kreszentia.

« C'est une saloperie, chaque tombe est pleine d'eau. Quand on descend un cercueil, ça éclabousse et ça gicle. »

Kreszentia prend un air dégoûté, tout en faisant un nouveau lit. « Aide-moi pour l'alèse. »

Max l'attrape avec elle, mais il ne veut pas se calmer. « Imagine que l'eau des cadavres ruisselle jusqu'au village et que les habitants se la prennent. Avant longtemps il y aura de nouveau le typhus.

— Tu ne devrais pas jouer les Cassandre, dit Kreszentia. Ça ne va pas si mal se passer.

— Le coup du cimetière, c'était une mauvaise idée. S'il continue de pleuvoir de la sorte, toute la prairie va se retrouver en bas, avec les tombes. À présent, on devrait assécher et consolider la prairie, seulement j'aimerais bien que quelqu'un me dise comment faire.

— Il faut bien mettre les morts quelque part, tu ne peux quand même pas les empiler.

— Gärtner avait raison. Déjà en janvier il me disait : "Ries, cette année vous n'allez pas manquer de travail."

— Arf ! Il en dit des choses.

— Avant-hier, il y a eu trois enterrements. Trois dans la même journée, Kreszentia, on n'a jamais eu ça, même pas pendant les années de famine lors de la dernière guerre.

— Regarde combien de personnes nous arrivent. Frick a dit que, si ça continue comme ça, il nous faudra mettre des lits dans le couloir. Et puis l'état lamentable dans lequel ils sont, ils nous arrivent à moitié morts.

— Ce n'est pas la cause des nombreux décès, et tu le sais parfaitement. On les aide. »

Kreszentia s'arrête de faire le lit et Max se tait, effrayé.

« Fais donc attention, mon gars », siffle-t-elle. Puis elle regarde alentour, aperçoit Ernst et se met à rouspéter. « Qu'est-ce que tu fais là ? Donne-nous plutôt un coup de main. »

Tous suspectent Heichele, parce qu'il a eu beaucoup de morts dans son service ces derniers temps.

À l'infirmerie où Ernst est désormais obligé de dormir, Heichele passe chaque soir et distribue des cachets. Il s'assied sur le lit d'Ernst et lui dit d'une voix douce qu'il devrait aussi en prendre, afin de mieux dormir. Mais Ernst se contente de détourner la tête et Heichele se retire en bougonnant. Ernst a une peur bleue des cachets, car il entend encore la voix de Josef lui dire : « Méfie-toi et les laisse pas te donner quoi que ce soit, ou tu pourrais bien pas te réveiller. »

L'infirmerie est austère et étouffante, l'air est saturé d'une odeur gênante de sueur, d'urine, d'encaustique et de puissants détergents. La fenêtre est obstruée par un carton et on ne peut voir le ciel que par une petite fente. Il n'y a rien, à part quatre lits de fer qui couinent, dans lesquels des enfants se succèdent à quelques semaines d'intervalle.

Depuis plusieurs jours, Heinz dort à côté d'Ernst. Il a sept ans tout au plus et marmonne tout seul. Qu'il dorme ou qu'il veille, Heinz se tient l'oreille de la main droite, tandis que son bras gauche semble autonome, comme une aile qui aurait poussé accidentellement sur un homme. Quand il dort, cette aile caresse lentement la couverture, l'aplatit, la met en boule avant de l'aplatir de nouveau.

Quand Heichele est de garde la nuit, ce qui n'est pas si fréquent, il se passe de drôles de choses. On retrouve des enfants, en pleine forme la veille encore, tout mous le lendemain matin dans leur lit, à ne faire que râler ; et le jour suivant on les évacue dans un linceul. Dans la salle de garde, près de l'infirmerie, Heichele a un petit placard personnel qu'il ferme toujours avec soin. Il ne laisse personne en approcher, pas même les autres infirmiers. Ernst est sûr qu'Heichele donne quelque chose aux enfants, comme Wörle à Kaufbeuren. Des cachets dans du sirop de framboise, pour que le goût ne soit pas trop amer.

Ernst évite le sirop de framboise. Et le reste du temps, il n'a pas les yeux dans sa poche. Par deux fois déjà, Heichele a essayé. Une fois, les cachets étaient dans le café d'épeautre, une fois dans le repas du midi. Ernst s'en est aperçu et n'a touché à rien.

En avril, les commères de la maison ont de quoi faire. Les potins vont bon train. Ça commence avec le nouveau cimetière à propos duquel même le curé du village peste, parce qu'avec ce temps pluvieux les cadavres partent presque en flottant. À cela s'ajoute qu'il n'a plus le droit de sonner les cloches à chaque enterrement afin de ne pas susciter autant d'émoi dans le village. Avant, on transportait les morts en corbillard à travers le village, avec le prêtre ouvrant la marche et, derrière, quelques nonnes et quelques patients. Maintenant, à chaque enterrement, un de ceux qui travaillent au jardin reste près de la haie qui borde le nouveau cimetière et chasse les badauds.

C'est la nouvelle chef de la section des femmes qui suscite le plus de ragots. Elle s'appelle Pauline Kneissler et arrive de Berlin. Depuis qu'elle a pris la direction de la section des femmes, on évacue de la maison une morte par jour. Certains disent que c'est à cause du typhus qui s'y est déclaré, mais Max n'arrête pas de secouer la tête. Le Dr Gärtner est encore plus absent qu'avant aux autopsies et, quand Max fait des remarques, il se contente de faire un geste las de la main.

Puis, en avril, il y a encore une autre surprise. Par une matinée ensoleillée, Ernst vient de sortir des toilettes et se promène dans le couloir, quand il découvre la veste d'Heichele accrochée près de la porte de l'infirmerie. Ernst se dépêche d'en fouiller les poches et trouve un briquet à essence. Celui-ci lui saute littéralement dans la main et disparaît comme par enchantement dans sa poche de pantalon. Par la fenêtre, il regarde dans la cour intérieure où un groupe de patients se chicane bruyamment et réfléchit à l'endroit où le cacher pour ne pas qu'Heichele le retrouve tout de suite.

C'est alors qu'une voix retentit, juste derrière lui : « Tu ferais mieux de laisser ça. »

Il se retourne, effrayé, il y a deux filles devant lui, d'à peu près son âge, qui l'inspectent de la tête aux pieds avec curiosité. L'une est maigre, elle a les cheveux roux et courts et des yeux verts espiègles, l'autre est un peu plus robuste, elle a de longues nattes blondes et des yeux de biche craintifs, et elle sourit en permanence. Ernst les regarde toutes deux bouche bée et se sent rougir jusqu'aux oreilles.

La rousse jette un coup d'œil à la poche déformée de son pantalon. « S'ils t'attrapent, ce sera ton tour.

— Je comprends rien à ce que tu veux dire. »

Elle regarde autour d'elle et chuchote : « C'est un endroit étrange ici.

— Tu débloques. Et d'ailleurs, qu'est-ce que vous faites ici ? Et toi, qu'est-ce que tu as à me regarder tout le temps en rigolant d'un air bête ?

— Elle peut pas t'entendre, dit la rousse. *Theresa* est sourde et muette. Mais elle est pas bête, contrairement à toi. » Elle fait des signes avec les mains à Theresa et toutes deux se mettent à rire.

« Hé ! Vous feriez mieux de vous barrer et de retourner dans votre service.

— C'est ici notre service désormais. Oui, tu peux refermer la bouche. »

À ce moment-là, Kreszentia passe dans le couloir « Ah ! Je vois que vous avez déjà fait connaissance. *Nandl* et Theresa, venez avec moi dans le jardin. Et toi, va voir Max, il a besoin d'aide pour battre les tapis. »

Les deux fillettes suivent Kreszentia en se parlant par gestes, elles se retournent et gloussent.

Ernst accompagne Max dans le jardin des hommes et, tandis que celui-ci va chercher le tapis, il dissimule son butin dans sa cachette dans le mur. Max raconte que cinq filles ont été transférées pour Heichele dans le service des enfants. Apparemment, c'est Frick qui en a donné l'ordre, sans que personne sache pourquoi. La mère supérieure s'est immédiatement plainte, disant que ça ne se faisait pas et que depuis toujours dans cette maison hommes et femmes avaient été totalement séparés. Mais les fillettes sont quand même venues et on a libéré une chambre exprès pour elles à côté de l'infirmerie.

Trois des cinq filles ne peuvent pas se lever : l'une est paralysée, la deuxième passe son temps attachée à son lit, et la troisième ne bouge qu'au rythme de sa tête qui va et vient. Les deux autres se chargent de mettre un peu de vie dans le service. Pendant leur temps libre, Nandl et Theresa ont parfois le droit de descendre au jardin. D'un coup, Oïa n'est plus aussi lent. Il n'arrête pas de frétiller autour d'elles. Ça se voit comme le nez au milieu de la figure qu'il est amoureux de Theresa.

Quand ils jouent à colin-maillard sous les arbres, Oïa attrape toujours Theresa, et elle s'en moque qu'il ne parle pas beaucoup, car elle ne peut, de toute façon, pas l'entendre.

Cette fois, c'est à Ernst d'avoir les yeux bandés. Les autres lui tirent le pantalon et la chemise. Nandl, en particulier, lui en fait voir, mais son gloussement la trahit. Il la poursuit dans une niche du mur, d'où elle ne peut lui échapper. Elle s'enfonce dans la niche en gloussant.

« Je t'ai ! » crie Ernst et, joyeux, il enlève le bandeau de ses yeux.

Tout à coup, ils se retrouvent incroyablement près l'un de l'autre et se regardent bien dans les yeux, le sourire de Nandl disparaît, celui d'Ernst également, ils se regardent le souffle coupé, jusqu'à ce que Nandl sorte la première de cette torpeur.

« Tu as triché ! »

D'un bond elle passe devant Ernst et court rejoindre les autres.

Quand ils ont fini de jouer, ils s'asseyent tous ensemble sur l'escalier de pierre. Nandl raconte qu'en fait elle s'appelle Marianne, que son père est à la guerre, que sa mère a été bombardée* et qu'elle fait des crises d'épilepsie. « Je tombe, je distribue les coups autour de moi et parfois il m'arrive de me blesser. Mais après je me souviens de rien. »

Josef rit. « Ernst non plus ne se souvient pas quand il a volé quelque chose.

— Attention, Goebbels, sinon gare aux taloches ! réplique Ernst.

— Pourquoi tu es là ? » lui demande Nandl.

Avant qu'il ait le temps de dire quoi que ce soit, Josef commence à raconter. « Son père est en Amérique où il a une maison de vingt pièces, pas besoin de bouger le moindre petit doigt, ils ont des domestiques, et tous les midis il y a de la viande au repas, et du chocolat au dessert. Il est plein aux as, il a même offert une chaîne en or à Ernst. Allez, montre-la-lui.

— Baratin ! » dit Nandl.

Ernst sort la chaîne de maman de sa chemise et la lui tend. « Tiens, regarde, il me l'a donnée avant de prendre le bateau et dans pas longtemps il va venir me chercher. »

Nandl regarde d'abord Ernst, puis Josef en plissant le front.

« Si tu me crois pas, demande à Oïa », dit Ernst.

Oïa n'a pas écouté, car il n'a d'yeux que pour Theresa.

Alors Nandl se lève, hors d'elle. « Tu peux peut-être raconter pareilles sornettes à Josef, qui croit tout ce que tu racontes. Mais ne me prends pas pour une idiote. Tu es un voleur doublé d'un menteur. » Elle fait un signe à Theresa et s'évapore en écumant de rage, son amie sur les talons.

Ernst lui crie après : « Et toi tu ne vaux pas mieux que tous les autres idiots ici ! »

Les semaines qui suivent, Nandl ne le regarde plus quand il la croise dans le couloir ou, tout du moins, elle fait semblant de ne pas le voir.

Il essaie cependant de faire en sorte qu'ils se rencontrent très souvent. Parfois il la croise aussi en rêve. Alors il la voit devant lui pendant la partie de colin-maillard, son visage souriant devenant sérieux tout à coup ; il la voit lui filer entre les doigts, passant sous son bras et frôlant par hasard sa main de la sienne. L'endroit sur sa main devient brûlant comme si une étincelle l'avait atteint, l'électrisant et lui montant droit au cœur.

C'est alors que revient la brume grise qui le poursuit et il se réveille, incapable de se rendormir.

En fait, c'est une idiote, pourquoi devrait-il se préoccuper d'elle ; pourtant c'est un sentiment si agréable de savoir qu'elle dort à deux chambres de lui.

6

Fin mai, les patients sont répartis pour la première moisson. C'est une chaude journée de début d'été. À l'écart sous un hêtre, Ernst s'est installé un douillet nid de foin pour se cacher du reste du groupe. Il peut ainsi regarder les nuages passer et rêver sans être dérangé.

Au loin, au-dessus des montagnes, un orage monte. Kreszentia l'a remarqué elle aussi et exhorte à accélérer la cadence, mais Max dit qu'il va passer.

Les voix des autres, en train de charger une charrette de foin, s'éloignent tandis qu'Ernst somnole. Tout à coup, Nandl se tient devant lui et lui donne un coup de fourche dans les côtes.

« Bravo ! Le plus grand de tous les clapets, mais quand il s'agit de travailler, le beau monsieur se la coule douce.

— Et alors, ça te regarde pas.

— Allez debout, faignant, ou tu veux que je le dise à l'infirmier ?

— Laisse-moi tranquille, espèce d'oie stupide.

— Pas la peine de te rengorger comme ça. Je sais exactement ce qu'il en est avec toi. À propos de ton père en Amérique. Rien n'est vrai. Je sais parfaitement que tu viens de maison de correction et qu'avant tu étais à l'orphelinat. Et ils t'ont chassé de partout, car tu voles et tu penses qu'à faire des bêtises et qu'ils ont pas réussi à te mater. Oui, oui, ils t'ont envoyé ici, parce que t'es bon à rien, et parce que t'as volé comme une pie. »

Ernst se redresse. « C'est probablement Josef qui t'a raconté tout ça, cette pipelette. Il ment comme il respire.

— Si quelqu'un ment ici, c'est toi.

— T'as aucune idée, tu débarques et tu crois le premier idiot venu.

— Ici tout le monde sait que tu es tzigane. »

Ernst la regarde, hors de lui. Il fait alors demi-tour sur ses talons et traverse la prairie d'un pas énergique.

À ce moment-là, l'orage éclate avec un puissant coup de tonnerre. Tout le monde court en direction de la ferme toute proche. Ernst se retourne et voit les yeux de Nandl se révulser. Elle essaie de s'agripper à l'arbre, tombe, raide, donne des coups, de l'écume lui sort de la bouche. Vite, il court vers elle et essaie de la maintenir, mais elle donne des coups d'une telle force autour d'elle qu'il peine à lui protéger au moins la tête. Heureusement Max arrive et, à eux deux, ils la tiennent jusqu'à ce qu'elle ait retrouvé son calme.

En juin, on apporte les premières pommes de terre primeurs. Dans la cour devant la cuisine, un camion décharge une énorme montagne de pommes de terre, que les patients mettent dans des seaux pour les porter à la cave. En même temps, ils trient les mauvaises pour les cochons.

Il fait soleil ce jour-là. Dans la cour, il règne une grande animation. On décharge des charrettes, des patients poussent des brouettes de linge et de déchets. Oïa a du mal avec le transport de pommes de terre, parce qu'il n'arrête pas de regarder Nandl et Theresa, qui se parlent par gestes.

Ernst vise le seau d'Oïa avec une pomme de terre, ce qui a pour effet de le tirer de sa rêverie. Il regarde Ernst, troublé, et replonge vite dans la contemplation des fillettes.

« Il est complètement accro, ironise Josef.

— Laisse-lui donc ce plaisir. Je crois que Theresa l'aime bien », dit Ernst.

Theresa fait un sourire à Oïa. Il sourit en retour et fait rouler une pomme de terre dans sa direction. Elle la prend et la lui renvoie.

Josef lève les yeux au ciel. « T'es pas mieux qu'Oïa, t'arrêtes pas de regarder Nandl.

— C'est pas vrai. » Ernst lance une pomme de terre en direction de Josef, mais elle va trop loin et arrive dans la bâche latérale d'un chariot. « Hé, Goebbels, je parie que t'arrives pas à atteindre la charrette.

— Arrête de m'appeler Goebbels », bougonne Josef. Il essaie quand même, sans y arriver.

Frick traverse la cour avec la nouvelle infirmière en provenance de Berlin, il porte un pantalon d'équitation, Pauline une petite coiffe blanche et la longue blouse blanche.

« Beau couple », dit Ernst. Josef n'entend pas, tout concentré qu'il est pour tirer. Ernst tend l'oreille et entend Frick faire son intéressant.

« Vous n'avez pas idée de la difficulté à nourrir tout ce monde, surtout par les temps qui courent.

— Vous avez les choses bien en main, répond l'infirmière Pauline.

— C'est ce que je crois. Sans moi ici, rien ne fonctionne. Et quand je porte mon uniforme, même le directeur doit obéir à mes ordres.

— Alors vous êtes un genre de directeur secret de l'établissement. »

Il fait un geste de dénégation, pourtant on voit combien il est fier. « Ça bouffe, les débiles, mais depuis que nous avons instauré l'alimentation simple, on s'en sort bien. Légumes et pommes de terre, voilà qui suffit parfaitement à ces idiots. Et si ce n'est pas le cas, tant pis. » Frick fait signe qu'il s'en moque. Puis, il baisse la voix et ajoute sur le ton de la confidence : « Il existe aussi d'autres méthodes.

— On peut dire ça.

— Rapide et indolore, n'est-ce pas ?

— Oui, c'est vrai. »

Tous deux continuent leur chemin en flirtant, à l'instant précis où Josef atteint la carriole avec une pomme de terre et saute de joie.

Frick se plante devant le groupe : « Qu'est-ce qui te prend de traiter ainsi la propriété de l'institution ? »

Tous rentrent la tête dans les épaules. Josef a un sourire gêné.

« On dirait bien qu'il te faut un traitement spécial*. »

Josef se tord encore plus qu'à son habitude et, s'il le pouvait, il rentrerait volontiers dans le sol. Alors Ernst se lève et se met à crier. « *Heil Hitler*, monsieur Frick ! »

Frick se laisse distraire et se tourne vers Ernst. « Qu'est-ce que tu veux encore, Lossa ?

— J'ai répété une nouvelle chanson, monsieur Frick. » Et avant que Frick ne dise quoi que ce soit, Ernst entonne : *Es zittern die morschen Knochen*. Oïa se met debout également et lève le bras en faisant le salut allemand*, puis Josef et tous les autres autour. Ernst fait le tour de la montagne de pommes de terre au pas de l'oie, comme on lui a appris aux Jeunesses hitlériennes. Au moment où il chante « Car aujourd'hui l'Allemagne est à nous, et demain le monde entier », Frick lui dit : « C'est bon, ça va maintenant. » Il grogne, car il ne sait s'il doit féliciter Ernst ou piquer une crise. Alors il fait demi-tour et s'en va en boitant, flanqué de l'infirmière.

Dès que les deux ont passé le coin de la maison, Ernst se jette par terre plié de rire. Josef est toujours tordu.

Il sait exactement ce que signifie « traitement spécial ». La peur se lit encore sur son visage. Il dit à voix basse : « Bon sang, tu as les nerfs solides, c'était moins une. »

Nandl se contente de secouer la tête, tout en affichant une expression espiègle. Le reste de l'après-midi, elle n'arrête pas de regarder Ernst, mais chaque fois que lui la regarde elle tourne la tête.

Quand vient le moment de rentrer, Nandl lambine tellement qu'ils finissent par se retrouver les derniers. À l'entrée, elle s'arrête.

« Je suis désolée pour cette histoire de Tzigane.

— C'est bon.

— Ça m'est sorti comme ça. Tu es encore fâché ? »

Ernst ricane. « Tu sais, quand j'ai une crise, après je me souviens de rien. »

Elle lui donne un coup sur le bras. « Andouille. Je voulais juste dire que…

— Quoi ?

— Ah rien. »

Elle se retourne. Avant de disparaître dans le couloir, elle jette encore un œil et lui fait un signe.

« Bonne nuit, Ernst. »

7

Tout à coup, l'atmosphère de tristesse est balayée, l'établissement brille d'une nouvelle lumière, les couloirs gris et les chambres puantes sont comme peints de nouvelles couleurs.

Même Heichele est plus sympathique. Il se réjouit qu'Ernst l'aide à faire le ménage ou les lits. Il est aussi plus négligent qu'avant et laisse souvent traîner ses clés qu'il porte habituellement attachées par une chaîne à son pantalon. Par deux fois Ernst se maîtrise, mais la troisième fois, il ne peut passer à côté du trousseau de clés. Pour ne pas qu'Heichele s'en rende compte trop vite, Ernst ne prend que la clé de l'infirmerie et remet les autres. C'est alors qu'il remarque la petite clé avec laquelle Heichele ferme son armoire et il la prend aussi.

Une heure plus tard – la voie est libre – il se retrouve devant le petit placard secret. Tendu, il retient sa respiration quand la porte s'ouvre avec un léger grincement. Cependant le contenu est décevant. Sur une étagère sont entassées plein de petites boîtes des cachets blancs qu'Heichele ne cesse de distribuer. Sur l'autre étagère, il y a les ampoules utilisées pour les piqûres. Il n'y a que des médicaments, rien d'autre, pas d'argent, pas de schnaps, pas de cigarettes, pas même un petit quelque chose dont Ernst pourrait se servir.

Sous les cachets, il y a un papier chiffonné, avec les noms de patients. Vraisemblablement une liste de ceux qui doivent prendre des médicaments. Devant les noms il y a des numéros. La seule chose étrange est que les noms ne sont pas numérotés dans l'ordre, mais n'importe comment. Deux noms sont rayés. Ce sont les noms de ceux qui sont morts la semaine passée. Il est évident qu'ils n'ont plus besoin de remèdes. Avant qu'Ernst ait le temps de réfléchir davantage, il entend des voix retentir dans le couloir et referme en hâte le petit placard. Il pose simplement la clé sur la table et se faufile par la porte.

Le soir, au lit, il ne parvient pas à se sortir ce petit placard de la tête. Pourquoi Heichele fait-il un tel mystère alors qu'il n'y a que des médicaments à l'intérieur ? Pourquoi surtout stocke-t-il les remèdes dans son propre placard ? Tout le personnel soignant les reçoit de l'infirmière Reinhildis, en charge de la pharmacie de l'établissement. Et pourquoi Heichele en a-t-il autant ? Et puis cette étrange liste de noms avec des chiffres. Toutes ces questions lui donnent le tournis et il a peur des réponses. Sans doute tout cela n'a-t-il guère d'importance, il est juste en train de lentement devenir fou à son tour et voit des fantômes, comme tous les autres ici.

Il pense à Nandl, ça l'apaise, il ferme les yeux et imagine qu'ils s'enfuient ensemble, qu'ils se marient et ont plein d'enfants. Il prie : maman, s'il te plaît, fais que Nandl se marie avec moi. Ensuite on vivra exactement comme tu as vécu avec papa, on voyagera tous ensemble à travers le pays dans une grande roulotte, on fera de bonnes affaires et, le soir, on se racontera les vieilles histoires.

Maman sourit et l'irradie de ses yeux noirs qui brillent. Elle se tient là, dans sa chemise de nuit blanche, tout est blanc, le lit, la chambre, même le visage de maman. Et Ernst est de nouveau le petit garçon qui avait le droit de s'asseoir sur ses genoux et de sauter dans le lit douillet. Pourtant il n'a pas le droit d'être là. Papa et le médecin l'ont défendu. Il les entend parler doucement à l'extérieur. Ernst tire sur la chemise de nuit de maman, elle doit se lever et faire des blagues avec lui comme avant. Seulement elle est trop fatiguée. Des rides d'inquiétude ont creusé le tour de sa bouche si douce, même son sourire semble triste. Il aimerait par-dessus tout la tirer du lit et s'en aller avec elle. Papa appelle. Ernst entend sa voix approcher. La porte s'ouvre. Des mains solides l'empoignent. Il s'accroche à maman, voudrait rester, mais les mains l'emportent. Il tend les bras, « Maman, maman ! ».

Il s'éveille d'un bond dans son lit, en sueur, et regarde autour de lui. Tous les autres dorment.

Ernst se rallonge sur son oreiller dur. Il continue d'entendre le faible écho de ses propres cris qui appellent « Maman », ferme les yeux, mais l'appel ne vient pas de son rêve.

Ça vient de quelque part dehors. Il se lève, pêche la clé hors de sa cachette dans le montant du lit, ouvre la porte et se faufile dans le couloir glacial.

Silence.

C'est alors qu'une voix de fille se met à résonner, presque inhumaine, rauque et gutturale.

Prudemment il avance dans le couloir, son cœur bat tellement la chamade qu'il en a mal aux oreilles. Deux portes plus loin, il s'arrête devant la chambre des filles et épie par le trou de la serrure. Il parvient vaguement à reconnaître Heichele qui se penche au-dessus d'un lit. De nouveau il entend la voix rauque et étrange crier « Maman ». Heichele fait une injection, Ernst entend un cri étouffé par la peur, « mam… », puis tout est silencieux.

Il s'en retourne ventre à terre. Juste à temps, car Heichele sort à l'instant de la chambre. Ernst s'allonge dans son lit, tremblant de peur, entend le *clac-fff-clac* approcher et s'arrêter devant sa chambre. Maintenant ils viennent te chercher, c'est ton tour, entend-il en boucle dans sa tête. Pourtant les pas s'éloignent alors, leur bruit cesse peu à peu dans le couloir.

Seuls les cris gutturaux appelant maman résonnent encore à ses oreilles, pareils à un écho dans une grande église. Il se blottit au fond de son lit et se bouche les oreilles, mais peine perdue, l'étrange appel résonne en lui.

Était-ce Nandl qui a crié ? Non, il aurait reconnu sa voix. Ça ne peut pas non plus être Theresa, elle est muette. Une des trois autres, peut-être celle qui est paralysée, ou celle qui reste attachée, ou celle qui dodeline de la tête.

Ernst n'a encore jamais entendu pareil cri, si plaintif, si désemparé. Il voit Theresa et Nandl devant lui, la première fois qu'elles l'ont croisé dans le couloir. Nandl, debout, effrontée, et lui chuchotant que c'est un drôle d'endroit ici. Un drôle d'endroit.

Le matin suivant, c'est le 6 juin, et il y a de l'électricité dans l'air chez les infirmiers.

Ils se rassemblent dans les couloirs et font des commentaires. À la radio on annonce que de grandes unités d'Alliés débarquent en Normandie. L'invasion crainte de longue date sur le front de l'Ouest a commencé. Les infirmiers discutent pour savoir si le mur de l'Atlantique* va tenir. Certains ont peur que les offensives aériennes ne redoublent, d'autres redoutent des actes de sabotage. L'un d'eux dit que le Führer sait parfaitement ce qu'il fait.

Ernst traîne dans les couloirs et écoute les conversations avec curiosité. C'est alors que Max arrive avec le chariot pour les cadavres. « Qui est-ce que tu vas chercher encore ? » crie quelqu'un, mais Max disparaît sans mot dire dans la chambre des filles. Les autres retournent à leur travail. Peu après, Max ressort avec, sur le chariot, un cadavre recouvert d'un drap blanc.

Ernst regarde le chariot avec effroi. À ce moment-là arrive l'infirmière Kreszentia. Elle soulève légèrement le drap et, saisie par l'horreur, se cache le visage de la main.

D'un coup, les jambes d'Ernst se dérobent, il tremble de tout son corps et doit s'agripper au mur. Le long couloir se met à tourner, avec Max et Kreszentia, les infirmiers et les patients, avec les fauteuils roulants et les lits à roulettes, les fenêtres et les portes, les tableaux et les lampes. Tout tourne de plus en plus vite, seul le chariot à cadavre est à l'arrêt au centre de ce tourbillon. Sous le drap, c'est Theresa. Sa bouche est cernée d'écume blanche.

Max et Kreszentia sont là, sans parler. Ernst se demande s'il doit leur dire ce qu'il a vu pendant la nuit, mais il s'abstient. De toute façon, ici, personne ne le croit.

Par contre, Josef et Oïa doivent à tout prix savoir. Il les rencontre dans la cour où ils transportent justement du bois et du charbon dans la cuisine, c'est-à-dire qu'Oïa a un gros panier de bois sous un bras et un seau de charbon dans l'autre main tandis que Josef lui rebat les oreilles.

Ernst les entraîne à l'écart et, à bout de souffle, dit : « Theresa est morte. Heichele lui a donné quelque chose cette nuit et maintenant elle est morte. »

Josef ouvre de grands yeux : « Theresa ? Notre Theresa ? C'est pas possible. Tu veux nous faire une blague ?

— Non, crois-moi. Max vient de la transporter à la morgue. »

Ernst raconte en hâte à Josef ce qu'il a vu, depuis les cris étranges qui appelaient maman jusqu'à l'histoire du placard secret d'Heichele. Josef siffle entre ses dents, Oïa reste là sans bouger, comme une statue. Tout à coup, il laisse tomber le bois et le charbon et traverse la cour d'un pas décidé, Josef et Ernst à sa suite. Ils lui parlent, mais il ne réagit pas. Peu importe ce qu'ils disent, il trace son chemin. Les yeux vides, il fonce droit sur le portail, le secoue si violemment que les gonds couinent, menaçants. Comme le portail ne s'ouvre pas, il se met à hurler. Un long hurlement de plainte, qui fait sursauter tout le monde dans la cour.

Vite, deux infirmiers arrivent, qui attrapent Oïa et le traînent dans la maison. Même à travers les murs on continue de l'entendre hurler.

L'après-midi, Ernst retrouve Nandl au jardin. Elle est quasiment méconnaissable, livide, elle est assise, prostrée, sous un arbre et fixe le sol. Quand il lui raconte le coup d'Heichele, elle n'en croit pas un mot.

« Tu racontes des sottises. Theresa était malade. Ça faisait deux jours qu'elle avait de la fièvre.

— Depuis quand meurt-on aussi vite de la fièvre ? »

Elle réfléchit. « Et d'ailleurs, comment peux-tu bien venir la nuit à notre porte pour regarder par le trou de la serrure ? La chambre où tu dors est fermée à clé, que je sache.

— J'ai volé la clé à Heichele.

— Tu n'es qu'un misérable menteur. Si Heichele était venu dans notre chambre, ça m'aurait réveillée.

— Nandl, je te le jure, je te mens pas. Heichele t'a sans doute donné quelque chose pour te faire dormir. Il le fait avec tout le monde.

— Alors, avec tout le monde, sauf toi ?

— Il arrête pas d'essayer, sauf que dès que quelque chose est amer, je recrache. »

Elle se tait de nouveau. Après un moment elle dit : « Je peux tout simplement pas le croire. Heichele est un infirmier sympa, il y en a d'autres bien pires.

— Avec moi aussi il est gentil, pourtant je le trouve bizarre.

— Aurais-tu peur ? »

Ernst se pince les lèvres. « Non, enfin oui, un peu, mais pas pour moi. »

Elle le regarde avec ses yeux verts et pour la première fois un léger sourire lui passe sur le visage. Puis elle se lève, défroisse sa jupe. « Je dois rentrer maintenant.

— Fais bien attention et ne prends aucun médicament.

— Tu es drôle, si je prends pas mes médicaments, alors, tu sais bien… » Elle lève les yeux au ciel.

« Quand même. »

Elle est debout maintenant, juste devant lui, ses yeux sont du même vert sombre qu'un jeune champ d'avoine. Le soleil de juin luit à l'oblique à travers les arbres et ses cheveux resplendissent comme des coquelicots. Un lointain souvenir s'insinue dans sa tête, un champ d'avoine et des coquelicots. Juste une brève lueur et le voilà reparti. Il veut dire quelque chose, mais le regard vert le fait taire. Alors elle lui dépose un baiser furtif sur la joue et se sauve en courant. Ses cheveux roux brillent à travers le jardin, brillent sur sa joue à lui, chauffent tout son corps jusqu'à le rendre incandescent.

8

« Ce Lossa est un élément asocial, il est faignant et voleur, il n'y a rien à en tirer et il met tout sens dessus dessous ici. »

C'est la fin juin et, comme toujours après la visite du chef, Faltlhauser, Gärtner et Heichele sont assis dans le bureau de Frick. Frick hurle, hors de lui. « Je ne sais pas pourquoi nous devrions tolérer ça plus longtemps. »

Faltlhauser lève la tête de ses dossiers et regarde Heichele avec un air de reproche. « Je vous ai pourtant dit de le calmer.

— Il ne prend rien tout seul. Le bougre est trop futé, se défend Heichele. Par deux fois je lui ai donné du Luminal en douce, une fois dans le café, une fois dans la nourriture, mais il s'en est immédiatement rendu compte. De toute façon, il comprend beaucoup trop de choses.

— Bon. Que proposez-vous, messieurs ? » Faltlhauser plisse le front et regarde alentour.

Gärtner propose de tenter une nouvelle fois de le mettre au travail. « Que diriez-vous de Bickenried ? »

Frick est contre. Heichele hausse les épaules. Faltlhauser soupire. « Alors d'accord. »

Le lendemain, Ernst part à Bickenried avec l'infirmier *Schwarz*. Schwarz est un infirmier débonnaire, que les patients aiment bien, car il ne hausse jamais le ton et a une patience d'ange.

La ferme de Bickenried, qui fait partie de l'établissement, est située à un kilomètre à l'extérieur du village. Ils partent avec la charrette de lait tirée par deux mulets. La cour dans laquelle ils s'arrêtent est ceinte sur trois côtés par la maison, les stalles et l'aire de battage. Le quatrième côté est ouvert sur la vallée et on peut voir loin vers l'est par-dessus la forêt. Partout, ça grouille de vaches, d'oies, de canards, de poulets, de moutons, de chèvres et de cochons. Les animaux répandent une forte odeur à laquelle Ernst doit d'abord s'habituer.

Le mois de juin est chaud. Des orages sont annoncés, et tous doivent faire en sorte d'avancer comme il faut dans la moisson. Toute la journée, on passe le foin d'un tas sur l'autre, le suspendant finalement sur une échelle de bois pour le faire sécher au vent. Le soir, Ernst doit aider à l'étable, engraisser les cochons, nourrir les vaches, rentrer les chèvres, nettoyer les pots à lait. Ici ils sont directement à la source, il y a assez de lait, et du beurre et du fromage aussi.

Dès le premier soir, Ernst a des ampoules aux mains. Les autres rigolent et disent que ça passera avec le temps. La plupart travaillent là depuis longtemps, ils aiment la ferme de l'établissement et n'aspirent à rien d'autre. Ils ont juste peur des avions qui volent à basse altitude et surgissent de plus en plus fréquemment depuis le printemps. On raconte que des avions ennemis attaquent des ouvriers agricoles avec leurs mitrailleuses.

Au lit, Ernst touche chaque soir l'endroit de sa joue que Nandl a embrassé. L'émission de chaleur continue d'irradier son corps. Que pourra-t-elle bien dire quand Ernst lui proposera de prendre la fuite ensemble et de recommencer une nouvelle vie ailleurs ? Sera-t-elle heureuse et lui sautera-t-elle au cou ? Ou aura-t-elle peur et partira-t-elle en courant ?

Bien qu'il y ait assez à manger et qu'il traîne plein de choses dont Ernst pourrait avoir besoin, il ne veut pas rester. Il s'ennuie de ses camarades qu'il voudrait retrouver, et surtout de Nandl. Dix jours suffisent pour que l'infirmier Schwarz surprenne Ernst en train de voler une demi-livre de beurre à un patient.

Schwarz secoue tristement la tête. « Qu'est-ce que je vais bien pouvoir faire de toi, Ernst ? Ça ne peut pas continuer comme ça. Les autres ici se plaignent de toi. Je dois te ramener. Et tu sais que je dois signaler l'incident au directeur. »

Deux jours plus tard, l'après-midi, il retourne dans l'établissement avec Schwarz, à sa grande joie.

Quand ils franchissent le portail, Josef est avec la brigade de cuisine et fait de grands gestes nerveux en direction d'Ernst, comme s'il avait quelque chose d'important à lui dire. Mais vu que c'est justement le jour de visite du chef, Schwarz le conduit immédiatement chez le directeur. Dans l'intervalle d'à peine deux semaines où il a été absent, l'établissement s'est encore rempli. Désormais, ils ont même mis des lits dans le couloir. Faltlhauser passe dans les rangées, l'air las et énervé. Schwarz fait un bref rapport et raconte le vol de beurre commis par Ernst.

Faltlhauser secoue la tête avec indignation. « Lossa, Lossa, tu es tout bonnement incorrigible.

— J'ai rien fait du tout, monsieur le directeur.

— Je t'ai déjà dit à plusieurs reprises que je ne tolère aucun vol ici. Pourtant je ne cesse d'entendre des plaintes. J'en ai définitivement assez de toi. C'est la dernière fois. Si je t'attrape encore une fois, tu auras droit à un traitement spécial. » Sa voix devient dangereusement faible. « Tu sais ce qu'il va t'en coûter. »

Il regarde Ernst dans les yeux, et celui-ci sait que Faltlhauser ne parle ni de camisole ni d'électrochocs.

« Tu m'as compris ?

— *Jawohl*, monsieur le directeur. »

Ernst doit de toute urgence parler à Nandl. Il est temps de se tirer d'ici.

Dehors dans la cour, c'est le train-train habituel. On pousse des charrettes de linge, de bois, de charbon, de légumes et de détritus, des patients sont assis çà et là avec des gestes d'automates, d'autres vont et viennent en courant et en jurant dans leur barbe.

Pas de Nandl en vue, nulle part. Depuis la cuisine, Josef gesticule, mais Ernst n'a pas de temps à perdre pour ses histoires maintenant. Il grimpe en courant jusqu'au service et s'arrête à bout de souffle devant la chambre des filles. Seulement ce ne sont plus des filles, juste de petits enfants qui se contentent de rester tout mous dans leur lit et se tordent bras et jambes. Heichele sort de l'infirmerie et lui demande en hurlant ce qu'il fait ici. Ernst se contente de rétorquer. « Euh… rien. » Et il ressort en courant, faisant le tour de la maison pour regagner la cour de la cuisine.

« Josef, où sont les filles, où est Nandl ?

— Je voulais te le dire depuis tout à l'heure, mais t'as pas de temps pour moi, parce que tu…

— Allez, dis. »

Josef entraîne Ernst à l'écart dans le jardin, où ils sont tranquilles. « Ils ont renvoyé les filles dans le secteur des femmes, parce que la supérieure et le prêtre se sont plaints. » Il baisse le ton. « Et tu sais où ? Chez Pauline, avec les cinglés.

— Et Nandl ? Où est-elle ? Est-ce qu'elle va bien ?

— Eh bien… » Josef baisse les yeux et regarde le bout de ses chaussures qu'il a enfilées à l'envers.

« Allez, raconte.

— Elle est… » Il se mord les lèvres, son visage se tord en grimace.

« Elle est quoi ? »

La tête de Josef pointe d'un geste en biais en direction du mur. Derrière il y a la prairie en pente avec le nouveau cimetière et les croix de bois. Ernst suit son regard.

« Non.

— Si. La semaine dernière. T'étais pas là. Je l'ai juste entendu dire. C'était deux jours avant le transfert des filles chez Pauline. Certains disent que c'était une crise, d'autres font courir le bruit que ça pourrait également être le typhus. Ils ont tous perdu la boule à cause du typhus, car chez les femmes c'est déjà le troisième cas en l'espace d'une semaine, et… »

Ernst perd pied, tout se met à papilloter devant ses yeux, tout se trouble, les murs, les arbres. La voix de Josef disparaît peu à peu. Il voit Nandl devant lui, avec ses cheveux brillants et ses yeux verts, un jeune champ d'avoine et des coquelicots. Aurais-tu peur ? Heichele est pourtant un infirmier sympathique. C'est un drôle d'endroit ici. Si je prends pas mes médicaments, alors, tu sais bien. Ses cheveux roux brillent à travers le jardin, brillent sur sa joue, dans sa tête. Alors je tombe. Mais après j'arrive pas à me rappeler quoi que ce soit. Son visage tout près du sien. Depuis quand meurt-on aussi vite de la fièvre ? Pas à me rappeler quoi que ce soit, pas à me rappeler quoi que ce soit.

La voix de Josef refait surface. « Il est probable que l'infirmière Ignatia l'a déjà attrapé, et ils disent que, si ça continue, tout l'établissement devra… Eh ! Où tu vas comme ça ? »

Ernst se précipite en courant vers la partie la moins haute du mur d'enceinte du jardin, en contrebas de l'église. En quelques prises il se hisse en haut du friable ouvrage de maçonnerie. D'en bas, Josef lui crie : « Fais pas de connerie, Ernst ! » Mais il est déjà de l'autre côté et atterrit sur l'allée de gravier devant le cimetière. Lentement et sans bruit, comme s'il allait réveiller quelqu'un, il entre dans la seconde allée de tombes, déjà à moitié pleine. Il s'arrête devant la dernière croix en bois de la rangée. Rien qu'un tas de terre, une simple croix en bois, un nom sur une plaque.

Marianne Kollmann.

Un courant d'air l'aspire vers le haut, il plane au-dessus du cimetière, voit d'en haut un garçon agenouillé devant une croix en bois. Il plonge sa main dans la terre argileuse, la sent comme une fleur, avant de jeter la terre, d'en bombarder toutes les croix avec les mottes, comme un possédé. Il regarde alentour, semble entendre quelque chose et s'enfuit à toutes jambes, longeant le mur de l'établissement, passant devant la petite mare aux canards ; il court, trébuche, tombe, se relève et reprend sa course.

Tout d'un coup, le revoilà à terre, il entend sa respiration, s'essuie le visage d'une main pleine d'orties, se redresse, reste accroché à des mûriers, voit le sang dégouliner lentement le long de ses mollets, le prix à payer pour n'avoir pas fait attention à elle. La voix de Nandl lui tourne en boucle dans la tête, un drôle d'endroit, prends pas mes cachets, alors je tombe.

Ernst emprunte le chemin qui descend vers la forêt, derrière lui quelqu'un appelle, il ne se retourne pas, ils peuvent bien appeler, ils peuvent bien cafarder au directeur, il s'en fout, de toute façon, il s'est déjà grillé auprès de lui.

En bas, à l'orée du bois, il y a un poste d'affût dissimulé sous la première rangée d'arbres. De là, on peut voir l'ensemble de l'étroite prairie et la route qui conduit vers Kaufbeuren en contrebas. L'établissement vient juste de disparaître derrière le dôme, seules les flèches des deux tours continuent d'émerger des arbres. C'est là qu'il passera la nuit et demain il se rendra jusqu'à la voie ferrée qui, en bas dans la vallée, sillonne l'autre rive de la Wertach. Alors il s'allongera sur les rails et attendra l'arrivée de l'express. Ils verront bien comme ils sont injustes.

De toute façon, pour eux, il incarne le mal. Il entend la voix de Faltlhauser. « Si je t'attrape encore une fois, tu verras. » Il doit se tenir tranquille, la tranquillité c'est ça, c'est tout ce qu'ils veulent. Qui ne se tient pas tranquille fait le mal. Qui fait le mal doit être puni.

Mais en quoi fait-il le mal quand il a faim et vole des pommes ? Pourquoi est-ce faire le mal que de voler le tabac d'un débile ? De toute façon, il ne s'en rend même pas compte. Ou quand il pique un morceau de beurre ? Chaque fois, ce sont tout de suite des « Lossa est porté au mal », « il est asocial », « il n'est pas tout à fait normal ».

Normal – Ernst crache depuis son aguet. Faltlhauser, il est normal peut-être ? Lui qui caresse la tête des enfants et joue même avec eux, pour dans la foulée leur administrer une piqûre. Ou ce Fritz ridicule, qui parade en uniforme à travers l'établissement et engueule les sœurs cuisinières car elles mettent des os dans la soupe. Alors que voir les gens mourir de faim dans le service et quémander un bout de pain aux religieuses ne l'ébranle pas le moins du monde. Ou Heichele, qui dissout en douce des comprimés dans le sirop de framboise et le donne à boire aux enfants. Ou Pauline qui prend des airs mielleux et la nuit expédie les femmes de son service à coups d'injections.

Tout cela est normal, mais gare si un patient fait un caprice, gare s'il déchire ses affaires et jette la nourriture. Alors ils l'enferment, lui passent une camisole et le laissent hurler toute la journée. Ou ils lui font un électrochoc, à le faire se rompre les os et se retrouver ensuite amorphe et claqué.

Le soleil disparaît derrière le sommet et la forêt. La prairie brille d'une lumière vert foncé. Soudain, Ernst aperçoit une silhouette à l'orée de la forêt. C'est l'infirmier Schwarz qui dévale la pente à sa recherche et l'appelle. Sur son perchoir, Ernst se fait tout petit, Schwarz va peut-être passer. Mais il se dirige droit sur le poste d'affût. Une fois en dessous, il pousse un grand soupir de soulagement.

« Te voilà ! »

Lentement il grimpe à l'échelle et se faufile à côté d'Ernst, sort sa blague à tabac et se bourre une pipe. Pendant qu'il fume, tous deux regardent la prairie en silence.

Puis il frappe sa pipe pour la vider et dit, comme en passant : « Si tu te sauves, tu ne feras qu'envenimer les choses. »

Ernst ne dit rien. Qu'est-ce qui pourrait encore s'envenimer ? Schwarz ne comprend rien. Il n'a aucune idée de ce qui se trame dans l'établissement.

Au bout d'un moment, Ernst dit à voix basse : « Pourtant vous voulez tous vous débarrasser de moi.

— Quelle sottise ! Qui te dit cela ? Personne ne veut se débarrasser de toi. Mais comme ça, ce n'est pas possible. Tu ne peux quand même pas voler tout ce qui te tombe sous la main.

— De toute façon, j'ai plus envie de vivre. J'aimerais pardessus tout m'allonger sur les rails. Alors vous serez débarrassés de moi.

— Ne fais donc pas de bêtise, on ne se suicide pas pour si peu.

— Peu importe que ce soit le train express qui me passe dessus ou qu'on me fasse une piqûre.

— Qu'est-ce que tu racontes ? Ce ne sont que des bruits. Tu ne dois pas les prendre autant à cœur. Viens, on va remonter. Ça va être l'heure du dîner. Tu verras, demain tout semblera déjà aller mieux. »

Sur le chemin du retour, la nuit tombe d'un coup, pas dehors mais dans le cœur d'Ernst. Soudain, il n'y a plus ni images ni voix, tout est sombre et silencieux. De nouveau il est attiré en l'air, mais d'en haut aussi tout est sombre. Il n'y a qu'un infirmier et un garçon, passant devant l'étang de l'établissement en direction de la porte du bas. Ce ne sont que des spectres, comme à travers la brume.

9

Il y a quelque chose dans l'air. Josef dit que ça vient du temps. Voilà trois jours que des orages se pressent à l'horizon et descendent la vallée de la Wertach sans parvenir jusqu'à Irsee.

Début août, Max Ries a beaucoup de travail à la morgue. Mardi 8 août, il faut s'occuper de quatre cadavres. Ce sont les quatre hommes qui ont été transférés dans le secteur des femmes, chez l'infirmière Pauline, il y a quelques jours. Deux sont morts hier, les deux autres ce matin à l'aube. On dit officiellement qu'ils auraient eu le typhus. Mais Max en doute. Entre-temps, le bruit court ouvertement parmi les patients que ceux qui sont transférés à la ferme de Pauline ne feraient pas long feu.

D'un autre côté, effectivement, le typhus a fait son apparition, ce que Max craignait de longue date. Typhus, c'est actuellement le mot le plus anxiogène pour les patients. Quiconque a un peu de fièvre ou est pris de diarrhée cède à l'angoisse. En même temps, on a en permanence la diarrhée ici, surtout ceux qui mangent peu, ils n'arrivent même plus à aller jusqu'aux toilettes, ce qui n'est guère surprenant vu qu'on ne leur donne chaque jour que du chou et des rutabagas.

Max vient chercher Ernst pour qu'il l'aide à la morgue. La salle d'embaumement a une porte qui donne sur le jardin et une sur le cimetière. D'un côté les gens arrivent enveloppés d'un drap, de l'autre ils ressortent dans un cercueil. Le Dr Gärtner n'y a fait qu'un bref passage et a dit qu'il ne fallait pas les disséquer, car les morts souffraient du typhus. Qu'ils devaient faire preuve de prudence et ne pas les manipuler sans gants. Puis il s'est vite évaporé de nouveau.

Ernst n'a donc pas grand-chose à faire. Les hommes ne sont pas lourds, ils ont les jambes toutes minces et les visages rabougris. Ils les font passer directement de la civière aux minces caisses de bois. Voilà longtemps qu'on n'utilise plus de vrais cercueils, par souci d'économie du bois. Le travail va vite, ce qui réjouit Ernst qui supporte mal la morgue. Il a en permanence devant les yeux l'image de Nandl étendue sur la table de marbre, ses cheveux roux sur la pierre blanche. Elle est sans doute au ciel, comme maman, et regarde en bas avec ses yeux verts un peu tristes et malicieux à la fois.

Comme si Max avait lu dans ses pensées, il dit : « Est-ce que tu crois aussi parfois qu'on nous observe ? »

Ernst regarde Max, étonné. Jusqu'ici il s'était toujours cru zinzin de penser à des trucs pareils.

Max lui fait un clin d'œil : « Ce sont peut-être les âmes qui volent et viennent voir, poussées par la curiosité, ce qu'il est advenu de leurs corps restés ici-bas. »

Oui, peut-être, dit Ernst, et il lève les yeux vers le vasistas par lequel le soleil dessine un carré lumineux sur le mur. Il se rappelle les paroles de maman : Ernstl, tu as une grande âme, elle est là dans ta poitrine et veille à ce que tu sois courageux, joyeux, fort et gentil. Et si tu as peur, si tu es triste ou s'il fait noir, alors il te suffit de poser la main à cet endroit pour sentir la lumière qui brille à l'intérieur sans jamais s'éteindre. Même pas après la mort. Car alors ton âme s'envole dans le ciel.

Pendant que Max fait le ménage, Ernst s'éclipse dans le jardin. Dans la niche entre la morgue et l'église, il y a sa cachette dans le mur. Avec soin, il extrait du mur la brique disjointe et sort sa boîte à trésors de l'espace creux. Il la caresse et la berce comme un petit enfant, avant de l'ouvrir. Tout y est encore. Peigne, canif, bretelles, blague à tabac, pipe et allumettes, flasque, menue monnaie, livre de prières. Il regarde la photo de lui qu'a prise l'infirmier Scheuwald de Kaufbeuren. C'était il y a deux ans. À l'époque, on venait de le tondre. Maintenant ses cheveux ont repoussé et Max n'a pas le droit de les lui couper plus court qu'au niveau des oreilles.

De la morgue parviennent des voix, vite Ernst cache son trésor. Il met la photo dans sa poche.

L'infirmier Eisele est venu prendre congé de Max, car il a deux semaines de vacances. Les deux hommes sortent sur le pas de la porte en bavardant et s'en fument une.

Eisele souffle la fumée en l'air et plisse les yeux. « Si ça continue, les Amerloques seront bientôt à Paris et les Russes en Prusse-Orientale, alors on va morfler.

— Ça ne pourra plus durer longtemps, dit Max, ajoutant après une pause : d'une manière ou d'une autre. »

Eisele jette son mégot. C'est alors qu'il découvre Ernst accroupi près du mur. « Tiens, mais qui voilà donc ? Alors, Ernst, tu as encore volé quelque chose ?

— Rien du tout, j'ai rien fait.

— Allez, je le vois en regardant le bout de ton nez.

— Non, vraiment.

— Laisse-le, dit Max, il est là pour me donner un coup de main. »

Eisele fait un geste. « Bon, je dois y aller. Bon sang, deux semaines de congés, je suis content. Et toi, sois sage et tiens-toi comme il faut. Je ne veux rien entendre à mon retour. »

Ernst dit d'un air absent. « Je serai déjà parti. On se reverra pas. »

Eisele secoue la tête : « Ernst et ses histoires !

— Si, je le sens.

— Tu es un sacripant. Allez, on en reparle dans quinze jours. » Il effleure la tête d'Ernst de la main et s'en va.

« Qu'est-ce que tu racontes ? dit Max. Viens m'aider, qu'on en finisse enfin ! »

Dans le bureau de Frick, l'infirmier Heichele se tient devant Faltlhauser et se tord les mains. Faltlhauser referme le porte-documents devant lui.

« Qu'est-ce que ça veut dire, vous ne pouvez pas ? Ça ne doit pas être si compliqué.

— D'une certaine manière, je me suis pris d'affection pour ce garçon. »

Frick s'en mêle : « Bon sang, Paul, qu'est-ce que c'est que cette sentimentalité ? C'est à toi qu'il donne le plus de fil à retordre. »

Les mains d'Heichele, gêné, se tordent et se détordent. « En outre, le gamin est trop solide. Une seule personne n'en viendra jamais à bout. »

Faltlhauser se lève. « Alors, que Mme Kneissler s'en occupe. Mais sans attirer l'attention. Peu importe comment, le gamin doit partir. À Berlin ils se font insistants.

— *Jawohl*, monsieur le directeur. »

L'après-midi, Ernst doit aider Max à battre les lits. Le ciel s'est couvert, on dirait qu'il va pleuvoir. Max suspend les draps et les couvertures sur les barres destinées à battre la literie, et Ernst les frappe pour en faire sortir la poussière. Quand c'est fini, ils s'asseyent sur les marches de pierre et observent les nuages.

Ernst se met à penser à la photo. Pendant la pause déjeuner, il a écrit au dos au crayon de papier : *En souvenir*. Il la tire de sa poche et la colle sous le nez de Max.

« Tiens, c'est un cadeau pour toi. »

Max regarde la photo, puis la retourne, lit et plisse le front. « Pourquoi tu me donnes ça ?

— J'en ai plus pour très longtemps.

— Qu'est-ce que c'est encore que cette bêtise ?

— Et, si c'est le cas, je voudrais mourir tant que t'es là.

— Mon garçon, qu'est-ce que tu racontes là ?

— Si. Parce que, si tu es là, je sais que j'aurai un beau cercueil.

— Quelle sottise ! Tu es un garçon solide et en bonne santé. Ne te fais pas de souci, tu n'es pas près de mourir. »

Comme Ernst n'ajoute rien, Max secoue la tête. Il regarde la pendule et bâille. « Arrive, espèce de nigaud, arrêtons là le travail pour aujourd'hui.

— Tu dois déjà y aller ?

— Oui, ça suffit pour aujourd'hui. Moi je rentre chez moi et toi tu vas manger. Et ne va pas faire de nouvelles bêtises.

— Tu peux pas rester encore un peu ?

— Je reviens demain. Tu veux que je t'apporte quelque chose ?

— À manger.

— Oui, quoi d'autre, j'aurais dû y penser, monsieur jamais-rassasié. Je verrai si je peux trouver un bout de pain. »

10

Un crépuscule ardent rayonne sur la campagne, Ernst et Josef sont assis à la fenêtre et s'étonnent de la couleur rouge qui enveloppe tout avant de passer au bleu. Depuis qu'Ernst est revenu de Bickenried, il dort de nouveau dans le dortoir des hommes. Il y a beaucoup de nouveaux venus. Josef dit qu'il a eu des nouvelles d'Oïa. Il est avec ceux qui restent au lit, il y reste juste sans bouger et regarde le mur.

« Bon sang, Ernst, le pauvre bougre ! Il voulait se faire la malle pourtant. Et maintenant, regarde. Cette histoire avec Theresa l'a mis K.-O.

— Mmm.

— Mais il n'aurait pas pu aller bien loin.

— Possible.

— La semaine dernière, il y en a un qui a essayé, ils l'ont rattrapé le soir même.

— Mmm.

— Toi tu pourrais y arriver, Ernst.

— Je sais pas.

— Tu attends toujours ton père ?

— Je sais pas.

— Si tu veux mon avis, il viendra pas.

— Possible.

— Je sais pas, possible, t'es pas très loquace.

— Tu vois la brume ?

— Quelle brume ?

— Là-bas en lisière de forêt, elle est là tous les soirs. »

Josef scrute les environs, secoue la tête et dit : « Y a rien. Ça fait des mois que j'ai pas vu de brume.

— Tu la vois pas sortir de la forêt et venir lentement vers nous tous les soirs ?

— Tu débloques. Depuis quand y a-t-il de la brume au mois d'août ?

— T'y connais rien, Goebbels.

— M'appelle pas Goebbels. »

Tous deux regardent dehors en silence et chacun voit autre chose. Josef voit la forêt et le crépuscule et Oïa, allongé, regardant le mur. Ernst voit briller les cheveux de Nandl, ses yeux verts et la brume qui rampe sous les pins, comme un serpent. Josef l'arrache à ses pensées.

« Viens, jouons à quelque chose de drôle. Si on jouait au cirque ?

— Pas envie.

— Viens, je ferai le singe et tu feras l'artiste. Et Gortz fera la musique. »

Josef se met à courir à travers le dortoir et crie « Houaaaah ». Il fait signe à Ernst de commencer enfin son numéro et, comme celui-ci ne veut pas gâcher le plaisir, il participe.

« Attention, cher public », s'écrie-t-il, et il fait une roulade.

Les autres frappent des mains en hurlant, et Gortz entonne : « Devant la caserne, quand le jour s'enfuit... » Pendant qu'Ernst continue d'enchaîner roulades et poiriers, et que Josef arpente la salle en faisant « Houaaaah », les autres reprennent la chanson. Le chœur est horrible et faux, mais beau malgré tout.

Même Henning Peutner participe, et au passage « C'est dans ce coin-là que le soir, on s'attendait remplis d'espoir, tous deux, Lili Marleen », ses yeux se brouillent. Même Heichele, de service de nuit, est pris par l'ambiance et fredonne avec tout le monde. Puis arrive l'heure de se mettre au lit. Au moment où Ernst veut se coucher dans son lit à côté de Josef, Heichele arrive et lui dit que ce soir il doit dormir dans le dortoir des enfants.

« J'ai rien fait pourtant. Je préfère dormir là.

— Non, il se peut que tu aies le typhus. »

Immédiatement, Josef s'éloigne un peu d'Ernst.

« C'est pas possible, j'ai même pas la diarrhée », dit Ernst. Mais peu importent ses supplications, Heichele ne se laisse pas fléchir.

Ernst doit déménager dans le dortoir des enfants où on lui donne de nouveau le lit près de la porte. Il aurait préféré le lit à la fenêtre pour regarder le ciel à travers la fente du carton.

L'air stagne dans la chambre, l'odeur d'urine est maintenant plus forte encore, pendant l'été. Après qu'il a contemplé toutes les couleurs du ciel du soir, la pièce lui paraît deux fois plus sombre. Ernst regarde par la bande étroite de jour que le carton laisse pénétrer, et il entend Heichele boiter dans le couloir. Puis tout est calme. Calme, sombre et étouffant.

On n'entend que les ronflements et les bulles en provenance des trois autres lits, et aussi le léger raclement et froissement de Heinz qui pendant son sommeil aplatit son drap et le chiffonne, avec la régularité d'une machine.

Ernst se met en boule, ferme les yeux. Sa tête est comme une toupie qui bourdonne. A-t-il vraiment le typhus ? Pourquoi Heichele lui mentirait-il ? Il aurait pu aussi le laisser à l'infirmerie, ça ne serait pas la première fois. Le typhus – Ernst palpe son ventre maigre, sans y trouver rien de suspect. Juste son estomac qui gargouille. Sans doute qu'Heichele aura juste imaginé cette histoire de typhus, afin qu'Ernst prenne enfin les cachets. Il peut toujours rêver.

Ernst se redresse. N'y avait-il pas quelqu'un près de son lit qui l'a effleuré ?

Mais la chambre est là comme avant.

Il se laisse replonger et le demi-sommeil le reprend dans ses filets. Les souvenirs tombent comme des petits cailloux dans un lac, ils s'enfoncent dans l'obscurité. Ne restent que des ronds dans l'eau qui oscillent les uns dans les autres, s'entremêlent et clapotent doucement sur la rive. La vieille roulotte qui roule péniblement en faisant du bruit sur la route de campagne, des champs verts, gardés par des coquelicots rouges, un monde vacillant qui s'éloigne, tout diminue et disparaît. La grand-mère de Buchau et ses crêpes, des enfants du village et des policiers, des feux de camp et des ciels étoilés, l'appartement sombre à Augsbourg, maman sur le pas de la porte, l'orphelinat avec sœur Sigolina, grand-mère Babett et sa cigarette, Malchen et Nanna en chemise de nuit, la maison de correction, papa dans son costume gris, l'établissement avec les infirmiers et les infirmières, les fous et les paralysés, Max à la morgue, Josef et Oïa, Theresa sous le drap, Nandl qui lui dépose un baiser sur la joue. Un roux brillant, un coquelicot rouge, des cheveux roux, un baiser rouge, le crépuscule rouge. Les images se mélangent, des lueurs rouges et vertes, un monde qui vacille, les cheveux de Nandl dans le soleil du soir, tout tourne, se mélange, s'assombrit et se dissipe. Les petits cailloux tombent sur le sol, le lac est lisse comme un miroir.

À deux chambres de là, Heichele saisit le combiné du téléphone intérieur et dit : « Tout est prêt. »

Il sort une petite clé et s'en sert pour ouvrir un petit placard. Préoccupé, il regarde ce qu'il contient, des ampoules sombres et des emballages de cachets gris, bien rangés, les uns sur les autres. Il lui arrive de détester son métier. Jusqu'ici, seuls les débiles ont eu droit à une piqûre, les cas vraiment graves, ceux qui passent leur temps au lit et ne comprennent rien, qu'il faut langer et nourrir à vie. Pourtant même eux le poursuivent parfois dans ses rêves.

Et maintenant Ernst, justement lui. Heichele se passe la main sur les yeux. Dehors, la porte de l'escalier se met à couiner. Il se secoue. Devant Frick et Kneissler, il ne faut pas faire preuve de faiblesse, les ordres sont les ordres. Il prend une boîte de cachets et une ampoule, réfléchit, en prend finalement une deuxième et referme le petit placard.

Ernst sort de son demi-sommeil. Vient-il d'entendre des pas ou était-ce encore dans son rêve ? Pourtant tout est calme, on n'entend que les autres qui respirent. Il se retourne et essaie de se rendormir. Voilà de nouveau des pas. Cette fois, il n'y a pas de doute. Un boitement, pas celui d'Heichele, plus dur. *Tac-toc*, il n'y en a qu'un dans la maison qui boite de cette façon : Frick et sa jambe de bois. Que vient faire le directeur administratif au milieu de la nuit dans le service des enfants ? Et il y en a un autre, un pas léger qu'Ernst ne reconnaît pas. Les deux se dirigent dans la salle de soins. Au bout d'un moment, Ernst entend grincer la porte et trois personnes venir dans le couloir. *Clac-fff-clac, tac-toc* et quelqu'un qui marche sans bruit. Ils viennent dans sa direction, le bruit est inhabituel, vite il faut maintenant se cacher, mais on ouvre la porte du vestibule et la silhouette trapue d'Heichele franchit la porte à proximité de son lit. Il est suivi de Frick et, derrière, il y a l'infirmière Pauline.

Ernst retient son souffle. Des milliers de pensées se bousculent dans sa tête. Qu'est-ce que Pauline fait là ? Et pourquoi Frick hante-t-il la maison en pleine nuit ? Qu'est-ce qu'ils lui veulent ?

Embarrassés, Frick et Heichele regardent le sol, ils laissent la parole à Pauline.

Elle sourit à Ernst avec son visage hypocrite et murmure : « Bon, on est en train de faire le tour des patients.

On t'a certainement déjà dit qu'il se pourrait que tu aies le typhus. »

Ernst secoue la tête.

« Alors on veut… » Elle se dirige vers Ernst, avec dans la main des cachets qu'elle réduit en petits morceaux.

« Je ne veux pas, dit Ernst en se redressant dans son lit.

— Cesse tes gamineries, Ernst », dit Heichele.

Il attrape Ernst par la nuque avec l'intention de le bloquer, pendant que Pauline lui fourre les cachets dans la bouche. Mais Ernst se tourne et se recroqueville, donne des coups de pied, serre les dents et tente de balancer la tête à droite et à gauche. Malgré tout, Pauline parvient à lui en glisser quelques petits morceaux entre les dents. Ce truc est incroyablement amer, Ernst s'étrangle et recrache de toutes ses forces la bouillie amère au visage de Pauline.

Heichele le lâche et rouspète. « Je vous l'ai dit tout de suite que ça ne marcherait pas comme ça.

— Alors autrement », bougonne Pauline, dont la voix suave semble envolée.

Elle se faufile hors de la pièce. Ernst sent les mains froides de Frick lui attraper les jambes. Il veut se redresser, il n'y parvient pas, il tape sur les bras d'Heichele et crie. « Lâche-moi, tu dois me lâcher, aide-moi donc ! » L'infirmier se contente de regarder ailleurs, l'air gêné.

On entend Pauline farfouiller dans le vestibule. Frick appelle à travers la porte : « Qu'est-ce que tu fous ? »

Pauline apparaît alors, une seringue à la main. Elle s'est ressaisie et elle dit doucement : « Bon, maintenant on va te faire une petite piqûre.

— Mais je veux pas de piqûre. »

Le ton de Pauline se fait encore plus suave. « Tu ne veux certainement pas attraper le typhus et le donner aux autres. Non, non, il te faut la piqûre.

— Mais je veux pas de piqûre.

— Tu verras, ça ne fait pas mal, et après tu dormiras bien.

— Mais je veux pas de piqûre », dit Ernst en suppliant Heichele.

Celui-ci se contente de soupirer et dit : « Bon sang, mon garçon, ne fais pas tout ce cinéma. »

Ernst roule sur le côté et replie ses jambes sur son ventre. Dans la lumière blafarde, il voit l'ombre de Pauline se pencher au-dessus de lui, la sent palper son bras. Il se recroqueville encore davantage, puis un petit picotement. L'endroit sur son bras brûle et devient très chaud.

« Voilà, c'est fini », dit-elle d'un air satisfait.

La chaleur irradie de son bras à son ventre et, de là, lui remonte à la tête. Tout à coup, il n'a plus peur. Au contraire, il est d'humeur joyeuse, tout est tellement risible. Il voit les trois silhouettes autour de son lit, elles sont tellement ridicules qu'il ne peut s'empêcher de rire tout à coup. Ils le regardent avec des yeux ronds, et c'est encore plus drôle, et il n'arrive pas à s'arrêter de rire. Ils disent quelque chose qu'il ne comprend pas, parce qu'il n'arrête pas de rire. Pendant qu'il continue de rire, tous trois se glissent hors de la chambre.

Il faut un moment pour que ses gloussements cessent. Gaiement, il contemple la nuit d'été par la fente de la fenêtre. Les nuages se sont déchirés et on voit une étoile. Une fatigue de plomb lui passe sur les paupières, il jette un dernier regard à la pièce dans la pénombre, à Heinz dont la main ne cesse de s'agiter, à l'interstice de la fenêtre avec l'étoile, puis il cède à l'épuisement.

Ernst survole l'établissement, les nuages ont changé de forme et le ciel brille de milliers d'étoiles. Irsee s'étale paisiblement à flanc de colline au-dessus de la vallée de la Wertach, entouré par la forêt et les prairies. L'établissement pèse de toute sa puissance et de sa lourdeur à la lisière inférieure du village, on dirait un poids qui tente de le tirer en totalité vers le bas, avec ses fermes et ses stalles ramassées. Le village est pris dans un rêve diffus dont il ne veut s'éveiller.

L'établissement est plongé dans l'obscurité et le silence. Seule la salle de garde est allumée, Heichele, Frick et Pauline sont assis ensemble et fument. Ils regardent la pendule. Pauline et Heichele se lèvent, Frick se contente de faire un geste las et reste assis à la table. Les deux autres retournent dans la chambre des enfants et se penchent sur Ernst, profondément endormi.

Pauline fait une seconde injection : « Deux précautions valent mieux qu'une », dit-elle à Heichele.

Ernst change de côté en grognant et tend les jambes. Quand l'infirmière Pauline lui pique le bras, il sursaute légèrement.

Ernst vole et plonge à la fois. De l'eau lui entre dans la bouche, il veut respirer, ce qui est impossible car l'eau continue d'envahir ses poumons. Il se débat, pris de panique, mais il ne trouve pas la surface. Il gigote, agite les jambes, rien n'y fait. Le courant l'entraîne toujours plus au fond.

Tout à coup, au moment où ses forces l'abandonnent et où il se laisse porter, l'eau le libère. C'est comme si, sous l'eau, le ciel était de nouveau là, il survole les prairies et les forêts, le jour se lève, et soudain il voit la roulotte, qu'il a déjà si souvent vue en rêve. Il atterrit sur la route en bordure de forêt, attend la roulotte à la plate-forme multicolore, avec maman et papa sur le siège. Il se précipite à leur rencontre en riant et, quand la roulotte est à sa hauteur, papa tire sur les rênes. Ses parents lui adressent un sourire d'encouragement.

« Monte, Ernstl », dit maman, et papa lui tend la main.

Il n'ose pas la saisir, car il a peur de la brume qui ne cesse de guetter à l'orée du bois. Mais quand il regarde autour de lui, le mur gris a disparu. « Allez, viens », dit papa, et Ernst attrape sa main qui le hisse d'un coup sec. Plein d'élan, il s'assied entre eux deux, papa lui tend les rênes. De gauche et de droite, ses parents l'enlacent et se tiennent par la main dans son dos.

« Où allons-nous ? » demande Ernst. En guise de réponse, ses parents échangent un regard espiègle par-dessus lui.

« Nandl est là aussi ? »

Les deux se font un clin d'œil et sourient. « Qu'est-ce que tu attends encore ?

— Hue ! » dit-il. Le cheval s'ébranle et la roulotte se met doucement en marche en se balançant, les roues chantent au rythme de la route, l'air est baigné d'une lumière blanche presque laiteuse, ses oreilles résonnent d'un bourdonnement grave et devant eux s'étend un grand champ d'avoine avec des coquelicots.

Épilogue

Mercredi 9 août 1944 au matin, Max Ries va voir Ernst pour lui apporter le pain qu'il lui a promis. Plus tard, lors de l'enquête judiciaire à propos du cas Lossa, Ries déclara ce qui suit :

« Je l'ai trouvé dans la chambre des enfants et je fus épouvanté. Son visage était violet, il avait de l'écume autour de la bouche et râlait avec difficulté. On aurait dit qu'il avait de la poudre autour de la bouche et du cou. Je lui ai parlé, mais il n'a eu aucune réaction. Il est mort dans l'après-midi, aux environs de 15 h 30, sans jamais avoir repris connaissance. Dans le col de sa chemise, j'ai trouvé deux comprimés sans inscription et, sous le lit, une ampoule vide. Dans le cou, il avait une marque violette de la taille du poing, bien qu'au vu de l'absence de lividité, la marque ait dû avoir une autre origine. Lossa était un grand garçon, solide et en bonne santé, qui selon moi n'a pu être assassiné qu'en faisant usage de la force.

« Lors de la dissection, je n'ai fait qu'une incision pour ouvrir la cage thoracique. J'ai été surpris par l'odeur suffocante. Gärtner, qui lui aussi aimait beaucoup le garçon, renonça à poursuivre l'examen. »

Sur l'étiquette que porte le cadavre, le Dr Gärtner écrit : « Cause de la mort : broncho-pneumonie. »

Conformément aux dernières volontés du garçon, Ries fait son possible pour le mettre dans un beau cercueil. Ernst est enterré le 12 août dans un cercueil modeste, dans le cimetière de l'établissement.

Postface de l'auteur

Le 8 août 1944 dans l'après-midi, vers 15 h 30, la cour de justice du tribunal populaire condamne à mort plusieurs combattants résistants du 20 juillet**. Ces hommes, qui voulaient éliminer le régime d'Hitler, sont pendus peu après. Au même moment, à six cents kilomètres au sud de Berlin, dans un petit village bavarois, un jeune garçon de quatorze ans a l'intuition de sa mort prochaine. Le même jour, tard dans la soirée, on lui administre deux piqûres de morphine qui provoquent une perte de conscience dont il ne se relèvera pas. Lui aussi a été exécuté, lui aussi est une victime du régime nazi ; il n'est pas un héros mais est toutefois quelqu'un qui s'oppose à l'autorité et que le régime n'a pas fait plier. Son nom est Ernst Lossa, il n'apparaît pas dans les livres d'histoire. Pourtant, son histoire personnelle est le reflet de la vision méprisante et mensongère que les nazis avaient du genre humain.

« Pourquoi moi ? Pourquoi précisément moi ? » Ernst Lossa s'est sans doute très fréquemment posé la question. Comment aurait-il pu comprendre qu'on l'enlève dès sa petite enfance à ses parents et à sa famille pour le placer dans un foyer ? Comment aurait-il pu comprendre les raisons qui l'ont fait passer d'un foyer à l'autre ? Comment aurait-il pu comprendre pourquoi on l'a finalement envoyé dans un asile psychiatrique où ne vivaient que des handicapés lourds à très lourds ? Il avait vraisemblablement une idée de la réponse : il gênait. Il ne cadrait pas. Il ne se comportait pas comme on l'aurait voulu. Il était inutile, il n'y avait rien à en tirer. C'était un marginal.

La Brume en août est la biographie de ce garçon qui, en 1929, voit le jour dans une famille de commerçants ambulants. En 1933, sa famille entre dans le collimateur de la bureaucratie nazie. À tout juste quatre ans, Ernst est arraché à sa famille. Il grandit dans un orphelinat, où il devient un enfant difficile à éduquer, qui vole, ment et ne cesse de troubler l'ordre auquel on le contraint. Il a dix ans quand les religieuses l'expulsent vers un centre d'éducation national-socialiste. Mais là non plus, Ernst ne se soumet pas. Une experte le catalogue comme « psychopathe asocial ». Deux ans plus tard, les éducateurs le font interner dans un hôpital psychiatrique, alors qu'il n'est pas handicapé et ne souffre d'aucune maladie mentale. Il y sera assassiné par surdose de morphine en août 1944, il n'a même pas quinze ans.

À l'été 2002, Michael von Cranach, alors directeur médical de l'hôpital local de Kaufbeuren, m'a donné le dossier médical d'Ernst Lossa ; je devais le lire pour, éventuellement, en faire un livre.

Ma première réaction fut la suivante : cette histoire est tellement horrible, tellement sordide, que je ne veux pas m'en occuper. Je le fis pourtant, car deux choses ne cessaient de me tourmenter : la première, la photo qui a été faite du garçon à son admission à l'hôpital de Kaufbeuren. Ce regard me fascinait. Dans ses yeux, on perçoit un mélange de nostalgie et de combativité, de désarroi et de rébellion, de débrouillardise et de mélancolie, de curiosité et de peur. Par ailleurs, la question du pourquoi me taraudait. Pourquoi fallait-il qu'Ernst Lossa meure ?

Je ne suis pas le premier à essayer de trouver une réponse. Après la guerre, ce sont d'abord les Américains qui en 1945 enquêtèrent sur les meurtres de patients au sein de l'asile psychiatrique de Kaufbeuren-Irsee. Dans les interrogatoires du personnel, un nom ne cessait de revenir : Ernst Lossa, raison pour laquelle les Américains sortirent le dossier du garçon de la pile des nombreuses victimes et s'intéressèrent de plus près à son cas. Ils tombèrent alors sur une suite d'incohérences et firent de l'assassinat du garçon le précédent du procès contre les médecins et le personnel soignant.

Ils se demandèrent en premier lieu pourquoi un garçon qui n'était ni handicapé physique ni malade mental avait été mis dans un « asile de fous » comme Irsee, dans lequel habituellement on ne plaçait que les individus atteints de handicaps lourds ou multiples. Comment arriva-t-il sur la liste noire, alors que les médecins criminels affirmèrent sans cesse n'avoir éliminé que les individus prétendument « indignes de vivre » et les « bouches inutiles » ? Quatre ans après la guerre, à l'été 1949, ces questions furent débattues devant la cour d'assises d'Augsbourg. Mais ni les forces d'occupation américaines ni la justice allemande ne trouvèrent de réponse.

En réalité, le cas semble au premier abord très simple, l'explication est lisible dans le dossier médical du garçon. Il y figure qu'Ernst Lossa « vient d'une famille de Tziganes » et qu'il s'agit d'un « psychopathe avec des penchants asociaux ». Chacune de ces deux étiquettes pouvait à elle seule signifier la mort dans l'Allemagne nazie de l'année 1944. « Tziganes » et « asociaux » figuraient tout en haut de la liste des gens poursuivis, enfermés et assassinés par les nazis. À cela s'ajoute que, selon un rapport, le garçon est « obsédé », « pose de grosses difficultés », est « inéducable », « voleur », « inadapté à la collectivité », c'est un « enfant d'une rare déviance ». Quiconque atterrissait dans un asile psychiatrique du Troisième Reich affublé de tels qualificatifs courait le très grand danger d'être victime des meurtres de masse perpétrés contre les patients.

Presque soixante ans après l'assassinat d'Ernst Lossa, j'ai entrepris des recherches sur l'histoire de sa vie. Ce fut le début d'un travail de détective qui s'étala sur plus de quatre ans. Plus je m'occupais du cas, et plus les questions surgissaient.

Certains faits furent établis : Ernst Lossa n'était pas « tzigane », il n'était pas originaire d'une famille manouche ou rom. Il n'était ni handicapé ni malade mental. Le diagnostic selon lequel il était « psychopathe » est lui aussi une farce en fin de compte. Il n'exprimait rien de plus que le fait que le comportement du garçon posait problème. En cela, le cas Ernst Lossa est révélateur de l'hypocrisie mensongère des assassins. Il est exemplaire des délires raciaux et élitaires dans l'État d'Hitler. Il montre que, pour ce meurtre – comme pour les nombreux milliers d'autres –, il n'y a qu'une seule explication : l'arbitraire. La raison pour laquelle le garçon a été tué était quelconque. Ernst Lossa devait mourir, parce qu'un médecin-chef ou un responsable administratif l'avait décidé. Parce qu'il détonnait dans leur système, leur vision du monde. Parce qu'il avait trop vu ou trop compris. Parce qu'il était un possible témoin des crimes perpétrés derrière les murs de l'établissement. Parce qu'il avait commis un vol de trop. Ou tout simplement parce qu'il figurait sur une liste et que cette liste a été « traitée ». L'euthanasie (le mot grec signifie à peu de chose près « la belle mort »), baptisée « mort noble » par les nazis, était en réalité impitoyable.

Cependant, après la guerre, les auteurs s'en tirèrent avec des peines extrêmement faibles. Le directeur de l'établissement de Kaufbeuren, le Dr Valentin Faltlhauser, a été condamné à trois mois de prison ; la directrice du pavillon des enfants, Minna Wörle, à dix-huit mois ; l'infirmier d'Irsee, Paul Heichele, à un an. La directrice du secteur des femmes, Pauline Kneissler, avait déjà été condamnée auparavant en raison de sa participation aux assassinats dans d'autres établissements à quatre ans de réclusion criminelle. Le directeur administratif Georg Frick a été déclaré non coupable, faute de preuves. Le Dr Gärtner, médecin-chef d'Irsee, s'était pendu dans son bureau en 1945 à l'arrivée des Américains.

Du point de vue actuel, la clémence de la justice est incompréhensible. Car il était question de centaines de patients assassinés. Il semble pourtant que l'intérêt pour l'explication des crimes et le châtiment de leurs auteurs n'ait pas été très grand. Après les enquêtes menées par les occupants américains, le sujet a été confié à la justice allemande. En 1949, les coupables furent traduits devant le tribunal d'Augsbourg pour meurtre collectif. Au terme de trois semaines d'audience, il ne restait plus rien de la plainte pour assassinat. Ainsi Faltlhauser, le directeur de l'établissement, a-t-il été condamné pour « incitation à complicité d'homicide d'au moins trois cents cas ». Pour les autres inculpés également, il fut question de complicité d'homicide. Il y eut ainsi à la fin de la guerre plus de 2 300 patients tués à Kaufbeuren et Irsee, mais ces assassinats n'eurent que des complices. Selon la justice, ce sont des crimes aujourd'hui encore sans coupables.

De la même façon, le meurtre d'Ernst Lossa n'a jamais été élucidé. Le médecin-chef Faltlhauser, qui a ordonné le meurtre, a fait devant le tribunal la déclaration suivante à propos du garçon : « Selon mes constatations, il s'agissait d'un psychopathe au comportement fortement asocial. [...] On peut tout à fait imputer ça à la pitié dans la mesure où le garçon aurait passé sa vie derrière les barreaux. Outre les vols incessants, il aurait toujours harcelé son entourage et maltraité les sans-défense. [...] À mon avis, la situation ne se serait jamais améliorée, mais aurait empiré avec l'âge.

[…] Il était dérangé mentalement dans le sens où il n'aurait jamais pu mener une vie rangée. »

Les autres parties impliquées se contredirent et se rejetèrent mutuellement la faute. Paul Heichele et Georg Frick reconnurent seulement avoir été présents quand Pauline Kneissler administra les piqûres mortelles au garçon. Pour sa part, l'infirmière contesta sa participation à l'acte. Quel qu'ait été le menteur parmi eux – peut-être les trois –, la justice l'a laissé faire.

Personne de la famille d'Ernst n'était là pour exiger que justice soit rendue. Certes, ses deux sœurs Amalie et Anna survécurent à la guerre, mais elles n'apprirent le destin de leur frère que bien des années plus tard. Le père, Christian Lossa, fut arrêté en 1936 et transporté au camp de concentration de Dachau. Le type de détention inscrit sur les papiers indique « obligation de travail », un moyen répandu chez les nazis pour terroriser ceux que l'on appelait « asociaux et paresseux ». Des membres de la famille racontent la façon dont, à la taverne, Christian Lossa s'est plaint du régime nazi. D'autres rapportent qu'il aurait fait du commerce illégal de coupons de rationnement de vêtements. Fin 1938, Christian Lossa est libéré de Dachau. Dès lors, on perd sa trace pendant près de trois ans, il ne réapparaît qu'une fois au foyer pour rendre visite à ses enfants. En octobre 1941, on l'arrête à Nuremberg et il est déporté au camp de Flossenbürg, où il est conduit en tant que « détenu à titre préventif ayant récidivé ». Ce qui ne semble pas particulièrement menaçant est un grave délit en jargon nazi. Cela signifie que l'homme avait recommencé et avait de nouveau été arrêté, parce qu'il n'était pas sédentaire ou vivait du commerce ambulant. Avec pareil motif, Christian Lossa s'est retrouvé au niveau le plus bas de l'échelle du camp.

Six mois plus tard, le 30 mai 1942, Christian Lossa meurt à l'âge de trente-cinq ans. La cause de la mort stipulée par le médecin du camp SS est « faiblesse cardiaque lors d'une tuberculose ».

Les deux sœurs d'Ernst n'ont obtenu à ce jour ni dédommagement ni excuses. L'État a été plus généreux avec les criminels. L'ancien directeur d'établissement Faltlhauser a été déclaré inapte à l'incarcération après le verdict de 1949 et il ne fut pas contraint d'aller en prison. Cinq ans plus tard, il était gracié par le ministre bavarois de la Justice.

Mais le but de ce roman biographique n'est pas d'assumer les manquements de la justice. Il n'est pas non plus d'incriminer quiconque *a posteriori*. Pour moi, il s'agissait de raconter la vie d'Ernst Lossa aussi fidèlement et d'un ton aussi vivant que possible, et ainsi de lui rendre justice autrement. Cela s'avéra pourtant très difficile. Certes, « le cas Ernst Lossa » est assez bien documenté grâce aux actes de jugement, mais il n'existait que peu d'éléments concernant l'origine du garçon, sa famille et ce qui s'est passé *avant*. J'ai commencé par une recherche approfondie dans les dossiers et archives de l'euthanasie en général, sur la situation au sein de l'établissement de Kaufbeuren-Irsee, de l'orphelinat d'Augsbourg et du centre d'éducation de Markt Indersdorf. J'ai enquêté dans les lieux d'origine, les endroits et établissements dans lesquels Ernst Lossa a passé une partie de sa vie. Cependant, ce à quoi y ressemblait le quotidien dans les années 1930 et 1940 resta longtemps flou. C'est alors qu'une série des journaux de l'époque et un peu de chance vinrent à mon secours. Je me suis entretenu avec les sœurs d'Ernst Lossa, ainsi qu'avec des cousins et cousines qui purent parler de la famille, et j'ai interrogé des gens qui connaissent encore les foyers et établissements de l'époque.

Il y eut cinq étapes marquantes dans la vie d'Ernst Lossa : la petite enfance avec les parents, la période au foyer d'Augsbourg, dans la maison de correction de Markt Indersdorf, dans l'hôpital de Kaufbeuren, et pour finir dans l'établissement voisin, Irsee. Ces cinq étapes finirent par me donner la structure du livre. Les explorer fut plus ou moins difficile.

Le foyer pour enfants de Hochzoll, devenu aujourd'hui foyer de jeunes, a passé ses vieux dossiers au crible pour me décrire le quotidien d'alors. Bulletins et évaluations scolaires montrèrent les résultats et aptitudes du petit Ernst. Des témoins de l'époque, ayant séjourné au même moment dans le foyer, enrichirent de faits les histoires vécues. C'est d'eux que viennent la plupart des scènes du quotidien, de l'école, des blagues, du déroulement des journées, de la hiérarchie au sein du foyer.

Jusqu'à présent, l'histoire du centre d'éducation national-socialiste de Markt Indersdorf de 1939 à 1945 était très peu connue. Là, j'ai eu un coup de chance : quarante cartons de dossiers scolaires étaient entreposés dans la cave de l'institut d'histoire contemporaine, dans lesquels, par bonheur, j'ai eu l'autorisation de regarder. Les centaines de dossiers des enfants d'Indersdorf donnèrent un bon aperçu du quotidien au foyer et des méthodes d'éducation. Par ailleurs, c'est là que j'ai déniché les amis et camarades de classe d'Ernst. Tous les garçons du livre ont par conséquent existé, ils ont toutefois été légèrement transformés en raison de la protection de la vie privée et j'en ai changé les noms. Ce qu'étaient les conditions dans ce foyer du Secours populaire, je le tiens de l'historienne Annette Eberle. Elle m'a transmis son abondant savoir sur le contexte de l'idéologie éducative national-socialiste. C'est à son aide que je dois d'avoir pu faire la lumière sur le destin de Christian Lossa, le père d'Ernst.

Les événements dans l'asile psychiatrique de Kaufbeuren-Irsee à l'époque nazie sont relativement bien documentés. C'est notamment grâce à Gernot Römer et Ernst T. Mader qui sont partis sur leurs traces, il y a vingt-cinq ans. À l'époque ils interrogèrent les témoins encore vivants sur les assassinats de patients. Le mérite revient enfin, et surtout, à Michael von Cranach, qui a commencé dans les années 1980 à se pencher sur le passé national-socialiste de « son » établissement. Cranach accompagna les travaux préliminaires de ce livre et s'engagea sans faiblir ; il m'ouvrit les dossiers de l'hôpital local et me facilita les contacts avec les témoins de cette époque. Un certain nombre de personnes de Kaufbeuren et Irsee me racontèrent leurs souvenirs des « années sombres ».

C'est aux forces d'occupation américaines qu'on doit le fonds principal des rapports dans lesquels il est question de l'horreur perpétrée derrière les murs de l'établissement. Leurs questionnements et leurs descriptions donnent une image précise des conditions de vie au sein de l'hôpital. C'est ce qui les aida aussi à poser la pierre angulaire du futur procès de l'euthanasie à Augsbourg, dans lequel médecins et soignants durent prendre leurs responsabilités. Dans les comptes rendus d'audience, on peut lire comment les patients furent traités et assassinés. Là encore, il y a de nombreux témoignages à propos d'Ernst Lossa.

La part la plus ardue des recherches fut celle concernant la vie d'Ernst au sein de sa famille. Les sœurs d'Ernst ne peuvent rien en dire, elles avaient respectivement un et deux ans quand on les a séparées de leurs parents pour les placer dans un foyer pour nourrissons à Augsbourg. Elles ne comprennent pas non plus pourquoi on a estampillé les Lossa « famille de Tziganes ». Dans un premier temps, il était seulement clair que les parents se déplaçaient dans le sud de l'Allemagne en tant que commerçants ambulants et vendaient des étoffes et de la mercerie en porte-à-porte. Ce n'est qu'au cours des recherches ultérieures qu'il s'avéra qu'Ernst Lossa était fils de Yéniches. La notion de « yéniche » est largement ignorée en Allemagne. Il en va de même pour le destin de ce groupe ethnique, qui compte encore 100 000 membres environ en Allemagne et reste pourtant toujours un point blanc sur la carte de l'histoire. Bien que les Yéniches aient toujours été qualifiés de « Tziganes » et poursuivis comme tels, l'histoire de leur persécution est à peine explorée. Pour cette partie, on m'a essentiellement renvoyé aux récits de parents des Lossa. C'est grâce à l'archiviste de la ville d'Augsbourg, Georg Feurer, que j'ai appris des détails administratifs concernant la famille Lossa, comme leurs lieux de résidence, leurs déménagements, leurs voyages. D'importantes recherches dans diverses mairies de Bavière et du Bade-Wurtemberg complétèrent le tableau.

Les ancêtres de la famille d'Ernst Lossa seraient originaires d'Italie du Nord, qu'ils auraient quittée autour de 1800 pour l'Allemagne. L'arrière-grand-père d'Ernst, Michael Lossa, était bourrelier, comme nombre de ses ancêtres. Traditionnellement, ces artisans fabriquaient ou restauraient des objets du quotidien ou de culte, allant de boucles de ceinture à des ostensoirs ou des chandeliers. Michael eut dix enfants, et beaucoup d'entre eux se consacrèrent au commerce ambulant. C'est ainsi que l'arrière-grand-père Michael apparaît en 1905 dans ce qu'on appelle le *Livre des Tziganes*, ainsi qu'un certain nombre de ses parents. Les nazis finirent par dresser un « inventaire généalogique » dans lequel ils listèrent toutes les maladies et le moindre méfait. L'établissement de soins s'y référa aussi dans les dossiers médicaux d'Ernst, pour écrire que l'enfant était le descendant d'une famille de Tziganes.

Les nombreuses pièces de puzzle finirent au fil des recherches par constituer une image. L'époque nazie constitue le cadre, elle commence en 1933 avec la « prise du pouvoir par Hitler » jusqu'à la débâcle à l'été 1944, quand les soldats allemands durent reculer sur tous les fronts. Mais les nazis menaient également une guerre à l'intérieur, excluant, persécutant et souvent aussi éliminant tous les étrangers et tous ceux qui étaient différents. Au premier rang de ces actes, le génocide systématique de millions de Juifs. Par ailleurs, des centaines de milliers de personnes furent persécutées, car on les considérait comme « indignes de vivre », « appartenant à une minorité raciale », ou politiquement indésirables, parmi lesquelles les soi-disant asociaux et faignants, les homosexuels, les Témoins de Jéhovah, les handicapés, les intellectuels, les opposants politiques, les Manouches et les Roms – ainsi que les Yéniches.

C'est dans ce contexte que vécut Ernst Lossa, à l'orphelinat, en maison de correction, mais surtout dans l'asile psychiatrique, communément appelé « asile de fous ».

Ce fut une vie à l'abri des regards. Ce qui arrivait aux patients derrière les murs de l'asile était soigneusement tenu secret. C'est ainsi qu'Ernst Lossa vécut la montée et la chute du régime d'Hitler, selon une perspective particulière : depuis tout en bas. Depuis la route, depuis la marge de la société, parmi les orphelins, les inadaptés, les handicapés.

Quand il fut question de commencer à écrire, un problème surgit. D'Ernst Lossa en personne, il n'existe pas d'archives, d'aucune sorte – contrairement à Anne Frank, née la même année que lui et assassinée six mois après lui. Alors qu'Anne Frank tenait un journal qui nous est parvenu, Ernst Lossa était décrit par des tiers dans tous les documents, comptes rendus et conversations. Les enseignants et les éducateurs, les infirmières et les soignants, les experts et les médecins font le portrait du garçon. Ils jugent son attitude, sa façon de se présenter, ses performances, ses erreurs. Mais personne ne s'intéresse à ce qu'il pensait ou ressentait, à sa vision des choses.

De plus, je voulais mettre un contrepoint et insuffler de la vie à la personne d'Ernst Lossa. C'est pourquoi j'ai choisi une perspective à hauteur d'yeux du garçon. Je me suis décidé pour une biographie rédigée sous forme de roman, racontant principalement du point de vue du garçon. C'était l'unique moyen de donner un visage et une voix, des pensées et des sentiments aux victimes inconnues de l'euthanasie.

Les faits dans le livre sont le fruit de recherches minutieuses, décrites aussi exactement que possible. Tous les personnages de l'histoire ont véritablement existé. Les enseignants, les éducateurs, les infirmiers, les infirmières, les médecins correspondent aux personnes historiques. Il en va de même pour les parents et amis d'Ernst, pour ses camarades d'école, pour les élèves et patients. Toutefois, il n'a pas été possible de clairement rechercher toutes ces personnes, compte tenu du laps de temps écoulé depuis les faits. D'autres, pour des raisons de protection de la vie privée, ne pouvaient être évoqués publiquement. Ceci vaut surtout pour les élèves et les patients des différentes institutions. C'est la raison pour laquelle les noms ont été modifiés. Toutes les autres personnes citées, chaque fois que c'était historiquement justifiable et acceptable, le sont sous leur vrai nom.

J'ai habillé cette trame de faits, de scènes, de dialogues, d'actions et de sentiments. Pourtant les scènes ne sont pas inventées, elles tiennent plus de la logique des faits prédéterminés. Un exemple : il existe des documents du jour où Ernst a été admis à Kaufbeuren, dans l'établissement de soins. C'était le 20 avril 1942, jour de la célébration de l'anniversaire d'Hitler dans l'ensemble du Reich. Un compte rendu médical atteste qu'il a été examiné par le même Dr Ottmann qui, des années auparavant, s'était rendu chez la famille Lossa. Tout le monde ignore ce qui s'est dit au cours de cette visite entre le médecin et le garçon. Le dialogue entre eux est donc fictif, mais la scène authentique.

Quiconque regarde ce cas isolé doit s'arrêter sur la politique raciale et celle envers les handicapés menées par le régime hitlérien. D'après des sources récentes, ce sont au moins 200 000 malades et handicapés mentaux, hommes, femmes et enfants, qui furent taxés de « créatures ne méritant pas de vivre » et, au cours d'actions secrètes, gazés ou assassinés par absorption de médicaments ou privation de nourriture.

À l'automne 1939, Hitler rédigea sur son papier de correspondance privée un arrêté secret. Il y stipule que « la mort digne peut être accordée aux malades incurables pour autant que l'entendement humain puisse en juger ». Cet écrit n'a nullement force de loi, mais a été appliqué au pied de la lettre. Il a été ni plus ni moins une carte blanche pour assassiner les malades, les inadaptés, les gens différents – c'est en tout cas ainsi que le comprirent et l'appliquèrent des fonctionnaires, médecins et soignants zélés. Assassiner selon son bon vouloir, ou plutôt son mauvais vouloir. Des médecins et une administration anonyme pouvaient juger qui était digne de vivre et qui ne l'était pas.

L'euthanasie se déroulait en plusieurs étapes. Premièrement, les établissements devaient dénombrer tous leurs patients sur des fiches de signalement ; de la même façon, sages-femmes et médecins étaient contraints de signaler tout enfant atteint d'un handicap particulier. Les fiches étaient envoyées à la centrale berlinoise du n° 4 de la Tiergartenstrasse, d'où l'autre nom d'« Aktion T4 » pour l'assassinat de patients. C'est à Berlin que les médecins et l'administration choisissaient quels patients seraient considérés comme « indignes de vivre ». Généralement, ils décidaient de leur vie et de leur mort rien qu'au vu des dossiers, sans jamais les avoir rencontrés. Ce faisant, c'est moins l'état de santé des patients qui importait que des motifs économiques.

Il fallait couper court à tout ce qui pouvait « altérer le corps social allemand ». Ainsi était-il aussi juridiquement établi que les gens suspectés de maladies héréditaires ou les personnes indésirables, ne serait-ce qu'en raison de leur race ou de leur position sociale, ne devaient pas se reproduire. Pour ce faire, on développa en premier lieu la stérilisation forcée de ces individus. On estime qu'entre 350 000 et 400 000 personnes furent stérilisées de force pendant le régime nazi. 6 000 n'en réchappèrent pas. Finalement, l'« élimination » consista à supprimer « les vies de ceux qui ne mérit[ai]ent pas de vivre ».

Pendant la première phase, commencée en 1940, des patients des asiles psychiatriques furent transférés dans de prétendus établissements gérés par le Reich où ils furent tués dans des chambres à gaz propres à la structure. Cette action décidée de manière centralisée fut arrêtée en 1941. Mais la souffrance et le décès de patients ne cessèrent pas pour autant. L'euthanasie se poursuivit de manière décentralisée. Médecins et soignants mirent eux-mêmes la main à la pâte, laissant dépérir à l'aide de diète ciblée des patients qui leur faisaient toute confiance, ou les supprimant à l'aide de piqûres mortelles.

Pour l'asile psychiatrique de Kaufbeuren-Irsee, la pratique se résume comme suit : en 1940 et 1941, 684 personnes handicapées furent transportées dans les fameux bus gris et éliminées dans des chambres à gaz. À la fin de cette opération, c'est au sein de l'établissement qu'on continua d'assassiner. Fin 1941, on ouvrit un secteur pour enfants à Kaufbeuren, et on fit de même quelques mois plus tard à Irsee, avec pour objectif d'en tuer un maximum : 209 enfants y périrent avant la fin de la guerre, la majeure partie assassinée par surdose de médicaments.

À l'automne 1942, le Dr Faltlhauser introduisit dans son établissement une diète pour tous ceux qui étaient inaptes au travail. La nourriture était préparée sans la moindre graisse et constituée uniquement de légumes bouillis et d'eau. Les conséquences de ce que l'on appela l'*E-Kost* furent catastrophiques. Parmi les patients décharnés, beaucoup moururent. Fin 1943 débuta l'assassinat systématique des patients adultes par médicaments. C'est le Dr Faltlhauser qui l'ordonna chaque fois ; au début il y eut aussi le Dr Gärtner qui, par la suite, se détourna de l'euthanasie. Impossible de dire combien sont morts par privation de nourriture et combien par absorption de médicaments. En tout, de 1939 à 1945 à Kaufbeuren-Irsee, ce sont 2 333 patients qui décédèrent. Cinq fois plus de victimes que pendant le même laps de temps avant la guerre, et trois fois le nombre de morts des années de famine au cours de la Première Guerre mondiale.

Aujourd'hui, deux monuments rendent hommage à ces victimes. Un mémorial érigé sur la propriété de l'hôpital local de Kaufbeuren et un autre là où se trouvait le cimetière des patients, derrière le couvent d'Irsee. L'endroit où se tenaient jadis les tombes n'est plus repérable que par la prairie en terrasse, les rangées de croix en bois ayant disparu. C'est dans cette prairie, près de l'ancienne morgue, qu'Ernst Lossa est enterré.

Je m'y rends parfois et bavarde intérieurement avec lui. Certains ont vu en lui un faignant, un incorrigible voleur, un psychopathe, un Tzigane, les autres un polisson et un garçon attachant. Aujourd'hui on le dépeint parfois comme un petit Robin des Bois, comme un rebelle contre la tyrannie nazie.

Et moi, que vois-je en lui ? Je vois de la mélancolie et de la nostalgie. La nostalgie de la liberté et de l'amour, de l'affection et de la confiance, et surtout la nostalgie du respect. Ernst ne s'adapta pas, il ne voulait pas changer – ou ne le pouvait pas. Il voulait être accepté et aimé comme il était.

Ce trait, il ne l'a pas seulement en commun avec chacun des enfants, mais avec chacun d'entre nous. Ainsi le récit de la vie d'Ernst Lossa a-t-il un sens aussi et précisément pour notre société : c'est le rappel qu'il ne faut jamais juger les individus selon leur utilité ou leurs performances.

Car ce sont justement les gens qui ne fonctionnent pas, les inadaptés, les handicapés, les marginaux, qui nous font réfléchir sur les valeurs fondamentales de notre existence. Ce sont eux qui rendent notre vie plus riche, plus colorée et plus humaine.

Robert Domes

Chronologie

1929	**1er mars** : Anna Anger et Christian Lossa se marient à Ebenweiler (entre Saulgau et Ravensbrück).	
	25 octobre : Anna célèbre son 20e anniversaire (elle est née le 25 octobre 1909 à Ummendorf, dans la circonscription de Biberach).	« Vendredi noir » : un krach boursier à New York plonge l'économie mondiale dans une crise profonde.
	1er novembre : naissance d'Ernst Lossa à Augsbourg.	
1931	**8 janvier** : naissance d'Amalie, sœur d'Ernst.	
1932	**4 avril** : naissance d'Anna, deuxième sœur d'Ernst.	
1933		**30 janvier** : Hitler devient chancelier du Reich. **24 mars** : entrée en vigueur de la « loi des pleins pouvoirs » qui permet à Hitler d'évincer le Parlement et de s'assurer les pleins pouvoirs.

		1er avril : le NSDAP organise le premier boycott des magasins juifs. **2 mai** : interdiction des syndicats.
	3 juin : naissance de Christian Lossa, quatrième enfant de la famille. **4 juillet** : Ernst est placé dans le foyer pour enfants de Hochzoll, ses frère et sœurs vont dans une pouponnière d'Augsbourg.	
		14 juillet : en Allemagne, tous les partis sont interdits à l'exception du NSDAP. **18 au 25 septembre** : sur ordre du ministre de la Propagande Joseph Goebbels, première grande « rafle de mendiants » dans tout le pays. Arrestation par la police et par les SA de plusieurs dizaines de milliers d'itinérants. Comme les prisons ne sont pas assez grandes, beaucoup sont envoyés en camp de travail.
	24 septembre : décès, à l'âge de 23 ans, de la mère d'Ernst, Anna Lossa, à l'hôpital de Augsbourg-Pferrsee.	
		24 novembre : entrée en vigueur de la loi contre les criminels et délinquants récidivistes ; internement d'office de délinquants en asile psychiatrique et castration des « dangereux criminels portant atteinte à la pudeur. »
1934		**1er janvier** : entrée en vigueur de la « loi pour la prévention

		d'une descendance atteinte de maladies héréditaires ou congénitales » : stérilisation forcée des individus soupçonnés d'être porteurs desdites maladies.
1935	**2 avril** : décès du bébé Christian (vraisemblablement dans la pouponnière).	
		15 septembre : déclaration des lois antisémites, dites « lois de Nuremberg ». Exclusion des Juifs des emplois publics et de la nationalité allemande. Dans le même temps, promulgation de la « loi de protection du sang » qui interdit le mariage entre Allemands et Juifs et ne permet les unions qu'après établissement d'un certificat de santé stipulant l'exemption de maladies héréditaires ou congénitales.
	28 septembre : arrivée d'Amalie et Anna au foyer pour enfants de Hochzoll. C'est la première fois, après plus de deux ans, que les fillettes revoient leur frère.	
1936	**25 janvier** : internement du père, Christian Lossa, dans le camp de concentration de Dachau. Motif d'incarcération : « obligation de travail ». Aucune décision de justice n'est requise. Les « Tziganes » et tous les non-sédentaires sont souvent passibles pour les nazis d'« obligation de travail ».	

	13 mai : premier jour d'école pour Ernst.	
		Du 1er au 16 août : Jeux olympiques de Berlin. L'État national-socialiste s'y met en scène à grand renfort de propagande. En amont, mendiants, prostituées et asociaux ont été arrêtés et emprisonnés.
1937	**Juillet** : décès de la grand-mère d'Ernst, Barbara Berie.	
1938		**12 mars** : entrée des troupes allemandes en Autriche, acclamées par les hourras d'une grande partie de la population, ce qui entérine l'annexion de l'Autriche au Reich allemand.
	Fin avril (après Pâques) : entrée d'Ernst en 3e classe.	
		1er octobre : la Wehrmacht hitlérienne entre en Tchécoslovaquie et occupe le pays sudète. **9 novembre** : au cours de la « nuit de Cristal », dans tout le pays, les appartements, magasins juifs et synagogues sont détruits. D'innombrables Juifs sont molestés, battus et emprisonnés. Une centaine d'entre eux sont tués et 30 000 internés en camps de concentration.
	24 décembre : libération de Dachau pour Christian, le père.	

1939		**14 et 15 mars** : les troupes allemandes entrent dans Prague, occupent la Tchécoslovaquie. Création du « protectorat de Bohême-Moravie ». **18 août** : promulgation du recensement des enfants handicapés et de leur assassinat dans ce qu'on appelle les « cliniques pédiatriques ». L'« euthanasie d'enfants » est dans un premier temps réservée aux enfants jusqu'à 3 ans, plus tard la limite d'âge sera portée à 18 ans. **1er septembre** : les troupes envahissent la Pologne, deux jours plus tard l'Angleterre et la France déclarent la guerre à l'Allemagne. Début de la Seconde Guerre mondiale. **Octobre** : Hitler signe sur du papier de correspondance privée l'autorisation d'euthanasier. L'écrit est antidaté au 1er septembre 1939, date du début de la guerre. Il est libellé comme suit : « Le *Reichsleiter* Boulher et le Dr Brandt sont chargés d'étendre à certains médecins nommément désignés le pouvoir d'accorder, selon une appréciation la plus humaine qui soit, une mort miséricordieuse aux malades qui auront été jugés incurables. » **9 octobre** : tous les asiles psychiatriques du Reich doivent signaler les individus atteints de lourdes maladies psychiques, en particulier

ceux qui sont inaptes au travail ou qualifiés d'incurables. Les fiches de signalement servent à la sélection des victimes des assassinats programmés. Les assassinats sont aujourd'hui appelés « Aktion T4 » (la résidence officielle du siège étant située au n° 4 de la Tiergartenstrasse à Berlin).

1940

20 janvier : début des assassinats de masse de patients en psychiatrie dans le centre d'extermination national-socialiste, à Grafeneck dans la banlieue d'Ulm. C'est le premier de six établissements spécifiquement transformés pour l'extermination. La plupart des patients sont gazés.

15 février : transfert d'Ernst au « centre d'éducation du Secours populaire national-socialiste (NSV) » de Markt Indersdorf.

9 avril : occupation par les troupes allemandes du Danemark et de la Norvège.

19 avril : incorporation d'Ernst parmi les *Pimpfe* des Jeunesses hitlériennes.

10 mai : occupation par la Wehrmacht des Pays-Bas, de la Belgique et du Luxembourg, en violation de la neutralité de ces pays. La France est attaquée. Paris tombe le 14 juin.

26 août : transport des premiers patients de Kaufbeuren

et d'Irsee, et élimination en établissement spécialisé.

1941

Mars-avril : attaque de la Yougoslavie par les troupes allemandes et arrivée en Libye.

22 juin : attaque de l'Union soviétique par la Wehrmacht sans déclaration de guerre préalable. Après quelques rapides victoires, les Allemands voient leur avancée arrêtée devant Moscou (fin octobre).

24 août : après les protestations des églises et celles émanant de la population, décision d'Hitler d'arrêter l'opération T4. Selon une étude statistique interne, 70 273 malades ont été gazés, 684 patients de Kaufbeuren et Irsee ont été transportés, puis assassinés. Même après l'arrêt officiel de l'opération T4, on tuera au sein des établissements, soit par médicaments, soit par privation de nourriture. Les massacres continueront aussi dans quelques centres d'extermination. Les victimes ne seront plus des patients, mais des prisonniers des camps de concentration malades et condamnés.

13 octobre : Christian Lossa est arrêté à Nuremberg et conduit au camp de concentration de Flossenbürg. Il y est amené en tant que « détenu potentiellement récidiviste ». En fait, son mode de vie itinérant a suffi à l'arrestation.

25 octobre : « lettre des chambres à gaz » au commissaire de Reich pour le secteur Est. Les organisateurs de l'euthanasie mettent la technologie du gazage au service

		de l'extermination des Juifs. Le personnel des établissements d'élimination qui ont été dissous est engagé dans les camps de concentration et les établissements d'extermination. **5 décembre** : création d'une « clinique pédiatrique » à Kaufbeuren et Irsee. Le directeur, Valentin Faltlhauser, qui dirige le service, y fait régulièrement assassiner des enfants. C'est l'infirmière Minna Wörle qui s'en charge. Jusqu'à la fin de la guerre, 210 enfants décèdent, dont la plupart par surdose de tranquillisants (cachets ou piqûres). **11 décembre** : l'Allemagne et l'Italie déclarent la guerre aux États-Unis.
1942	**20 avril** : transfert d'Ernst d'Indersdorf à Kaufbeuren, en asile psychiatrique, où il intègre dans un premier temps le service réservé aux enfants. **30 mai** : mort de Christian Lossa au camp de concentration de Flossenbürg, des suites d'une faiblesse cardiaque, comme le stipule le certificat du médecin SS du camp. Il avait 35 ans (il était né le 28 juillet 1906 à Sandizell, dans la circonscription de Schrobenhausen). **Août ou septembre** : transfert d'Ernst du secteur réservé aux enfants au secteur adulte.	**En août** : introduction à Irsee par le Dr Faltlhauser de la « privation de nourriture » (également à Kaufbeuren à partir d'octobre). Les patients inaptes au travail reçoivent une nourriture préparée sans gras, sans farine et sans sucre. De nombreux patients meurent des suites de la sous-alimentation. **30 novembre** : « décret de la faim » du ministère bavarois de l'Intérieur. Les patients hospitalisés aptes au travail doivent être mieux alimentés, aux dépens des patients qui ne travaillent pas. Pour ce faire, la méthode mise en œuvre pour affamer les pa-

		tients de Kaufbeuren et Irsee est érigée en modèle.
1943		**2 février** : reddition de ce qu'il reste à Stalingrad de la 6e armée de la Wehrmacht.
	5 mai : transfert d'Ernst à Irsee, depuis Kaufbeuren. L'établissement voisin co-administré par Kaufbeuren est situé dans le village.	
		13 mai : capitulation de l'Afrikakorps. **À partir du mois d'août** : début de la retraite de la Wehrmacht sur l'ensemble du front de l'Est.
1944		**Janvier** : début à Irsee des assassinats systématiques de patients adultes à l'aide de cachets ou de piqûres (peut-être dès fin 1943). L'infirmier chargé de cette mission était Paul Heichele. Dans les premiers temps, le médecin de l'établissement, le Dr Lothar Gärtner, prit part lui aussi aux éliminations, mais il refusa de collaborer à partir de 1944. **24 avril** : entrée en fonction de l'infirmière Pauline Kneissler dans le secteur des femmes à Irsee. Elle a principalement été chargée de la mise en œuvre de l'euthanasie par le Dr Falthauser. **6 juin** : débarquement des troupes alliées en Normandie et ouverture d'un front

	8 août : le soir, aux environs de 22 heures, Ernst reçoit coup sur coup deux injections de morphine scopolamine. Juste avant, le personnel soignant a tenté de lui administrer des comprimés de force. **9 août** : décès d'Ernst sans qu'il ait repris connaissance après les injections mortelles. L'heure du décès est fixée à 16 heures.	supplémentaire contre l'Allemagne. **20 juillet** : échec de l'attentat contre Hitler commis par le baron Schenk von Stauffenberg. Exécution à Berlin de plusieurs complices de Stauffenberg dans sa conspiration contre Hitler.
1945		**8 mai** : capitulation sans condition de la Wehrmacht. **2 juillet** : entrée des officiers américains dans l'établissement de Kaufbeuren et découverte de cadavres décharnés de patients, morts depuis peu. Le dernier enfant sur lequel des renseignements nous sont parvenus a été assassiné le 29 mai, soit 33 jours après l'occupation de la ville par les Américains.

Glossaire

(Les mots ou expressions suivis de **
ont été ajoutés par la traductrice.)

20 juillet (complot du)** : Complot du 20 juillet 1944. Événement le plus marquant de la Résistance allemande à Hitler.

« Allemagne, regarde-nous... »** : Extrait de « *Nun lasst die Fahnen fliegen* » (« Qu'on laisse voler les drapeaux »).

Anniversaire du Führer : Le 20 avril, jour de l'anniversaire d'Adolf Hitler, était un jour particulier dans l'Allemagne national-socialiste. Partout dans le pays, on hissait les drapeaux, on organisait fêtes et commémorations. La veille au soir, on admettait solennellement les adolescents au sein des Jeunesses hitlériennes.

Arme miracle : Une fois qu'il fut clair pour tous que la guerre était terminée, la propagande national-socialiste ne parla plus uniquement de « victoire finale », mais d'une « arme miracle » qui ferait finalement basculer les choses et déboucherait sur le succès de l'Allemagne. Effectivement, on développa fébrilement de nouveaux systèmes d'armes, entre autres une fusée remplie d'explosifs qui fut tirée sur les villes ennemies, notamment Londres. En réalité, la plupart des armes miracles ne dépassèrent pas le stade de la conception ou ne furent pas décisives pour l'issue de la guerre.

Asile psychiatrique** : Le terme allemand est *Heil- und Pflegeanstalt*. Si *Heilanstalt* peut évoquer un sanatorium, une maison de convalescence ou de repos, une clinique, le mot peut aussi évoquer un hôpital psychiatrique. *Pflegeanstalt* désigne également une maison de convalescence et de repos. Quand les deux termes sont accolés, ils qualifient généralement un hôpital pour handicapés physiques et mentaux. Pour ces institutions auxquelles les nazis attribuèrent de fait des fonctions carcérales, et qu'ils transformèrent même en « institution d'euthanasie », voire « centre de gazage », c'est le terme « asile psychiatrique » qui a été retenu, de manière à jouer avec l'ambivalence du mot « asile ».

Asociaux : Terme collectif donné sous le national-socialisme aux gens considérés comme inférieurs, qui ne travaillaient pas, ou dont le mode de vie n'était pas adapté. Cela incluait ceux qui n'avaient pas de domicile, les mendiants, les alcooliques, les vagabonds, les commerçants ambulants, mais aussi les Manouches et les Roms, ainsi que les Yéniches. De nombreux « asociaux » furent poursuivis et emprisonnés pendant le Troisième Reich ; on les stérilisa, on les enferma dans des institutions ou dans des KZ (camps de concentration) où on les tua. Conformément à un décret de 1937, ceux qui, par leur comportement asocial, mettaient en danger la collectivité pouvaient être envoyés en camp de concentration sans procédure judiciaire, destin que connut le père d'Ernst.

Auf der Heide blüht ein kleines Blümelein** : « Sur la lande fleurit une toute petite fleur ». Paroles de *Erika*, marche militaire qui évoque la nostalgie du soldat pour la bruyère de sa patrie (Erika, également prénom féminin, signifie « bruyère »).

Bolcheviks : À l'origine, fraction de la social-démocratie russe. Dans l'Allemagne nazie, terme péjoratif désignant les communistes ou les individus considérés comme inférieurs originaires de Russie ou d'Europe de l'Est.

Bombardés : Nom donné aux gens ayant perdu leur domicile à la suite d'un bombardement. Compte tenu du nombre croissant d'attaques aériennes des villes allemandes, il y eut, à la fin de la guerre, un grand nombre de bombardés (environ 14 millions) en quête d'un abri.

Bruns, chemises brunes : Terme générique désignant les membres du NSDAP (Parti national-socialiste des travailleurs allemands). Hitler avait déclaré le brun « couleur du mouvement ». La célèbre organisation militaire du Parti, la SA, apparaissait déjà vêtue de chemises brunes dans les années 1920, d'où le nom donné à ses membres.

Camp de concentration (KZ) : Quelques mois déjà après la « prise de pouvoir » par Hitler en 1933, on construisit dans le Reich allemand les premiers camps de concentration d'État, dans lesquels les prisonniers furent maltraités et souvent assassinés. Les opposants au régime, ainsi que tous ceux qui étaient considérés comme indésirables d'un point de vue racial, politique ou social, devaient s'attendre à y être emprisonnés. La phrase « Tu vas dans un camp » devint bientôt synonyme de terreur national-socialiste. Les premiers à y avoir été jetés furent les communistes, les sociaux-démocrates et les Juifs, bientôt suivis par les membres de sectes et d'ordres religieux, les prêtres des deux confessions, les homosexuels, les Tziganes et les asociaux, puis plus tard les prisonniers de guerre.

On n'a jamais établi historiquement combien de camps de concentration il avait existé dans l'espace d'influence du national-socialisme. Une liste du ministère fédéral de la Justice répertorie plus de 1 600 lieux, parmi lesquels des camps principaux et des camps extérieurs. D'autres auteurs affirment qu'ils furent cinq fois plus nombreux. À partir de l'automne 1941, on transforma ou construisit six camps d'extermination dans la Pologne occupée. Dans ces « usines de la mort », on pratiqua sur le mode industriel l'assassinat des Juifs. Dans ces seuls camps, 3 millions de Juifs furent gazés, ainsi que des milliers de Manouches, de Roms, de Polonais et de prisonniers de guerre russes.

Canon à goulasch** : Surnom de la cantine de campagne.

Centre d'éducation** : Voir maison de correction.

Croix de fer : Décoration militaire, dont l'origine remonte à 1813, remise aux soldats allemands en signe de reconnaissance de leur bravoure. Réintroduite par Hitler en 1939, elle fut décernée dans les cas de mérites exceptionnels.

Dachau : Ville située au nord de Munich où fut bâti, en 1933, le premier camp de concentration du Troisième Reich. Il servit de modèle pour tous les autres. Très vite, Dachau devint synonyme de terreur et d'oppression. On y admit des membres de tous les groupes que les nazis condamnaient : Juifs, opposants politiques, religieux, homosexuels, « asociaux » ou « criminels professionnels ». Ils y étaient alors contraints au travail forcé. Bien que Dachau n'ait pas été un camp d'extermination comme Auschwitz, à la libération du camp en 1945, on y répertoria environ 30 000 morts. En outre, plusieurs milliers de prisonniers non enregistrés perdirent la vie à Dachau. Ils moururent de faim, de maladie, d'épuisement, d'humiliation, sous les coups et la torture. Ils furent abattus, pendus ou tués par injection.

Dehors les Juifs ! : Jeu de société « pour adultes et enfants », précisait dans sa notice son concepteur, originaire de Dresde, qui l'a mis sur le marché allemand en 1936. La règle du *Juden Raus !* est simple. Un plateau de bois représente six rues d'une ville standard, bordées de commerces en tout genre tenus par des Juifs, des Cohen, des Goldmann... Le joueur – un Aryen forcément – est doté d'un petit personnage en robe rouge et chapeau noir qui va se déplacer, au hasard du lancer de dés, dans cet espace, avec pour objectif d'atterrir dans l'une de ces boutiques et de faire prisonnier son propriétaire – représenté par un cône jaune grimaçant –, qu'il ramènera ensuite dans un « camp », avant de l'envoyer en Palestine. « Chassez six Juifs et vous aurez gagné », explique la règle du jeu.

Deuxième classe** : L'équivalent du CE1.

Es zittern die morschen Knochen**: *Les os moisis tremblent,* marche de parade de 1932 écrite par Hans Baumann.

Étudiants de la Bible : Ancien nom de la communauté religieuse des Témoins de Jéhovah. Ses adeptes furent victimes d'une forte persécution sous le régime du national-socialisme. En raison de leur pacifisme radical, ils refusaient aussi bien le service militaire que le salut hitlérien.

Franzmänner**: Surnom donné aux Français par les Allemands (singulier : *Franzmann*).

Führer : À la mort du président du Reich, Paul von Hindenburg, Hitler se donna le titre de Führer et chancelier du Reich. Il se considérait comme le guide du peuple allemand et c'est ainsi qu'on s'adressait à lui.

Führerbunker**: « Abri du Führer » est le nom usuel employé pour désigner un complexe de salles souterraines dans le jardin de la chancellerie à Berlin.

Gadjé : Terme yéniche pour désigner les non-Yéniches, les sédentaires.

Harmoneya : Accordéon (mot yéniche).

Hausvater**: « Directeur d'établissement ». Ce terme a un autre sens : « père de famille ».

Heil Hitler : Voir Salut hitlérien.

Hitler : Adolf Hitler est né citoyen autrichien le 20 avril 1889 à Braunau-am-Inn. Il termine sa scolarité sans diplôme, tente en vain d'entrer à l'Académie viennoise des beaux-arts, vit ensuite comme peintre de cartes postales à Vienne, puis à Munich. Au début de la Première Guerre mondiale, il est engagé volontaire et devient caporal dans l'armée bavaroise. À l'issue de la guerre, il entre au Parti des travailleurs allemands et devient en 1921 président du Parti national-socialiste des travailleurs allemands (NSDAP). Sa tentative, avec des coreligionnaires en 1923, de renverser le gouvernement de l'époque finit dans un bain de sang. Hitler est condamné à cinq ans d'emprisonnement en forteresse, dont il n'effectuera qu'un an, à Landsberg-am-Lech. À sa libération, il prend le contrôle du NSDAP qui devient, en 1932, le parti le plus important lors des élections au Reichstag. Hitler, qui n'a la nationalité allemande que depuis 1932, devient chancelier du Reich le 30 janvier 1933. En un temps très court, il se débarrasse de toutes les instances et de tous ses opposants, se présente comme le sauveur du peuple allemand et instaure une véritable dictature. Il mène une politique raciale et d'éradication révélatrice d'un « mépris pour tout ce qui est humain ». Il provoque la Seconde Guerre mondiale au cours de laquelle cinquante millions d'individus auront trouvé la mort. Le 30 avril 1945, il se suicide dans son *Führerbunker*** à Berlin.

Ivan : Surnom familier donné aux soldats de l'Armée rouge de Russie et, plus généralement, aux Russes.

Jawohl** : Terme signifiant un oui appuyé et, en langage militaire, « à vos ordres ». Il est laissé dans la langue d'origine quand l'acquiescement des personnages relève quasiment de l'obéissance militaire.

Jeunesses hitlériennes (JH) ou ***Hitler Jugend (HJ)*** : Mouvement de jeunesse des nationaux-socialistes. Dès la fin 1936, devenir membre des JH était obligatoire pour tous les enfants âgés de dix à dix-huit ans. C'était le moyen de contrôler la jeunesse et de l'éduquer selon les principes nationaux-socialistes. À dix ans, les garçons entraient dans le *Deutsches Jungvolk* (Jeunesse allemande) et les filles dans le *Jungmädelbund* (Ligue des fillettes). On les appelait respectivement *Pimpfe* (garçonnets) et *Jungmädel* (fillettes). À quatorze ans, les garçons entraient dans les Jeunesses hitlériennes et les filles dans le *Bund Deutscher Mädel* (Ligue des jeunes filles allemandes). Ce service des Jeunesses hitlériennes comportait une soirée patriotique hebdomadaire où les groupes se rencontraient, mais aussi des défilés, des marches, des camps et des « jeux et activités de plein air » durant lesquels les garçons recevaient une formation d'inspiration militaire.

JH : Voir Jeunesses hitlériennes.

Jungvolk : Voir Jeunesses hitlériennes.

Knödel : Spécialité culinaire en forme de boule, à base de pâte à pain, servie en accompagnement.

KZ : Voir Camp de concentration.

« *Lili Marleen* » : Chanson d'amour de 1938 d'après un poème écrit par Leip en 1915.

Maison de correction** : Également dénommé « centre d'éducation », selon la terminologie officielle.

Maison de travail** : Il existait des institutions de tailles et de dénominations différentes, toutes à vocation disciplinaire. La « maison de travail » était l'une d'elles.

Mur de l'Atlantique : Fortification des côtes hollandaises, belges et françaises développée par les soldats allemands de 1942 à 1944. Pourtant, le Mur de l'Atlantique ne résista pas longtemps à l'invasion des troupes alliées, le 6 juin 1944.

Narvalo : Mot yéniche signifiant « fou », « taré ».

Ne te fie pas au renard des plaines, pas plus qu'au serment d'un Juif** : Livre illustré d'Elvira Bauer, paru en 1936, pour petits et grands, tiré à 100 000 exemplaires et largement distribué dans les petites classes. Le but de cet ouvrage était d'enseigner dans le même temps la lecture et l'idéologie raciale nazie.

Old Shatterhand** : Personnage de fiction, créé par Karl May, ami blanc et frère de sang de l'Apache Winnetou.

Pimpfe : Voir Jeunesses hitlériennes.

Privation de nourriture** (*Hungerkost*) : À la fin de l'Aktion T4, on procéda à l'euthanasie « décentralisée », notamment en affamant les patients.

Procès des médecins** : Le premier procès de Nuremberg (20 novembre 1945 – 1er octobre 1946) concernait 24 des principaux responsables du Troisième Reich. Les États-Unis ont lancé à sa suite 12 procès touchant des professions ou corps particuliers, en premier lieu le procès des médecins (dit aussi « second procès de Nuremberg »), profession la plus nazifiée. Plus de 50 % des médecins étaient alors membres du Parti.

Race : Le racisme ethnique fut l'un des fondements de l'idéologie national-socialiste. Hitler et ses idéologues considéraient les gens blonds aux yeux bleus comme des représentants de la « race supérieure » indo-germanique, les Aryens. Quand les nazis arrivèrent au pouvoir, ils veillèrent à grand renfort de lois et de nouvelles administrations à encourager la descendance des purs et des Aryens. D'autre part, les gens atteints de maladie héréditaire ou considérés comme non aryens furent persécutés, stérilisés et souvent tués. L'idéologie d'une « race supérieure » germanique servit d'alibi pour discriminer, persécuter et assassiner tous les individus non aryens.

Race supérieure : Dans l'idéologie raciale des nationaux-socialistes, il existait une race supérieure composée d'individus blonds aux yeux bleus de type nordique. Ils la placèrent très nettement au-dessus des autres. Hitler et ses idéologues invoquèrent cette image raciale dans leur propagande, car c'est finalement par elle qu'on justifia la persécution de prétendus sous-hommes. Parmi ces derniers, les nazis comptaient surtout les Juifs, les Tziganes et les peuples de l'Est.

Rommel : Erwin Rommel devint commandant en chef des troupes allemandes en Afrique du Nord, l'Afrikakorps, à partir de 1941. Après la défaite de la Wehrmacht en Afrique, Rommel devint commandant suprême du groupe chargé de la surveillance du Mur de l'Atlantique. L'homme, qui passait pour être téméraire et d'une grande intelligence tactique, fut érigé en héros populaire de la propagande nazie. Après l'attentat contre Hitler, le 20 juillet 1944, il tomba toutefois en disgrâce. On lui reprocha d'avoir pris part au complot. Hitler lui laissa le choix de se suicider ou d'être traduit en justice. En octobre 1944, Rommel se donna la mort en ingérant une capsule de poison.

SA : Abréviation pour « section d'assaut », organisation combattante du NSDAP. Au début des années 1930, la SA se chargea d'instaurer un climat de guerre civile en Allemagne, par des combats en salle et de rue, et de nombreux assassinats ou attentats à la bombe. À grand renfort de mesures d'intimidation, la SA aida Hitler à prendre le pouvoir. Une fois la manœuvre effectuée, Hitler en fit liquider les chefs. À partir de 1934, la SA n'eut quasiment plus aucun rôle politique et se borna à une fonction essentiellement décorative lors des défilés ou des actions du Parti. Elle fut remplacée par la SS (« section de sécurité »). Cette organisation, créée à l'origine pour servir de protection rapprochée à Hitler, grâce à son chef Heinrich Himmler, posséda un pouvoir extraordinaire. Elle fut l'instrument principal de la terreur national-socialiste. Les troupes SS ne se contentèrent pas de commettre d'innombrables crimes, elles assurèrent aussi l'administration et la direction des camps de concentration et d'extermination, et de ce fait furent les principales responsables de l'humiliation, du harcèlement et de l'assassinat de millions de prisonniers, surtout les Juifs.

Salut allemand : Voir Salut hitlérien.

Salut hitlérien : À l'origine, les membres du NSDAP se saluaient en levant le bras droit, main à plat à hauteur des yeux. Le salut hitlérien fut rendu obligatoire de 1933 à 1945 dans l'ensemble du Reich et on attendait de chacun qu'il le fît. Quiconque ne répondait pas au salut hitlérien pouvait s'attirer beaucoup d'ennuis, voire être sanctionné. Même dans la correspondance administrative, on devait utiliser la formule de politesse « *Heil Hitler* ».

Sous-hommes : Voir race supérieure.

SS : Voir SA.

Tchaï : Mot yéniche désignant les filles.

Tommys : Surnom des soldats anglais.

Traitement spécial : Une des nombreuses dénominations que les nazis donnaient à leurs actions de terreur. Quand il était question de « traitement spécial », cela ne signifiait rien d'autre qu'une exécution, donc un assassinat.

Troisième classe : Équivalent du CE2.

Tziganes : Voilà des siècles que les gens du voyage sont péjorativement appelés Tziganes (et ils le demeurent de nos jours). Le peuple ainsi nommé s'appelle généralement Roms, mot dont le sens est voisin de « hommes ». Les Manouches sont un des groupes rattachés aux Roms. Manouches et Roms trouvent leur origine dans l'Inde actuelle et le Pakistan et ont émigré vers l'ouest aux environs de l'an 1000. Aujourd'hui, le terme « Tzigane » est une insulte en Allemagne, surtout en raison de la persécution de ce groupe ethnique par les nazis. Ces derniers considéraient tous les non-sédentaires comme des êtres « inférieurs ». Pour cette raison, les Manouches, Roms, Yéniches et bien d'autres peuples itinérants furent discriminés et persécutés. Les nazis auraient tué 500 000 d'entre eux dans les camps de concentration. L'objectif était d'éradiquer ce peuple. Encore aujourd'hui, les gens du voyage font l'objet de discriminations dans de nombreux pays d'Europe de l'Ouest.

Unsere Fahne flattert uns voran**: « Notre drapeau flotte devant nous ». Hymne des Jeunesses hitlériennes, composé en 1933 par Baldur von Schirach.

Vendredi noir : Le 24 octobre 1929 un jour à marquer d'une pierre noire dans l'histoire de la Bourse de New York. Wall Street vécut à partir du jeudi 24 octobre les jours suivants, une crise financière d'une ampleur incroyable. Les cours des actions chutèrent, déclenchant une crise économique mondiale, des faillites de banques, d'entreprises et un chômage massif. La nouvelle ne parvint en Europe que le vendredi 25, en raison du décalage horaire.

Victoire finale : Concept central de la propagande d'encouragement dans l'Allemagne nazie. La victoire finale sur les Alliés fut maintes fois réaffirmée en dépit des revers et des doutes – et beaucoup d'Allemands y crurent longtemps.

Voitures de l'Ascension** : Surnom donné aux bus gris, aux vitres aveugles, chargés du transport des malades vers les centres de gazage. On les appelait aussi « autobus pour le ciel », « autobus du crime » ou « autobus des cadavres ».

Volksempfänger** : Littéralement « récepteur du peuple ». Poste de radio conçu à l'initiative de Goebbels et qui devint un outil essentiel de la propagande nazie.

Wehrmacht : Depuis 1935, dénomination officielle des forces armées allemandes. En tant que dirigeant de l'État, Hitler était aussi commandant en chef de la Wehrmacht. À partir d'août 1934, tous les membres de la Wehrmacht prêtèrent serment à la personne d'Hitler.

Wir fahren gegen Engeland** ou « **Matrosenlied** » : Chant de marins, écrit en 1910 et mis en musique en 1939, utilisé par la propagande nazie pour mobiliser et encourager les troupes en vue d'une invasion de la Grande-Bretagne.

Wir stürmen dem Feinde entgegen** ou « **Balkanlied** » : Chanson écrite pour la campagne des Balkans qui débuta le 6 avril 1941 et diffusée plusieurs fois par jour à la radio. « Nous nous lançons au-devant de la victoire » devient « Nous nous lançons au-devant de l'ennemi ».

Wochenschau : *Die Deutsche Wochenschau* est une émission d'actualités cinématographiques diffusée de 1940 à 1945.

Yéniches : Il existe des Yéniches en Europe de l'Est depuis des siècles. En Allemagne, on les appelle souvent « gens du voyage ». Leur origine reste à déterminer. Pour certains, il s'agirait d'une branche du peuple rom, ou « Tziganes blancs » ; d'autres estiment qu'ils sont les descendants de réfugiés de la guerre de Trente Ans (1618-1648). Les Yéniches eux-mêmes pensent posséder des origines celtes. Ils gagnaient leur vie comme artisans ambulants, entre autres chaudronniers, rétameurs, vanniers, rémouleurs, comme artistes ambulants, forains, voyants, montreurs d'ours, comme commerçants vendant leurs marchandises en porte-à-porte, ou même mendiants. En raison de leur mode de vie non sédentaire, d'une culture similaire et de professions semblables à tous les gens du voyage, on a souvent assimilé les Yéniches aux Tziganes, ce qui leur a valu d'être discriminés comme les Manouches et les Roms.

La communauté des gens du voyage était sous surveillance systématique depuis le début du XXe siècle. En 1905, le ministère de l'Intérieur bavarois publia le *Livre des Tziganes,* dans lequel la police rassembla divers renseignements concernant les familles et les individus itinérants. On y retrouve les membres de la famille Lossa. À partir de 1911, on collecta systématiquement les empreintes digitales des Tziganes. En 1926, lors du congrès national de la police, fut créée la « police des Tziganes », chargée de repérer et de surveiller tous les gens du voyage sur le territoire du Reich. À leur arrivée au pouvoir, les nationaux-socialistes utilisèrent les données pour préparer le massacre de populations entières. Les Yéniches étaient concernés par les nouvelles lois au même titre que les asociaux, les Manouches, les Roms et autres faignants. Les nazis tuèrent plus de 500 000 « Tziganes », ainsi que de nombreux mendiants et colporteurs.

Remerciements

Ce livre a vu le jour grâce à l'immense générosité de nombreuses personnes. Celles-ci répondirent patiemment à toutes mes questions, me faisant ainsi don de leur temps et de leur savoir, de leur confiance et de leurs souvenirs. J'apprécie tout particulièrement ces derniers, car il était souvent difficile de raviver les douloureuses images du passé. Je tiens à citer expressément les sœurs d'Ernst Lossa, Amalie Speidel et Anna Lossa, qui virent leur frère pour la dernière fois alors qu'il était âgé de huit ou neuf ans. Grâce au soutien d'Anna Speidel, d'autres membres de la famille furent prêts à raconter l'histoire familiale. Le plus grand mérite dans la naissance de ce livre revient au Dr Michael von Cranach. Pendant des décennies, il a effectué des recherches sur l'histoire de l'euthanasie dans les asiles psychiatriques de Bavière. En même temps, l'histoire d'Ernst Lossa lui tenait très à cœur. Sans son incitation, son immense connaissance du contexte et sa coopération, ce roman biographique n'aurait jamais existé. Sa femme Katharina et lui n'ont pas seulement été pionniers avec leur exposition *In Memoriam* sur le rôle de la psychiatrie pendant le national-socialisme, je leur suis également infiniment reconnaissant de nous avoir amicalement accompagnés, mes recherches et moi, pendant toutes ces années.

Il me faut remercier de nombreux archivistes et historiens. Ils firent preuve de beaucoup d'obligeance pour répondre à mes questions ou m'aider dans la recherche de dossiers. Je tiens à saluer tout particulièrement Georg Feuerer, des archives municipales d'Augsbourg ; ce sont ses recherches et sa grande connaissance du lieu qui ont permis de faire la lumière sur l'histoire familiale des Lossa.

Le deuxième chapitre jamais exploré, la maison de correction national-socialiste de Markt Indersdorf, n'aurait pu être clarifié sans l'aide d'Annette Eberle. C'est grâce à elle que les dossiers des enfants de l'établissement ont été triés et sauvés, pour la postérité. Il me faut en outre la remercier de son engagement et de sa patience, quand il fut question de m'expliquer des références historiques. Elle ne m'a pas seulement conseillé en tant que spécialiste des « asociaux sous le Troisième Reich », mais m'a aussi aidé à faire la lumière sur la destinée du père d'Ernst, Christian Lossa.

Le réalisateur Leo Hiemer a pris une part importante dans l'écriture de ce livre. Il fut mon maître pour beaucoup de points dans mon apprentissage de la dramaturgie et de l'écriture de dialogues. Un certain nombre de chapitres de ce livre ont vu le jour après un travail préparatoire et de longues discussions avec Leo. Qu'il en soit profondément remercié.

Si ce livre a pu voir le jour, c'est grâce à la confiance que m'ont accordée Lianne Kolf et l'équipe de son agence, et somme toute à l'engagement de l'équipe éditoriale de Random House.

Un grand merci à mon éditeur Frank Griesheimer pour son empathie et le grand respect qu'il a montré envers l'histoire.

Parmi les nombreux amis qui m'ont soutenu de diverses manières pendant ce travail, je tiens à en mentionner deux plus particulièrement : Raffael Schindele, qui en conseiller avisé a aiguisé la perception que j'avais d'Ernst Lossa, et

Heike Behr pour son merveilleux coaching et son art de toujours trouver les bonnes paroles au bon moment.

Je suis tout particulièrement reconnaissant envers ma famille, qui m'a laissé me plonger pendant des mois dans les abîmes d'une histoire consternante. Je n'ai pu le faire que grâce à ma très chère Simone. Dès le début elle a été à mes côtés, patiente et compréhensive, sans jamais perdre foi ni espoir. Avec toute ma gratitude et mon amour.

Robert Domes

Table

Cet ouvrage a été composé par IGS-CP
à L'Isle-d'Espagnac (16)
et achevé d'imprimer sur Roto-Page
par l'Imprimerie Floch à Mayenne,
pour le compte de S.N. Éditions Anne Carrière,
39, rue des Mathurins, 75008 Paris,
en septembre 2017

Dépôt légal : octobre 2017
Imprimé en France
N° d'édition : 862 – N° d'impression : 91617